U0500968

通货膨胀机理与预期

李拉亚 - 著

INFLATION MECHANISM AND EXPECTATIONS

（校订本）

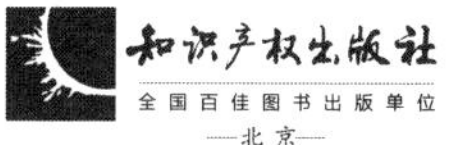

图书在版编目（CIP）数据

通货膨胀机理与预期：校订本 / 李拉亚著．—北京：知识产权出版社，2020.5
ISBN 978-7-5130-6793-5

Ⅰ．①通…　Ⅱ．①李…　Ⅲ．①通货膨胀—研究　Ⅳ．① F820.5

中国版本图书馆 CIP 数据核字 (2020) 第 033209 号

内容提要

本书的核心理论是粘性预期理论。该理论为克服政府与公众预期不一致造成的经济波动和政策效率降低问题，试图通过公布政策目标、政策规则和政策手段，以及依靠政府的权威和声誉，实施透明政策，传递政策信息，引导公众配合政府政策，稳定公众预期，进行预期管理，以提高政策效率，减少经济波动和不确定性。

总 策 划：王润贵　　**项目负责**：蔡　虹
套书责编：蔡　虹　石红华　　**责任校对**：王　岩
本书责编：荆成恭　　**责任印制**：刘译文

通货膨胀机理与预期（校订本）

李拉亚　著

出版发行：	知识产权出版社有限责任公司	网　　址：	http：//www.ipph.cn
社　　址：	北京市海淀区气象路 50 号院	邮　　编：	100081
责编电话：	010-82000860 转 8341	责编邮箱：	jcggxj219@163.com
发行电话：	010-82000860 转 8101/8102	发行传真：	010-82000893/82005070/82000270
印　　刷：	三河市国英印务有限公司	经　　销：	各大网上书店、新华书店及相关专业书店
开　　本：	787mm × 1092mm　1/32	印　　张：	10
版　　次：	2020 年 5 月第 1 版	印　　次：	2020 年 5 月第 1 次印刷
字　　数：	239 千字	定　　价：	58.00 元

ISBN 978-7-5130-6793-5

出版说明

知识产权出版社自1980年成立以来，一直坚持以传播优秀文化、服务国家发展为己任，不断发展壮大，影响力和竞争力不断提升。近年来，我们大力支持经济类图书尤其是经济学名家大家的著作出版，先后编辑出版了《孙冶方文集》《于光远经济论著全集》《刘国光经济论著全集》和《苏星经济论著全集》等一批经济学精品力作，产生了广泛的社会影响。受此激励和鼓舞，我们和孙冶方基金会携手于2018年1月出版《孙冶方文集》之后，又精选再版孙冶方经济科学奖获奖作品。

“孙冶方经济科学奖”是中国经济学界的最高奖，每两年评选一次，每届评选的著作奖和论文奖都有若干个，评选的对象是1979年以来的所有公开发表的经济学论著。其获奖成果基本反映了中国经济科学发展前沿的最新成果，代表了中国经济学研究各领域的最高水平。这次再版的孙冶方经济科学奖获奖作品，是我们从孙冶方经济科学奖于1984年首届评选到2017年第十七届评选出的获奖著作中精选的20多部作品。这次再版，一方面是为了缅怀和纪念中国卓越的马克思主义经济学家和中国经济改革的理论先驱孙冶方同志；另一方面有助于系统回顾和梳理我国经济理论创新发展历程，对经济学同人深入研究当代中国经济学思想史，在继承基础上继续推动我国经济学理论创新、更好构建中国特色社会主义政治经济学都具有重要意义。

在编辑整理“孙冶方经济科学奖获奖作品选”时，有几点说明如下。

第一，由于这20多部作品第一版时是由不同出版社出版的，所以开本、版式、封面和体例不太一致，这次再版都进行了统一。

第二，再版的这20多部作品中，有一部分作品这次再版时作者进行了修订和校订，因此与第一版内容不完全一致。

第三，大部分作品由于第一版时出现很多类似“近几年”“目前”等时间词，再版时已不适用了。但为了保持原貌，我们没有进行修改。

在这20多部作品编辑出版过程中，孙冶方经济科学基金会的领导和同事对本套图书的出版提供了大力支持和帮助；86岁高龄的著名经济学家张卓元老师亲自为本套图书作了思想深刻、内涵丰富的序言；这20多部作品的作者也在百忙之中给予了积极的配合和帮助。可以说，正是他们的无私奉献和鼎力相助，才使本套图书的出版工作得以顺利进行。在此，一并表示衷心感谢！

知识产权出版社

2019年6月

总　序

张卓元

知识产权出版社领导和编辑提出要统一装帧再版从1984年起荣获孙冶方经济科学奖著作奖的几十本著作，他们最终精选了20多部作品再版。他们要我为这套再版著作写序，我答应了。

趁此机会，我想首先简要介绍一下孙冶方经济科学基金会。孙冶方经济科学基金会是为纪念卓越的马克思主义经济学家孙冶方等老一辈经济学家的杰出贡献而于1983年设立的，是中国在改革开放初期最早设立的基金会。基金会成立36年来，紧跟时代步伐，遵循孙冶方等老一辈经济学家毕生追求真理、严谨治学的精神，在经济学学术研究、政策研究、学术新人发掘培养等方面不断探索，为繁荣我国经济科学事业做出了积极贡献。

由孙冶方经济科学基金会主办的“孙冶方经济科学奖”（著作奖、论文奖）是我国经济学界的最高荣誉，是经济学界最具权威地位、最受关注的奖项。评奖对象是改革开放以来经济理论工作者和实际工作者在国内外公开发表的论文和出版的专著。评选范围包括：经济学的基础理论研究、国民经济现实问题的理论研究，特别是改革开放与经济发展实践中热点问题的理论研究。强调注重发现中青年的优秀作品，为全面深化改革和经济建设，为繁荣和发展中国的经济学做出贡献。自1984

年评奖活动启动以来，每两年评选一次，累计已评奖17届，共评出获奖著作55部，获奖论文175篇。由于孙冶方经济科学奖的评奖过程一直是开放、公开、公平、公正的，在作者申报和专家推荐的基础上，由全国著名综合性与财经类大学经济院系和中国社会科学院经济学科领域研究所各推荐一名教授组成的初评小组，进行独立评审，提出建议入围的论著。然后由基金会评奖委员会以公开讨论和无记名投票方式，以简单多数选定获奖作品。最近几届的票决结果还要进行公示后报基金会理事会最终批准。因此，所有获奖论著，都是经过权威专家几轮认真的公平公正的评审筛选后确定的，因此这些论著可以说代表着当时中国经济学研究成果的最高水平。

作为17届评奖活动的参与者和具体操作者，我不敢说我们评出的获奖作品百分之百代表着当时经济学研究的最高水平，但我们的确是尽力而为，只是限于我们的水平，肯定有疏漏和不足之处。总体来说，从各方面反映来看，获奖作品还是当时最具代表性和最高质量的，反映了改革开放后中国经济学研究的重大进展。也正因为如此，我认为知识产权出版社重新成套再版获奖专著，是很有意义和价值的。

首先，有助于人们很好地回顾改革开放40年来经济改革及其带来的经济腾飞和人民生活水平的快速提高。改革开放40年使中国社会经济发生了翻天覆地的变化。贫穷落后的中国经过改革开放30年的艰苦奋斗于2009年即成为世界第二大经济体，创造了世界经济发展历史的新奇迹。翻阅再版的获奖专著，我们可以清晰地看到40年经济奇迹是怎样创造出来的。这里有对整个农村改革的理论阐述，有中国走上社会主义市场经济发展道路的理论解释，有关于财政、金融、发展第三产业、消费、社会保障、扶贫等重大现实问题的应用性研究并提出切

实可行的建议，有对经济飞速发展过程中经济结构、产业组织变动的深刻分析，有对中国新型工业化进程和中长期发展的深入研讨，等等。阅读这些从理论上讲好中国故事的著作，有助于我们了解中国经济巨变的内在原因和客观必然性。

其次，有助于我们掌握改革开放以来中国特色社会主义经济理论发展的进程和走向。中国的经济改革和发展是在由邓小平开创的中国特色社会主义及其经济理论指导下顺利推进的。中国特色社会主义理论体系也是在伟大的改革开放进程中不断丰富和发展的。由于获奖著作均系经济理论力作，我们可以从各个时段获奖著作中，了解中国特色社会主义经济理论是怎样随着中国经济市场化改革的深化而不断丰富发展的。因此，再版获奖著作，对研究中国经济思想史和中国经济史的理论工作者是大有裨益的。

最后，有助于年轻的经济理论工作者学习怎样写学术专著。获奖著作除少数应用性、政策性强的以外，都是规范的学术著作，大家可以从中学到怎样撰写学术专著。获奖著作中有几套经济史、经济思想史作品，都是多卷本的，都是作者几十年研究的结晶。我们在评奖过程中，争议最少的就是颁奖给那些经过几十年研究的上乘成果。过去苏星教授写过经济学研究要“积之十年”，而获奖的属于经济史和经济思想史的专著，更是积之几十年结出的硕果。

是为序。

2019 年 5 月

再版前言

感谢知识产权出版社再版我的著作《通货膨胀机理与预期》。借再版之际，我对原版的文字疏忽和印刷错误进行修订，减少句子中口语化字眼，个别章节统一了数学符号，极个别地方加上一句话解释原文，让读者能更清楚地理解原文。对原版理论的概念、观点、结论、框架和数学推导方法，我不做任何修改，保持理论体系的原貌。

本著作的核心理论是粘性预期理论。随着改革开放进程，1988年预期已在中国经济中发生重大作用。依据中国当时的实践，我发现中国公众的预期不是理性的，具有粘性和突变性特点。同时，不满于理性预期理论过于脱离实际的假设，及其对许多现实问题不能解释，我认为不能依据理性预期理论解释中国的经济实践和指导中国的经济政策，需要针对预期的粘性和突变性特点创立新的预期理论，即粘性预期理论。鉴于2000年前后欧美经济学界也提出了类似粘性预期理论，我把本著作提出的粘性预期理论称之为中国粘性预期理论，以示区别。

中国粘性预期理论的假设、概念、结论和思想与欧美经济理论界后来出现的类似理论的假设、概念、结论和思想相似程度高。由此可见，经济理论的研究对象不同，但经过实践提炼并上升到抽象层次的理论可以相同。越是深刻的理论，越能透过现实的不同表象，揭示不同现象背后的共同规律。

这里，我把本著作若干重要研究内容和欧美经济理论界的

类似研究及其最新研究动向做一介绍，让读者了解这些研究的思想脉络，以便于读者继续深入研究。

一、粘性预期

任何理论体系建立都需要假设条件，这是理论大厦的基础，是理论体系的精华，是理论创新的出发点和立足点。任何理论体系的创新，首先是假设的创新。

（一）预期异质性假设

预期异质性，是当前经济理论讨论的热点问题，也是预期管理理论的基础。许多经济现象均与预期异质性有关，可以通过预期异质性解释。

中国粘性预期理论的第一个假设就是预期异质性假设，见本著作第 9 章第 2 节的黑箱假设及灰箱假设："1. 黑箱假设及灰箱假设。对绝大多数经济行为者而言，他们利用收集的信息做预测时所依据的模型是黑箱模型，也就是说，他们只考虑模型输入与输出的关系，而不考虑模型的具体结构。模型本身对他们而言是一只黑箱。模型输入与输出的关系，可由他们过去的经验获得，也可由他们对未来的判断而做出修改。对受过专门经济学教育的人而言，他们对经济问题的变量关系及模型结构有一定程度的认识，他们依据的模型虽然与实际问题有一定的差距，但能部分反映实际问题的情况，因之可称这些模型为灰箱。"在该假设中，经济人分为两组。一组是绝大多数人（公众），他们不了解经济系统的模型结构，采用黑箱假设预测未来。另一组是受过专门经济学教育的人（专家），他们对经济问题的变量关系及模型结构有一定程度的认识，他们采用灰箱假设预测未来。

黑箱模型输入与输出的关系，受两种因素影响：一是可由

他们过去的经验获得。这与适应性预期假设较为一致，即预期可由过去的信息得出。二是用未来的判断对预期做出修改，这与适应性预期不一样。1988 年，公众判断未来通货膨胀会快速上升，从而对原来预期做了较大修改，公众的通货膨胀预期出现突变。

我们对比欧美经济理论关于预期异质性的论述。欧美经济理论界认为，Roberts（1998）最早提出了预期异质性假定。他把经济人分为两组：一组人采用适用性预期，另一组人采用理性预期。采用适应性预期的人会向采用理性预期的人学习，但是学习需要时间。在此条件下，预期要经过一个相当长的时间才能达到理性预期，这种预期其实就是粘性预期。Gali 和 Gertler（1999）的模型也采用预期异质性假定。该模型是前瞻性预期（理性预期）与后顾性预期（适应性预期）的混合，它承认厂商具有不同的预期方式，一部分厂商是前瞻型的，而另一部分厂商是后顾型的。Carroll（2003，2005）也把经济人划分为二组：一组是专家，另一组是公众。Carroll（2003，2005）发现专家预期更为准确，公众预期滞后于专家预期。并且，公众预期会追随专家预期。

现在经济理论界对预期异质性研究仍然方兴未艾，对经济人的分类更为细致。如 Coibion et al（2018b）把经济人分为专家、企业和居民三组，研究央行的预期管理对这三组经济人的不同影响。

对预期异质性假设研究的理论意义是，突破了理性预期理论的预期同质性假定，为预期管理理论奠定了基础，为央行政策制定提供了新视角。把学习过程和信息传播过程结合在一起，提供了信息在人群中缓慢传播的经济机制，是对学习理论的创新。

（二）理性疏忽假设

中国粘性预期理论第二个假设（本著作第9章第2节）是："2. 信息的边际成本等于决策的边际收益。经济行为者收集信息要付出代价，如时间、金钱等，这些代价就是成本，即获取信息的成本。信息收集得越多，对预期的准确性帮助也就越大。但是收集信息的成本也随收集信息的增加而增加，如果收集信息的成本大于正确决策所带来的利润，那么这就得不偿失。一个理性的经济行为者在收集信息达到一定程度后必然会放弃进一步收集信息的努力。"

我们对比理性疏忽理论的论述。诺贝尔经济学奖得主 Sims（2003）正式提出理性疏忽理论之前，Sims（1998）已给出了理性疏忽假设思想的经典论述："因为在有限的时间个人有许多的事情要考虑，他们仅能投入有限的智力资源于数据收集和分析工作。从个人的经验中我们知道许多我们每日都会看到的原则上会影响我们最佳经济决策的数据，事实上并没有影响我们的行为。除非它们发生了戏剧性的变化，或者我们偶然花一些时间重新评估自己的资产组合，它们才会影响到我们的行为。" Levy et al（2005）在研究价格信息变化时指出："理性疏忽的基本思想是处理价格变化信息不是无需成本的行为。""如果处理某种价格变化信息的成本超过收获，消费者会理性地选择疏忽那种价格信息变化，因之不对那种价格变化做出反应。"

中国粘性预期理论关于经济人只收集部分信息而放弃收集其余信息的思想与理性疏忽理论关于经济人只注意部分信息而疏忽其余信息的思想是一致的。中国粘性预期理论把时间作为单独一项列入信息成本与 Sims 关于经济人注意力有限是对应的。经济人把有限的时间分配到不同的信息上，也就是把有限

的注意力分配到不同的信息上。

对这一假设研究的理论意义是：虽然经济学家长期来关注完备信息假设和不完备信息假设，重视信息有成本假设和信息无成本假设，但没有区分经济人决策时可利用的信息和实际使用的信息。这一假设区分了经济人决策时可利用的信息和实际使用的信息，并认为取得信息的边际成本等于决策的边际收益。这与理性预期理论强调经济人充分使用所有可供利用信息的观点针锋相对。这为有限理性理论的不完备信息假设注入了新内容，也是对其信息成本理论的发展。这一假设细化了有限理性理论关于信息成本的思想，认为信息成本不仅与金钱相关，还与人的时间相关。个人的时间是有限的，只能把有限时间集中使用在几个方面，不可能面面俱到。由于个人时间有限和个人处理信息能力有限，经济人更新信息是缓慢的，预期是粘性的。

（三）粘性信息假设

本著作第9章第3节指出："由于我国的信息成本较大，特别是信息发表滞后，导致经济行为者在获取足够新信息方面所需时间较长。这导致短期内经济行为者做预期时所依据的信息改变不大，因此预期也不会有大的变化。"这是中国粘性预期理论第三个假设的思想萌芽。这一思想在我1995年出版的《通货膨胀与不确定性》一书第52页作为第三个假设正式提出："3. 信息时滞假设。信息的发布和取得与经济变量不一定同步。在一般均衡理论中，信息是没有时间概念的，或者说信息是瞬时的，不存在时滞的问题。在现实经济中，信息的公布之日与它反映的经济变量的变动之间要相隔一段时日，这一点在中国尤其明显。同时经济人收集已有信息不但需付出成本，也需付出时间。信息的时滞，导致预期不会在短期内很快改变。信息的成本和时滞，使经济人在收集新信息上所需时间延长，难以对经济变量的变动做出瞬时反映，从而预期呈现粘性。当然，一旦经济人取得所需信息会迅速做出反应，尽快调整自己的预期。”

作为对比，Mankiw 和 Reis（2002）提出粘性信息理论的核心思想是：做价格决策时，因为获得信息需要成本和重新优化成本，只有部分企业使用现期信息和新计划，其余企业仍然使用原有计划和过期信息。Reis（2006）指出，因为经济人做预期和决策时获得信息和处理信息是有成本的，经济人不经常更新信息和计划。虽然预期是理性的，但预期不经常更新。经济人在前后两次更新信息的中间阶段处于疏忽信息状态。

可见，信息时滞这一概念不仅与粘性信息概念在思想意义上一致，在表述上也与粘性信息的过期信息贴近。

对这一假设研究的理论意义是，采用滞后信息是对理性预期理论使用现期信息假设的一个突破，丰富了不完备信息概念，为解释通货膨胀惯性和政策持续性提供了新视角。

（四）学习假设

本著作第 9 章第 2 节提出了中国粘性预期理论的学习假设，具有黑箱假设的人会向具有灰箱假设的人学习。“同时预期的这种学习功能也会促使灰箱假设预期结果逐渐被大家接受，成为公众的普遍预期。少数人较为正确的预期通过学习功能传播将成为大多数人的共识。”在第 9 章第 3 节“预期形成过程”中，预期形成也涉及学习：“（3）向别人学习也从自己过去的失误中学习。”在《通货膨胀与不确定性》一书第 52 页对此说得更为清楚：“4. 预期的学习假设。这一假设可分为两个方面。一是经济人从自己过去的预期经验中学习，不断纠正预期误差；二是经济人向他人学习，模仿别人的预期行为。模仿别人的预期，可以减轻信息成本和时滞。”

Carroll（2003，2005）认为公众预期会追随专家预期。Fuster et al（2019）研究公众的不同房价预期，他们发现："个人对现有信息来源的偏好各不相同。""然而，对于使用哪一种信息，个人表现出很大的分歧：45.5% 的人选择了住房专家的预测，28% 的人选择了过去一年的房价变动，22% 的人选择了过去十年的房价变动。其余 4.5% 的人不倾向于任何信息。"

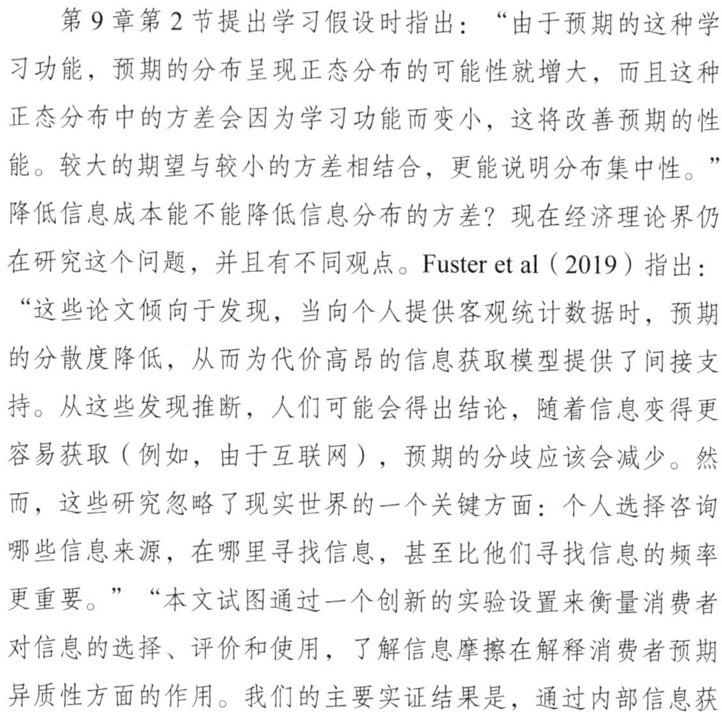

第 9 章第 2 节提出学习假设时指出："由于预期的这种学习功能，预期的分布呈现正态分布的可能性就增大，而且这种正态分布中的方差会因为学习功能而变小，这将改善预期的性能。较大的期望与较小的方差相结合，更能说明分布集中性。"降低信息成本能不能降低信息分布的方差？现在经济理论界仍在研究这个问题，并且有不同观点。Fuster et al（2019）指出："这些论文倾向于发现，当向个人提供客观统计数据时，预期的分散度降低，从而为代价高昂的信息获取模型提供了间接支持。从这些发现推断，人们可能会得出结论，随着信息变得更容易获取（例如，由于互联网），预期的分歧应该会减少。然而，这些研究忽略了现实世界的一个关键方面：个人选择咨询哪些信息来源，在哪里寻找信息，甚至比他们寻找信息的频率更重要。""本文试图通过一个创新的实验设置来衡量消费者对信息的选择、评价和使用，了解信息摩擦在解释消费者预期异质性方面的作用。我们的主要实证结果是，通过内部信息获取，降低信息成本并不会降低预期的截面离差程度，因为被调查者会选择查看不同的信息内容。"

第 9 章第 2 节指出："预期学习假设在地理分布上有这样一种特征，农村向城市看齐，小城市向大城市看齐，内地向沿海看齐。这一特征也表明了经济行为者的理性，他们认为沿海、大城市经济行为者的预期一般要比内地、小城市、农村的经济行为者的预期要准确，因此乐于向他们学习。这可以以较少的成本获取较多的收益。”在有互联网的今天，预期这种空间地理的差异会变小。在空间地理上，预期学习过程和信息传播过程结合，仍值得研究。

《通货膨胀与不确定性》一书第55页指出：“当然，如果预期的社会传播过程中，加进了某些新的重要的消息时，这些消息在传播过程中会广为流传，从而也可能导致预期突变。”“在中国经济中，出现了一个导致预期突变的新因素，这就是投机资本。投机者的预期较为敏感，对政府的政策变动闻风而动。投机者的预期有可能感染整个经济系统的预期。”2008年美国金融危机在很短的时间内就感染了世界上很多国家和地区，说明了这点。对那种公众极度关心的爆炸性震撼性新闻消息，预期学习过程和信息传播过程会变得极快，从而导致预期突变。

预期学习假设研究的理论意义是，灰箱假设预期结果逐渐被大家接收，通常情况下预期学习不可能在短期内完成，是对理性预期理论快速学习假定的突破。把学习过程和信息传播过程结合在一起，提供了通常情况下信息在人群中和空间地理中缓慢传播的经济机制，是一种理论创新。对公众极度关心的信息，预期学习过程和信息传播过程会极快传播，从而导致预期突变，也是一种理论创新。

至此，中国粘性预期理论的第二个假设中用部分信息代替全部信息，第三个假设中用时滞信息代替现期信息，第四个假设中向他人学习，均起到降低信息成本的作用。中国粘性预期理论降低信息成本的这些方法，是对信息成本理论的创新。

（五）错误预期不能持久存在

第9章第2节提出错误预期不能持久假设：“经济行为者

不仅向他人学习，也向实践学习。当经济行为者一旦发现自己的预期错了，便会修改预期，使之符合实际情况。因此，一种错误预期不会持久存在。经济行为者关于预期的试错法，将使他们的预期围绕正确预期波动。因此，从长期看预期与实际是一致的。这是为什么我们做长期分析时不考虑预期作用；但从短期看，预期与实际是有可能偏离的。”第 9 章第 5 节把试错法表述为：“因此面对现实世界的不确定性，经济行为者倾向于从现有预期出发，向四周小心探索，逐步调整到最佳点。”

第 9 章第 2 节的灰箱假设是：“对受过专门经济学教育的人而言，他们对经济问题的变量关系及模型结构有一定程度的认识，他们依据的模型虽然与实际问题有一定的差距，但能部分反映实际问题的情况，因之可称这些模型为灰箱。”若灰箱模型预期利用“对经济问题的变量关系及模型结构有一定程度的认识”，进行试错，就能提高搜索的效率。这是一个值得研究的课题，可以参考适应性学习模型（Evans 和 Honkapohja，2001）。适应性学习模型假设经济人知道模型结构，但不知道模型参数。它既不是黑箱模型（因知道模型结构），也不是白箱模型（因不知道模型参数），可视为一种灰箱模型。在一定条件下，适应性学习模型可使经济人的预期收敛到理性预期。

（六）粘性预期的形成过程

本著作第 9 章第 3 节“预期形成过程”指出：“粘性预期形成过程为：经济行为者利用他在成本约束下所能获得的信息对经济变量的未来值进行预期，预期由经济行为者的几个方面活动重叠而成，（1）依照过去的经验；（2）根据现有的新情况；（3）向别人学习也从自己过去的失误中学习。”依照过去的经验和根据现有的新情况形成预期，若用数学语言表示，这类似于贝叶斯估计。该节最后部分指出：若灰箱假设预期的结果被多数人所接受时，那么粘性预期形成也可以用数学期望公式表述，这与理性预期形成用数学期望公式表述一样，只是这里预期不一定与实际情况相符合，短期内可能存在系统误差，这是与理性预期不一致的地方。从长期看，使用这一公式取得的结果与理性预期所取得的结果是一致的。

现在，预期形成仍是一个重要研究课题。美联储前主席 Yellen（2016）指出："也许最重要的是，我们需要更多地了解通货膨胀预期的形成方式以及货币政策对它们的影响。"Coibion et al（2018a）研究企业怎样形成预期。他们对新西兰的三千个企业的宏观经济信念和预期进行了调查，发现提供有关经济的新信息时，企业会以贝叶斯方法更新他们的信念。Francesco et al（2019）研究消费者怎样形成通货膨胀预期。他们发现，为了形成总的通胀预期，消费者依赖于他们在日常生活购买中所面临的价格变化。具体来说，价格变动的频率和规模，而不是它们在支出中所占的份额，对个人的通胀预期很重要。因此，消费者亲自接触到的食品杂货价格变化的频率和规模应该被纳入预期形成模型。央行根据核心通货膨胀设计的基于预期的政策可能会导致系统性错误，因为核心通货膨胀不包括食品价格。

（七）用不确定性解释预期的粘性和突变性

中国粘性预期理论认为预期具有两个根本性质：一是预期具有粘性；二是预期具有不确定性。本著作第 9 章第 5 节"预期的不确定性"用不确定性解释了预期的粘性和突变性："预期具有粘性，这是它稳定的一面，但预期也具有不确定性，这是它不稳定的一面。目前，我们还难于掌握什么时候、什么条件下预期粘性会被打破，从而出现较大变化。""同时，也正是由于客观世界的不确定性，经济行为者也知自己的预期不一定都准确，对预期的准确性只有几分把握。即使这样，经济行为者对已经形成的预期也不会轻易变动，除非他们意识到已经形成的预期是错误的，存在系统误差在内。但这种检验需要时间。因此面对现实世界的不确定性，经济行为者倾向于从现有预期出发，向四周小心探索，逐步调整到最佳点。这样，预期调整就显得较慢。”“现实世界的不确定性对经济的冲击与预期不确定性对经济的冲击，是造成经济波动的两大原因。如果这两个原因加在一起，对经济的影响会很大。如 1988 年的物价闯关过险口号促使人们的通货膨胀预期急剧上升，预期这一突然变化，是不确定的，事前难以预测的。而预期突变对 1988 年经济影响则是较大的。”

研究不确定性对预期的影响仍是有意义的课题。Fuster et al（2019）指出：“第三，我们证明了个体的先验不确定性与预期形成过程各阶段的行为相关。令人惊讶的是，具有较低先验不确定性的个体具有更高的支付信息的意愿，花费更多的时间处理显示的信息，并将信息更强烈地融入他们的信念。”这也意味着，具有较高先验不确定性的个体具有更低的支付信息的意愿，花费更少的时间处理显示的信息。这样，具有较高先验不确定性的个体调整预期的速度就慢一些，而具有较低先验不确定性的个体调整预期的速度则快一些。

欧美的理性疏忽理论、粘性信息理论和粘性预期理论，均只研究预期的粘性，没有研究预期的突变性。现实经济中，预期突变有可能发生，如 2008 年 9 月雷曼兄弟倒闭，触发预期突变，引发金融恐慌，由此美国金融危机突然恶化，导致严重后果。现在研究预期突变，不仅有理论意义，还有很强的现实意义。《宏观审慎管理的理论基础研究》一书第 163 页指出：

“虽然预期突变并不常发生，更多时候预期呈现粘性，但缺少预期突变这一因素，理性疏忽、粘性信息和粘性预期理论中经济人的行为就会类似蛛网模型中的经济人行为，他只会被动地跟着上期或更早的过时信息走。而一个理性的经济人是会吃一堑长一智的，不会反复犯同样的错误。”该书的第148页指出：“防范与化解系统风险的重要任务之一，是要防范与化解金融恐慌。金融恐慌是预期突变的时刻。稳定预期，防止预期突变，是防范和化解金融恐慌的重要手段。因此，在宏观审慎管理的理论基础中，预期管理构成一块重要的基石。”该书第150页指出：“粘性预期的粘性特征对应了系统风险的累积，而粘性预期的突变特征对应了系统风险的爆发。用粘性预期理论解释系统风险的形成和爆发，要比用理性预期理论解释系统风险的形成和爆发，更为实际一些。”

（八）用粘性预期理论解释顺周期行为和逆周期调节

2008年美国金融危机后，顺周期行为和逆周期调节成为经济理论界的热点问题。

虽没有使用顺周期这个词，本著作第9章第6节用预期粘性解释了人们的顺周期行为。“1. 预期是诱导通货膨胀的重要因素。由于预期的粘性性质，在通货膨胀的初始阶段，货币增长对物价增长的冲击迟缓下来，出现一种市场繁荣、购销两旺、经济增长、人民收入增加的虚假繁荣局面。正因为这样，当经济步入通货膨胀轨道时，政府看到的是经济蒸蒸日上的景气现象，此时政府并不急于制止通货膨胀。”“2. 在通货膨胀发展一段时期后，预期将会粘在较高的水平上，它又起到阻止通货膨胀下降，并对通货膨胀上升起到推波助澜的作用。”“3. 当经济进入谷底，预期也终于被拉下后，又会出现预期陷阱效应。此时，政府试图启动经济，增加货币投放，但多投入的货币都被预期陷阱所吸收，变成库存资金积压起来。”

本著作第10章第5节指出：“有一种可称之为反周期的方法，当总需求大于总供给，拉下总需求；而当总需求小于总供给时，便刺激总需求。这可称之为削高填低。”“但是反周期的金融政策和财政政策也存在问题。货币供给对经济的影响需要经过一段时间，这种滞后的时间长度受到预期影响，预期粘性的改变又是不确定的，这就可能发生时间错位反应。这可表示为，货币的滞后可能导致货币的刺激或抑制作用姗姗来迟，试图拉上总需求的货币扩张政策可能在总需求萎缩已经过去继而总需求扩张已经来临时才起到作用，这就起到刺激经济活动扩张的作用，加剧了经济的波动。”“反周期方法的另一个问题是，当刺激经济增长时，由于预期粘性及价格粘性的作用，政府易刺激总供给使之达到潜在总供给水平以上，此时供给明显增加而价格并未明显提高，若政府乐此不疲，接踵而来的就是新一轮通货膨胀。”“由于反周期政策的上述潜在危险，我国经济学家们现在又转向实行一种消极的方法，以不变应万变。这就是前面所说的，从不变的稳定的经济增长速度出发来调节货币供给及配给限制。”“我们认为。稳定经济增长速度，需首先稳定货币供给的增长率。这也就是说，通过稳定货币供给增长率来起到稳定经济增长率的作用。”“由于经济系统的不确定性及经济系统内在的扩张机制的作用，我们也可采用反周期的计划政策和财政政策与稳定货币供给的金融政策配套，尽量消除经济系统的波动。这是一种以金融政策为主，计划、财政政策为辅的管理宏观经济的方法。”

二、政策规则

政策规则分为工具规则和目标规则两种。本节介绍中国粘

性预期理论的工具规则。

（一）政策规则的理论基础

1. 货币供给与需求的平衡。本著作第 6 章第 3 节“货币供给的决定”指出：“短期的货币供给与需求的平衡，则是短期货币需求函数与供给函数的交点”。货币需求量由实际利率和国民收入增长率决定。“从我国政府历年的计划安排上看，我们是先从决定 *NI* 的增长速度开始的（即从确定国民收入增长率开始）。先确定了国民收入增长速度，然后再为保证这一速度来安排货币供给量。从传统的计划经济来看，这样做是合理的。”“本书第 8 章还将进一步讨论这一问题。本章有关商品市场和货币市场的关系的内容，构成第 8 章的理论基础。”

2. 相机决策遇到的问题。本著作第 8 章第 2 节“调控规则与经济预期”指出：“政府的基本调控规则是：若价格上升过高，政府认为总需求大于总供给，于是要求计划系统和银行系统从紧控制。此时，计划系统将降低计划产量 Q_t^*，而银行系统将降低新增货币供给量 ΔM_t^s。同样，若政府认为增长速度过高，或者认为短缺缺口过大，也会要求计划系统和银行系统从紧控制经济，以缩小总需求与总供给的缺口。”“反过来，若政府认为增长速度过低，则要求计划系统和银行系统从松控制，于是计划系统将提高计划产量 Q_t^*，银行系统将增加新增货币供给量 ΔM_t^s。”这里，调控规则是中国政府相机决策时所依据的规则。调控规则决定的政策变量是外生变量，由政府参考其他经济变量决定，不是由其他经济变量决定。与此不同，政策规则决定的政策变量是内生变量，由经济系统的其他变量决定。

可见，中国政府调控规则类似于欧美国家央行基于菲利普斯曲线的相机决策，由政府在通货膨胀率和经济增长率两者中取平衡。虽然中国政府并没有依据一条由统计数据得出的菲利普斯曲线调控经济，但中国政府调控规则表明，中国政府经验上认为通货膨胀与经济增长存在正相关关系，即降低经济增长速度，能降低通货膨胀。

本著作第 8 章第 2 节“调控规则与经济预期”对这一经验关系进行了理论分析，发现了这一经验关系遇到的问题。

该节指出：“依据本书的理论分析，在出现经济预期后，短期内经济增长速度与通货膨胀之间的关系具有不确定性。当通货膨胀预期较低时，较高增长速度也能与较低通货膨胀并存，如 1984—1987 年。而通货膨胀预期较高时，物价增长速度将明显高于经济增长速度，如 1988 年。由于我们对经济预期的理论分析不深入，对其认识不够，预期对我们而言表现为具有一定程度的不确定性，因此，我们很难在模型中把预期作为一个独立变量。于是，要确定物价与经济增长速度的数量关系是很困难的，这有待于预期理论的发展。因此，政府的相机决策，还只能是摸着石头过河，在确定可以容忍的通货膨胀的上界后，逐步调控经济，使之保持相应的增长速度。可以说，经济预期出现，导致了经济调控困难增加。”可见，短期内经济增长速度与通货膨胀之间关系的不确定性，来自于预期的不确定性，这导致传统调控规则失效，即相机决策方法失效。这一解释与欧美理论界关于菲利普斯曲线变化导致相机决策失效不同。欧美理论界认为在理性预期或者适应性预期作用下，菲利普斯曲线趋向垂直，故而相机决策失效。

怎样才能消除预期的不确定性呢？这将在本著作第 10 章予以研究。

3. 中国菲利普斯曲线研究。本著作第 8 章第 2 节试图用统计数据得出中国的菲利普斯曲线模型，即“经济增长速度与通货膨胀增长速度之间的关系能用数学公式描述出来吗？”但这一尝试归于失败，我把这一失败归之于“短期内经济增长速度与通货膨胀之间的关系具有不确定性”。后来，我在《通货膨胀与不确定性》一书的第16章第2节提出了菲利普斯曲线的理论模型，在该章第3节，提出了一种非对称菲利普斯曲线回归模型。该回归模型的特点是，依据经济增长率变化的上升时期和下降时期，分别对每个上升时期或者下降时期做通货膨胀率和经济增长率的回归分析，可以发现每一个时期通货膨胀率与经济增长率均存在正相关关系。并且，经济增长处于上升阶段时，经济增长率对应的通货膨胀率较低；经济增长处于下降阶段时，经济增长率对应的通货膨胀率较高。我用粘性预期和成本推动解释了这一非线性关系。该章第3节指出：“通货膨胀与经济增长的这种双值映射关系，有较大的理论意义和实际意义。从理论角度看，这进一步证实了预期的粘性性质，揭示了通货膨胀与经济增长之间的内在关系，把表面看不存在的菲利普斯曲线又揭示出来了。从实际角度看，这有助于制定反通货膨胀的政策。”

（二）政策规则的理论形式

本著作第8章第8节“政策规则的形式”指出：“计划产量 Q_t^* 和计划货币供给量 M_t^s 一般视为外生变量。在本章中，由于纳入了政策规则，Q_t^* 与 M_t^s 的变化将依据这些规则行事，因此，这样 Q_t^* 和 M_t^s 便成为内生变量，它们由经济系统内部的其他变量所决定。”这一其他变量，理论上是超额总需求。由于超额总需求不好测度，本节随后论述表明，Q_t^* 和 M_t^s 实际上由通货膨胀率 P_t 决定。依据第8章第1节给出的公式 $\Delta P1_t = \lambda\left(D_t - S_t\right)$ 及对其的解释：“总需求越大于总供给，则价格上升也越大”，可知，当超额总需求为正时，P_t上升；当超额总需求为负时，P_t下降。为测度便利，政策规则函数由$Q_t^* = f_1(P_t)$和$M_t^s = f_2(P_t)$表示。当P_t上升时，Q_t^*下降，M_t^s下降。当P_t下降时，Q_t^*上升，M_t^s上升。

这一理论的政策规则只是把调控规则的政策变量由外生改为内生。这一改动的理论意义是，政府政策制定要受规则的约束。但是本节仅提出了政策规则的理论形式，政策规则函数的具体形式还没有给出。第8章第8节指出：“在政策规则中，仅分析了Q_t^*与M_t^s依据什么信号朝什么方向上变化，但并未分析变化的具体数量大小及变化的时间长短。”

特别指出，$M_t^s = f_2(P_t)$是一种数量型货币政策规则。这里，政府通过通货膨胀率高低决定货币供给的松紧。$Q_t^* = f_1(P_t)$则是由政府决定计划产量的政策规则，这是中国经济调控的特色。

第8章第1节指出，政府调控“试图使总供给与总需求的缺口尽量小”。政府的调控规则和政策规则均为实现这一目标服务。

（三）政策规则与经济周期的关系

本著作第8章第9节分析了政策规则与经济周期的理论关系：“当通货膨胀上升一段时间后，政府的政策规则会制造拉下总需求从而抑制通货膨胀的政策，这又将导致总供给下降。当总供给下降到潜在总供给水平以下时，通货膨胀也会下降。当通货膨胀下降一段时间后，政策规则又将启动经济，刺激经济增长。至此，完成了经济波动的一个周期。这个周期的转折点是政府的政策规则。究竟通货膨胀持续多久政策规则才会起作用，使通货膨胀掉下来，这是不确定的，它更多地受到经济系统外部因素的影响。然而，当实际总供给已经达到其上界后，总需求持续上升不再导致实际供给增加，而全部转为通货膨胀上升时，此时政府就将面对公众要求拉下通货膨胀的压力，政策规则就将起作用。”本节表明，存在正的产出缺口时（实际总供给大于潜在总供给），通货膨胀上升。存在负的产出缺口时（实际总供给小于潜在总供给），通货膨胀下降。

（四）政策规则与政策透明的关系

本著作第 10 章第 4 节“政策信息传递与政策规则”指出：“如果政府按照一套公开的政策规则办事，并且坚定不移地执行这套规则，那么政策规则本身就向公众提供了较多的政府政策制定的信息，这有利于减少公众预期的不确定性因素，也可以防止政策制定者改变初衷的打算，提高政策的可信度。”这把政策规则和政策透明联系起来，把政策规则作为政府向公众传递信息的工具，并把政策规则作为约束政策制定的工具和提高政府信誉的工具。这种理念在当时是超前的。

（五）政策平滑操作

本著作第 10 章提出，由于经济系统的不确定性、预期的粘性及政策发生作用的时滞，政策出台力度要均匀，要逐步调整政策，政策变化要保持同一方向。这里，我们把这种政策操作称之为政策平滑操作，与欧美经济理论界定义的利率平滑操作类似。政策平滑操作是一个基本调节规则，央行调整 M2 增长率、利率与准备金率，均应平滑操作。

本著作第 10 章第 3 节指出：“由于经济系统的不确定性及预期的粘性，政策实施时，不要急于求成，应走一步看一步，分多个阶段，让政策分步到位。治理通货膨胀，也可分为多个阶段，一步一步把通货膨胀拉下来。由于预期粘性，开始阶段可下力猛一点，有利于拉下公众的较高通货膨胀预期，但随后用力就要均匀，逐步拉下通货膨胀。刺激总供给时，也同样如此，均应分步进行，政策分步到位。这样做有利于经济稳定发展。今天大上，明天大下，导致经济波动加剧，是不可取的。”

本著作第10章第4节指出：“由于不确定性因素的影响及政策发生作用的时滞，政策执行过程中可能会遇到意想不到的事，从而使政策的作用与原计划相反。如本想用扩张货币供给的方法来刺激经济增长，使其走出谷底，但当政策发生作用时，经济已经走出了谷底，达到了潜在总供给水平，于是这项政策就实际起到了刺激供给超越潜在总供给的作用，从而引致通货膨胀。因此，依据政策规则办事，也不要急于一步到位，而应逐步到位，以减少不确定性的干扰。”这段话不仅解释了为什么要实行政策平滑操作，而且与欧美央行在泰勒规则下的利率平滑相一致。

本著作第10章第5节指出：“经济系统的不确定性，预期作用的增大，给反周期的货币供给规则带来了技术上的困难。一个降低问题难度的处理办法是，采取试错法，让货币供给逐步到位，这样一旦发现问题，便可以立即刹车，不致造成大的波动。这也就是说，不论是拉下总需求还是刺激总需求，都不要急于求成，要有一个过渡时期，让政策逐步到位。这样时间虽长一点，但步子稳一些，不至于酿成相反的结果。在一个不确定性还在起重要作用的系统中，试错法是较为令人满意的基本调整方法，或基本调节规则。” 政策试错应是同一方向的试错，如治理通货膨胀，要不断提高利率，走一步看一步，逐渐将利率提高到一个合适的水平上。在经济发展正常年份，政策试错的同一方向则应是顺着政策的平滑线的上下小范围内波动。

《通货膨胀与不确定性》一书的第17章第2节“治理通货

膨胀政策的三原则”提出“采取坚定、逐步、稳定的方式治理通货膨胀”三大原则。在论述坚定原则时指出：“政府要明确告诉公众一个信息，只要通货膨胀还处于较高的水平上，如两位数水平上，政府就会采取一种较紧的经济政策，并付之于实际。”这就把政策平滑操作与前瞻性指导挂起钩来。政策平滑操作告诉了公众政策意图、政策方向、政策力度和政策路径，明确公布未来政策走势，与前瞻性指导思想十分合拍。本节在论述稳定原则时指出：“所谓稳定，是指政策力度要均匀，不要时大时小。稳定的降下通货膨胀，也能起到稳定公众的通货膨胀预期的作用，可较为有效地防止不确定性因素的影响。”这也表明政策平滑操作，要求政策变化是同一方向的，并且这有利于稳定公众的通货膨胀预期。

本著作第 11 章第 5 节指出：“从动态角度考虑最佳政策问题，是从研究价格下降的途径开始的。前面的理论分析指出，价格下降的途径可由货币供给量决定，因此，动态的最佳政策问题就转化为对货币供给的最佳控制问题。”“显然，最佳的货币投放量 U^* 是一个复杂的函数，银行不可能按照这样一个复杂函数来投放货币。但是银行可以根据 U^* 这一理论曲线来作为自己投放货币的参照，使实际投放曲线围绕理论曲线波动，或者相差不至于太远。”本节是用庞特雅里金极大化方法解决这一确定性最优动态控制问题的。使货币实际投放曲线围绕理论曲线波动，是一种平滑操作，也是一种动态最优操作。

《通货膨胀与不确定性》一书的第 97 页至第 106 页，采用随机二次型最佳控制方法，研究在计划期内尽量降低通货膨胀的同时，又尽量使经济增长率降低的程度最小。这是一种随机动态最优控制模型，需联合使用卡尔曼滤波和确定性最佳控制方法。我们发现，在这个确定性模型部分，控制变量每期取值完全一样。在模型中加上随机因素后，控制变量每期取值与确定性模型控制变量取值相差很小。这表明模型中，动态最优控制是均匀的平滑操作。

欧美央行一般实行泰勒规则下的利率平滑操作。欧美央行的利率平滑操作，具有谨慎、渐进、微调和同方向的特点，与上面提到的政策平滑性操作的特点类似，也称之为政策利率渐进主义。20 世纪 60 年代以来，欧美经济理论界就一直在探讨利率平滑操作，一些著名经济学家也关注这一问题。

Barro（1988）指出：“本文探讨了与利率平滑目标相一致的货币政策行为。笔者认为，这一目标似乎是合理的，并导致了一个理论模型，明确了货币基础和价格水平的行为。此外，货币和价格的这种行为在货币当局以名义利率为目标的制度下，为这些变量提供了可检验的假设。”

Clarida、Galí 和 Gertler（1999）在文章第 5.2 节把利率平滑操作作为货币政策理论重要问题提了出来。他们指出，由绝大多数模型计算出的最优利率比央行的平滑利率的波动要大得多。对此，他们提到了三种理论解释，但他们仍然认为：“一般来讲，理解实际上为什么使用利率平滑操作仍是一个重要的未解决的问题。”他们提出的这一未解理论问题引起研究利率平滑操作的热潮。

Woodford（2003a）指出：“本文认为，中央银行只为了应对经济条件的变化而逐步调整利率的趋势是可取的。一个优化私营部门行为的简单模型显示，将利率平滑目标分配给央行可能是可取的，即使降低利率变化幅度本身并不是一个社会目标。这是因为政策对“无关”滞后变量的反应可能是可取的，因为它引导了私营部门对未来政策的预期。”Woodford 关于利率平滑操作能引导公众对未来政策的预期的观点，与前瞻性指导的作用是一样的，与我们认为政策平滑操作有利于稳定公众预期观点是一致的。

Nakata 和 Schmidt（2019）指出："我们的分析为政策利率渐进主义提供了一个新的理论依据。在流动性陷阱中，一个渐进的央行将政策利率保持在低水平的时间，超过了仅关注产出和通胀动态所需时间。这模仿了最优承诺政策的一个关键特征。这种长时间的低利率政策创造了未来通胀和产出的短暂繁荣，减低了在流动性陷阱中因预期导致的通货膨胀和实际活动的下降。""一个只关注产出和稳定通胀的拥有政策制定灵活度的央行将发现自己无法可信地承诺将政策利率保持在低位。因为它有一种动机，即一旦流动性陷阱环境消退，它就会违背过去的承诺，提高政策利率。然而，修改这种央行的目标函数，纳入利率平滑目标，能使社会相信这种长时间的低利率政策。即使社会本身不严重关注政策利率的稳定变化，选择最优权重平衡央行的两大目标，即通货膨胀和产出稳定目标与利率平滑目标，也会导致社会福利的显著改善。"

中国粘性预期理论较早把政策平滑性操作与稳定预期和前瞻性指导联系起来，较早从预期粘性、不确定性和政策作用滞后角度解释了为什么要实行政策平滑性操作。

提出政策平滑操作的理论意义是，向公众表达了政策意图、政策取向、政策力度和政策路径，是政策透明的一种方式，是在不确定环境下比较稳妥的政策调整方式，可起到引导公众预期的作用。政策平滑操作还具有可预测性，具有稳定经济和稳定预期的作用，具有约束央行政策制定的功能。它可增加政策效率，减少政策失误，维护政府信誉，减少不确定性影响。

政策平滑操作还有助于降低系统性风险。在具有不确定性的一般均衡理论体系中，在完备性市场假设等假设条件下，投资者通过买卖资产，可以在不同时期和不同状态下平滑自己的消费，即让自己的消费在不同时期和不同状态下大致相同。这表明投资者不喜欢消费波动，把消费波动视为风险。投资者平滑消费可以提高自己的效用水平，消除自己的禀赋波动带来的个体风险。在这一理论体系中，全社会总禀赋的波动（是一种宏观经济波动）带来投资者的消费波动，这种消费波动是不能互相抵消的，是一种系统性风险。在这一理论体系及相应假设条件下，资源最佳配置也意味着风险最佳配置（或者最优风险分担），即投资者都分担了总禀赋波动风险，并消除了与总禀赋波动风险无关的个体风险。政策的平滑操作，不仅有利于投资者制定自己的消费计划来平滑自己的消费和消除个体风险，还有利于稳定宏观经济、减少因宏观经济波动带来的系统性风险，从而有利于稳定金融系统。

（六）与欧美经济理论界提出的政策规则对比

本著作第10章第4节指出："政策规则可大致分为有反馈的和无反馈的两种，这类似于控制论中的闭环系统和开环系统。有反馈的政策规则将依据政策的执行情况和执行结果不断调整政策的力度，使政策目标得以实现"。Clarida、Galí和Gertler（1999）发表的《货币政策的科学性：新凯恩斯主义观点》一文认为，泰勒规则不同于弗里德曼的固定货币供应率规则，是一种具有反馈功能的货币政策规则。

本著作提出的货币政策规则与1988年问世的货币数量规则（McCallum规则）和1993年问世的泰勒规则有共同特点，即都具有反馈功能，当通货膨胀率上升时，要给经济增长降温，反之亦然。

当然，本著作提出的政策规则，没有给出函数的具体形式，还只是一种理论上的政策规则。而货币数量规则和泰勒规则，均给出了函数的具体形式。本著作提出的政策规则，把计划产量作为政策工具看待，这与货币数量规则和泰勒规则完全不同。

三、目标制

Svensson（2010）指出："通货膨胀目标制是1990年在新西兰实行的一项货币政策战略，它在稳定通货膨胀和实体经济方面非常成功。截至2010年，它已被大约25个工业化国家和非工业化国家采纳。它的特点是：（1）宣布通货膨胀目标的数值；（2）货币政策的执行，使通货膨胀预测发挥主要作用，并被称为预测目标；（3）高度的透明度和问责制。通货膨胀目标制与一个以三位一体为特征的体制框架高度相关：（1）价格稳定的任务；（2）独立性；（3）央行的问责。但有一些非常成功的实行通货膨胀目标制的国家，例如挪威央行缺乏正式独立性（尽管它们事实上的独立性可能仍然很大）。""这些发现支持了这样一种观点，即众所周知且可信的通胀目标有助于锚定私营部门的长期通胀预期。"

对通货膨胀目标制的理论分析在20世纪90年代全面展开。Svensson（1997）提出弹性通货膨胀目标制，同时具有通货膨胀稳定和产出稳定两大目标。

中国经济管理体制与欧美国家不同，中国央行不存在独立性问题，对央行的问责也没有明文公布，但央行有维护物价稳定、经济稳定的职责和任务。本著作尽管没有使用目标制这个词，提出的公布具体目标数值、稳定目标和实现透明政策与欧美国家通货膨胀目标制的要求是相同的，可视为中国弹性通货膨胀目标制的理论研究。

《宏观审慎管理的理论基础研究》第174页至第176页解

释了中国政府2013年提出合理区间论，是一种弹性通货膨胀目标制。

目标制也是一种政策规则，称之为目标规则。

（一）双目标制

1.对传统双目标调控模式的总结。本著作第8章研究并总结了政府调控经济的理论模式，并把这一模式作为通货膨胀的理论总模式。在这一总模式中，政府的调控目标理论上是总供需缺口，但这一缺口不可直接测量，故依据价格（包括隐性的通货膨胀）和经济增长速度的信号调控，这其实也是一种双目标调控。

第8章第5节“综合调控”指出：“稳住物价，是政府、计划、银行的共同目标，因此围绕稳住物价来协调计划与银行的调控，是较易实行的。但是稳住物价不是调控经济的唯一目标，适当的经济增长速度也是政府追求的目标。”这种双目标调控还不能称之为弹性通货膨胀目标制，因为它不涉及稳定预期和政策透明。无论通货膨胀目标制，还是弹性通货膨胀目标制，其目的均是要稳定预期，均与政策透明相配合。在出现预期这一新因素后，这一传统调控模式遇到了新问题。

2.传统双目标调控模式的问题。第8章第2节“调控规则与经济预期”指出：“在出现经济预期后，短期内经济增长速度与通货膨胀之间的关系具有不确定性。”“可以说，经济预期出现，导致了经济调控困难增加。若依据传统理论或者经验来调控经济，就有可能出现事与愿违的情况。”

第8章第5节“综合调控”指出：“如果把计划产量Q_t^*与银行的货币供给量M_t^s联系起来，统一确定Q_t^*与M_t^s，那么经济的发展就会协调些，就能减少一些矛盾。”“在现在的经济生活中，由于预期作用，对货币需求呈现不确定性，这就导致

Q_t^*与M_t^s关系的复杂化。如通货膨胀预期较高时，一定的Q_t^*需要较多的M_t^s来配套，而当通货膨胀预期较低时，一定的Q_t^*又只需要较少的M_t^s来配套。因此，在预期作用下，商品市场与货币市场的均衡并不是稳定的，随着预期的变动，这种均衡也会变动。”“在图 8.4 中，假设在不存在预期作用下货币供给量M_t^s与计划产量Q_t^*的均衡由直线AA表示，在预期作用下，货币供给量M_t^s与计划产量Q_t^*的新的均衡由曲线BB表示。它表明，当计划产量Q_t^*超过一定点时，或货币供给量M_t^s超过一定点时，预期提高将会使一定的Q_t^*需要更多的货币供给量M_t^s来配套；而当计划产量Q_t^*低于一定点时，或货币供给量M_t^s低于一定点时，预期降低将使一定的Q_t^*只需要较少的货币供给量M_t^s来配套。但是，由于预期的不确定性，要准确描述BB线是困难的，这就导致M_t^s与Q_t^*关系的不确定性。我们将在第 10 章分析减少M_t^s与Q_t^*不确定性的具体措施。”第 10 章的这些具体措施，即是在总结中国政府调控经济模式基础上，进一步提出中国版弹性通货膨胀目标制，公布两大目标的具体值，通过目标稳定、政策规则和政策透明方法稳定预期，当经济运行偏离两大目标时，要采取经济政策使其回到目标，从而稳定经济增长和价格水平，减少不确定性影响，以克服预期带来的调控问题。

3. 弹性通货膨胀目标制。本著作第 10 章第 3 节“政策的目标与手段”，提出了中国版弹性通货膨胀目标制。“政策目标一旦确定，应相应稳定。稳定可行的政策目标，能使公众的预期也相对稳定，从而减少经济中不确定性因素的影响，有利于经济的稳定增长。若不时更换经济目标，将使公众无所适从，导致经济系统的混乱。”这是论述目标稳定，以及为什么要目

标稳定。

该节指出："基于上述认识，并以本书的理论分析为依据，我们认为制定反通货膨胀政策时，宜以降低通货膨胀与维持必要经济增长速度为目标，这是两个不相容的但又应兼顾的目标。如我们可以确定通货膨胀率为5%，经济增长率为5%~7%，作为我们制定经济纲领的两个主要目标。并且近中期内不要改动这两个目标，维持目标的稳定性。由于经济系统的不确定性和预期的粘性，实现目标时会存在误差，但只要目标不变，这些误差将会是随机的。为实现这两个目标，宏观经济政策要协调配套，计划政策、物价政策、财政政策、金融政策均应协调起来，尽量减少政策手段之间的不相容性。"这是公开宣布两大目标的数值，并维持目标稳定，强调实现目标稳定需要政策配套和协调。

该节指出："理论分析已经指出，我国经济系统内存在内在的经济扩张机制，我们确定的上述两个目标，只是人为地画出两条线，经济扩张并不会自行在这两条线面前停下来，这就需要采取政策手段压抑住经济扩张。依照本书的理论，总需求扩张、经济过热、通货膨胀抬头时，宜采取财政、信贷双紧政策，必要时还要采取计划配给政策，以压下总需求；当总需求不足时，可采取放松配给和增加货币供给的政策；当出现预期陷阱时，则应采取财政政策。一般而言，金融政策对抑制总需求更为有效，而财政政策对刺激总供给更为有效。"这是具体情况实施具体政策，以维持目标稳定。

本著作第10章第4节"政策信息传递与政策规则"，强调了政策规则透明、政策信息透明和政策目标透明，这是实行弹性通货膨胀目标制的具体配套措施。我们在介绍透明和沟通内容时会详细提到，这里不重复介绍。

双目标是欧美理论界1997年提出的弹性通货膨胀目标制的关键内容。本著作提出的中国版弹性通货膨胀目标制也同样具有双目标这一关键内容。同时，这两种双目标制都有共同的精神实质，即通过稳定目标，从而稳定公众预期和稳定经济增长，减少不确定性因素影响。这两种双目标制都需要政策规则配套，都和透明政策相配合，都是一种预期管理形式。

（二）单目标制

本著作第10章第5节指出："这就是前面所说的，从不变的稳定的经济速度出发来调节货币供给及配给限制。这种稳定的经济增长速度又称之为中速增长，指国民收入增长速度为6%。这就是所谓的固定增长率规则。这一规则的优点是它向公众明确公布了政府政策的目标，这就有助于消除公众预期中的不确定性因素，引导大家配合这一目标安排自己的经济活动，从而减少经济波动。由于政府目标不变，政府与公众就能减轻这类问题的消极影响，大家都按这一目标来预期经济活动，协调经济活动。政府遵循这样的规则，首要条件是政府要有可信度，要说话算数，不要途中变卦。"当时讨论的固定增长率规则，虽有别于通货膨胀目标制的固定通胀率，但本节认为固定增长率规则能"消除公众预期中的不确定性因素，引导大家配合这一目标安排自己的经济活动，从而减少经济波动。"这一解释与通货膨胀目标制的精神是相通的。

（三）多目标制

本著作第10章第3节"政策的目标与手段"指出："宏观经济政策制定时要考虑许多目标：抑制通货膨胀，促进经济增长，维持国际收支平衡，提高经济效益，调整产业结构，等等。这些政策目标并不都是相容的，如抑制通货膨胀和促进经济增长之间就存在矛盾，短期内要促进经济增长就必然会带来

较高的通货膨胀，而抑制通货膨胀又将导致经济增长速度回落。我们前面的理论分析已指出了这两种目标的不相容性。”长期以来，中国央行的货币政策是围绕四个目标设定的，即较低的通货膨胀率、较高的就业率、一定的经济增长率和国际收支大体平衡。

四、预期管理理论

欧美预期管理思想起源于对日本流动性陷阱研究，问世时间晚于透明政策和目标制理论。Woodford（2003b）在他的书中用一节篇幅介绍了预期管理思想，指出央行影响市场和价格的关键因素是管理未来利率变化的预期。Woodford（2005）的第 1.1 节专门讨论预期管理，认为不是实际利率影响人们的决策，而是对未来利率的预期影响人们的决策。这两篇文章是预期管理理论的重要文献，被广为引用。

预期管理已成为各国央行的一个重要政策工具。Morris 和 Shin（2008）指出：“最近 15 年在世界范围内，我们看到了对货币政策理解和引导这两个方面认识的明显革命。”“这场革命的中心问题是关于货币政策的观念改变。”“依据这一现代观点，货币政策的核心问题是管理和协调预期。相对于央行的直接工具变量控制，如控制隔夜利率，央行传递信息更为重要。”透明政策和目标制都起到央行向公众传递信息的作用，均可视为预期管理方法。目标制前面已经介绍，这里不再重复。

尽管没有使用预期管理这个词，本著作试图通过公布政策目标、政策规则和政策力度，以及依靠政府的权威和声誉，实施透明政策，向公众传递政策信息，通过这些方法引导公众配合政府政策，进行预期管理，以达到稳定预期、提高政策效率和减少经济波动的目的，从而也达到减少不确定性的目的。这些思想与欧美预期管理思想类似。中国粘性预期理论中关于预期管理研究的主要内容有以下五个方面。

（一）流动性陷阱

中国粘性预期理论提出了预期陷阱概念，用以解释中国在1991年遇到的流动性陷阱问题，即当时中国经济学家称之为市场疲软问题。凯恩斯的流动性陷阱概念的一个标志是极低利率甚至零利率，而中国直到现在也没有完全实行市场利率。因此，中国粘性预期理论用预期陷阱概念，其标志是公众预期粘在很低水平上，这是导致货币政策失效的关键因素。这两种陷阱的共同特点是，经济增长已经陷入低谷，此时扩张性货币政策对刺激经济失效。

本著作第6章第5节指出："当居民的通货膨胀预期很低时，会产生预期陷阱。此时，货币供给增加，多被预期陷阱所吸收，它既不会促使物价上升，也不会促使供给增加。1990年市场疲软，可视为预期陷阱的一种典型情况。1990年先后几次投入货币启动经济都未奏效，其原因是投入的货币多被预期陷阱所吸收，变成库存资金积压起来，并没有作用到供给和价格上来。"本著作第9章第6节指出："当经济进入谷底，预期也终于被拉下后，又会出现预期陷阱效应。此时，政府试图启动经济，增加货币投放，但多投入的货币都被预期陷阱所吸收，变为库存资金积压起来。消费者因较低的通货膨胀预期而倾向于增加储蓄，或持币待购，出现市场疲软。我国1990年经济就面临这样一种局面。"

经济一旦落入预期陷阱，怎样走出预期陷阱就成为政府的重要任务，怎样改变公众过低的通货膨胀预期成为解决问题的关键。本著作第10章第2节、第3节和第5节指出："当实际供给低于潜在供给水平时，若预期粘在较低的水平上，会出现预期陷阱，此时货币供给增加也不会带来产出增加。1990年中国经济实践说明了这一点。但是货币供给增加一段时期后，特别是用于投资的货币增加后，由于投资的乘数作用，经济扩张会带来预期的变化，此时货币政策的作用就会表现出来。”“当出现预期陷阱时，则应采取财政政策。”“通常刺激总需求能起到间接刺激总供给的作用。但是，在预期粘在较低水平时，直接采用财政政策更为有效。这就是增加政府投资和政府消费，依靠这两者的乘数作用直接刺激总供给增加。1990年政府启动经济时，前两次都是采取投放货币的方式，收效不明显。其关键在于公众预期粘在较低水平上，或者说陷入了预期陷阱。第三次启动采用财政政策，增加政府投资和政府消费，作用就明显一些。”可见，用于投资的货币增加，通过财政政策增加政府投资和政府消费，其目的是通过经济扩张带来预期变化，从而走出预期陷阱。

在 Krugman（1998）一书附录（第 188 页至第 189 页）中，Kathryn 对克鲁格曼的流动性陷阱理论做了精辟的介绍：“流动性陷阱可以被定义为如下情况，在这种情况下，因为名义利率已经是零或接近零，持有证券的投资者和持有货币的投资者没有什么不同，作为一个结果，货币政策在刺激需求方面是无效的。在通常情况下，货币政策是中性的，或者，在长期情况下，是无效的。但是，如果允许一定的价格粘性，在短期情况下，货币扩张或能增加产出，并且，将能导致价格的同比例增加。然而，当利率已经“太低”时，由于经济处于流动性陷阱，货币政策对影响产出和价格是无力的（在 IS—LM 图中，LM 曲线是水平的）。因此，传统的走出流动性陷阱的方法是依赖财政政策（移动 IS 曲线）。”Kathryn 对克鲁格曼的流动性陷阱定义与原文有点出入。克鲁格曼的流动性陷阱定义原文

表述如下：“流动性陷阱可以被定义为如下情况，在这种情况下，因为名义利率已经是零或接近零，常规的货币政策不起作用：注入基础货币进经济系统不会有效果，因为基础货币和证券被私人部门视为完美的替代品。

2008年美国金融危机后，预期管理成为走出流动性陷阱的一个重要政策工具。Coibion et al（2018b）指出“这些政策的核心基于通胀预期机制，由于零利率导致利率政策失效，于是让公众相信未来的通货膨胀将更高，降低他们认为的当前实际利率，从而促使家庭和企业立即增加支出。更高的预期通货膨胀也会导致公司预期相对价格迅速下降，从而立即提高价格，工人也会要求更高的名义工资增长。因此，在传统政策工具失效时，直接影响公众通胀预期的政策可用于稳定经济。”Hagedorn et al（2018）指出：“为了应对大衰退期间经济活动的下降，货币当局将名义利率降至零，以刺激产出和就业。在达到传统货币政策（利率零下界）的极限后，面对高失业率和低产出，货币当局试图通过宣布对未来政策利率的预测来进一步缓解经济困境。在流动性陷阱中，这种“前瞻性指导”已成为货币当局制定政策的主要新工具之一。”

把粘性预期概念引入凯恩斯流动性陷阱，是中国粘性预期理论的创新，这如同Krugman（1998）把理性预期概念引入凯恩斯流动性陷阱的创新。如同Krugman（1998）的思想，中国粘性预期理论也认为流动性陷阱的核心问题是预期和信心，也认为流动性陷阱中经济人不一定只持有现金，也认为财政政策对走出流动性陷阱更为有效。

（二）协调预期

Morris和Shin（2008）总结了预期管理的理论模式。该模式的一个核心概念是协调预期，即央行要有权威性，能让公众统一理解央行政策，并采取同样行动。

协调预期涉及经济人的预期是异质的，而异质预期是中国粘性预期理论的第一个假设条件。在本著作第10章第5节提出了协调预期的概念："这一规则的优点是它向公众明确公布了政府政策的目标，这就有助于消除公众预期中的不确定性因素，引导大家配合这一目标安排自己的经济活动，从而减少经济波动。由于政府目标不变，政府与公众就能减轻这类问题的消极影响，大家都按这一目标来预期自己的经济活动，协调经济活动。政府遵循这样的规则，首要条件是政府要有可信度，要说话算数，不要途中变卦。"

这里，"大家都按这一目标来预期自己的经济活动，协调经济活动"便是协调预期的思想，相当于Morris和Shin（2008）所描述预期管理的太阳黑子比喻模式的同样行动。"向公众明确公布"，包含了让公众都知道都理解的含义，相当于太阳黑子比喻模式的公共知识，统一理解。"政府要有可信度"是协调预期的首要条件，相当太阳黑子比喻模式的权威性要求。因此，中国粘性预期理论关于协调预期的思想，与Morris和Shin（2008）所描述太阳黑子比喻模式中预期协调思想，是类似的。

（三）透明和沟通

透明和沟通已成为一个重要的理论研究课题。透明和沟通是一个问题的两个方面。透明文献综述可见Cruijsen和Eijffinger（2007），沟通文献综述可见Blinder et al（2008）。

Cruijsen和Eijffinger（2007）指出，透明思想最早于1986年由Cukierman和Meltzer（1986）提出。Blinder et al（2008）总结了透明和沟通思想演变的三个重要进展："注意这里的进展：从Brunner在1981年对央行官员拒绝沟通的哀叹，到

Blinder 于 1996 年提出更多沟通将提高货币政策有效性的论点，再到 Woodford 于 2001 年提出的主张，即货币政策的本质是管理预期的艺术，而这已被认为是英明的观点。Woodford 可能夸大了最后一点。但货币政策至少在一定程度上是关于管理预期的观点，这在学术界和央行界都是标准观点。把这称为思想上的革命是毫不夸张的。”

在 20 世纪 90 年代中期以前，欧美经济学界研究透明的论文极少。大致在 20 世纪 90 年代中期以后，央行的透明和沟通政策逐渐成为欧美经济学界的热点问题，同时欧美国家央行开始放弃暗箱操作、突然袭击的政策制定和实施方式，实施越来越透明的政策。

21 世纪以来，欧美经济理论界把央行的透明政策细分为不同类型分别进行研究，并建立测度央行透明度的指数。中国粘性预期理论的透明思想也可具体分为不同类型。

1. 规则透明。本著作第 10 章第 2 节指出：“政策要有效，就要求预期方向与政策目标方向一致，当方向不一致时，政策的效力就会削弱，甚至失效。要使预期变动方向与政策目标方向一致，就要求一套明确的政策规则。”这与 Blinder1996 年关于沟通将提高货币政策有效性的论点是一致的。

该章第 4 节指出：“如果政府按照一套公开的政策规则办事，并且坚定不移地执行这套规则，那么政策规则本身就向公众提供了较多的政府政策制定的信息，这有利于减少公众预期的不确定性因素，也可以防止政策制定者改变初衷的打算，提高政策的可信度。”

2. 目标透明。本著作第 10 章第 5 节指出：“这一规则的优点是它向公众明确公布了政府政策的目标，这就有助于消除公众预期中的不确定性因素，引导大家配合这一目标安排自己

的经济活动，从而减少经济波动。由于政府目标不变，政府与公众就能减轻这类问题的消极影响，大家都按这一目标来预期经济活动，协调经济活动。政府遵循这样的规则，首要条件是政府要有可信度，要说话算数，不要途中变卦。”

3. 政策力度透明。《通货膨胀与不确定性》一书第 355 页指出：“政府要明确告诉公众一个信息，只要通货膨胀还处于较高的水平上，如两位数水平上，政府就会采取一种较紧的经济政策，并付之于实际。”这段话内涵丰富，不仅是政策力度透明，也是央行沟通，还是前瞻性指导。

4. 政策操作透明。如前所述，政策平滑操作也是一种透明政策。

5. 沟通。本著作第 10 章第 4 节“政策信息传递与政策规则”指出：“问题的关键是，政府怎样才能让公众知道政府目标及其实现目标的手段。并且政府怎样才能让公众相信政府有决心也有能力实现该项目标，而不是半途而废。”这实际上是央行沟通问题。本著作提出的这个问题，现在仍然是经济理论界关注和试图解决的问题。

Blinder et al（2008）指出：“最后，到目前为止，几乎所有的研究都集中在央行与金融市场的沟通上。现在是时候更多地注意与公众的交流了。虽然这将给研究人员带来新的挑战，特别是在数据可得性方面，但这些问题至少同样重要，因为给予央行民主合法性和独立性的是一般公众，公众的通胀预期最终会影响通货膨胀的实际演变，例如通过相应的工资要求和储蓄、投资和消费决定，从而决定一个央行是否能够实现其政策目标。”

Coibion et al（2019）在他们文章最后一节指出：“由于许多预期渠道都是通过家庭和企业进行的，央行也可以通过与公众的直接沟通来影响经济状况。在这篇论文中，我们提出了新的证据，表明这种沟通可以明显改变人们的预期：央行通胀目标的简单信息对实际利率的影响，可使货币政策公告对实际利率的影响相形见绌。然而，我们发现，通过新闻媒体向公众传达的信息，其作用明显降低了。当信息以一篇新闻文章的形式呈现时，公众明显忽略了大部分的信息内容。这表明，如果央行想把直接沟通作为一种新的政策工具，它们就必须找到新的途径，在不依赖传统媒体的情况下接触公众。”

由上可见，明确告诉公众政策目标、政策规则、政策力度，这不仅是透明，也是沟通。前面论述也表明，透明和沟通能起到稳定预期、提高政策可信度、提高政策效率、减少经济波动和减少不确定因素影响的作用。这也是研究透明和沟通的理论意义。

（四）稳定预期

预期管理的一个重要任务是稳定预期。欧洲央行执行委员会成员 Cœuré（2019）说“物价稳定和与其一致的通胀预期稳定，为经济提供了一个重要的名义锚。它们降低了通货膨胀的持久性，抑制了有害的宏观经济波动。”“稳定的通货膨胀预期对货币政策的有效性起着至关重要的作用。”通货膨胀目标制的根本目的是要锚定公众的通货膨胀预期。

本著作第 10 章试图通过公布政策目标、政策规则和实现目标的政策手段，以及依靠政府的权威和声誉，实施透明政策，传递政策信息，通过这些方法引导公众配合政府政策，进行预期管理，以达到稳定预期的目的，从而达到提高政策效率、减少经济波动和减少不确定性的目的。

该章第 2 节指出：“政策要有效，就要求预期方向与政策目标方向一致，当方向不一致时，政策的效力就会削弱，甚至失效。要使预期变动方向与政策目标方向一致，就要求一套明确的政策规则。”这是通过明确的政策规则来引导预期，让预期与政策目标方向一致，从而使政策有效。明确的政策规则也是政策透明的一种方式。预期管理的根本目的，就是让预期变动方向与政策目标方向一致。

该章第3节指出：“政策目标一旦确定，应相应稳定。稳定可行的政策目标，能使公众的预期也相对稳定，从而减少经济中不确定性因素的影响，有利于经济的稳定增长。若不时更换经济目标，将使公众无所适从，导致经济系统的混乱。”这是通过政策目标公开和政策目标不变来稳定预期，消除公众预期的不确定性因素，减少经济波动。

该章第4节指出：“如果政府按照一套公开的政策规则办事，并且坚定不移地执行这套规则，那么政策规则本身就向公众提供了较多的政府政策制定的信息，这有利于减少公众预期的不确定性因素，也可以防止政策制定者改变初衷的打算，提高政策的可信度。”“政策一旦制定出来，若没有十分特殊的情况就不做修改，以减少公众的不放心心理，以稳定公众的预期。”这是要求政府要让公众知道政府的目标，包括实现目标的手段，即要求政府的政策透明。同时通过政策规则的稳定和政策的稳定来稳定预期，减少公众预期的不确定性因素。

该章第5节指出：“这一规则的优点是它向公众明确公布了政府政策的目标，这就有助于消除公众预期中的不确定性因素，引导大家配合这一目标安排自己的经济活动，从而减少经济波动。由于政府目标不变，政府与公众就能减轻这类问题的消极影响，大家都按这一目标来预期经济活动，协调经济活动。政府遵循这样的规则，首要条件是政府要有可信度，要说话算数，不要途中变卦。”这是要求政府要有可信度。

2007年以来，中国政府强调稳定预期，怎样才能稳定预期呢？大家并不是很明确。上面论述表明，中国粘性预期理论早就提供了稳定预期的四大方法，一是透明政策，让公众知道政策规则、政策目标和政策手段，还包括政府的信心和决心等；二是政策目标稳定；三是政策规则稳定；四是政策稳定。这四大方法要有效，首要条件是政府要有可信度。此外，前面介绍的政策平滑性操作，也是稳定预期的一种方法。

（五）前瞻性指导

前瞻性指导（Forward Guidance）是预期管理研究的新进展，是欧美央行近年来采用的一种重要政策工具。前瞻性指导的定义尚未统一，一种简明且权威定义是央行明确公布未来货币政策走势（Woodford，2012）。根据英格兰银行（Bank of England，2013）文章的定义，存在三种前瞻性指导。一是开放式指导：特点是太活，容易误解。如预期利率在未来一段时间不会高于目前的水平。二是时间依赖型指导：特点是太死板，可信性不高。如预期利率在未来某个具体日期之前不会高于目前的水平。三是状态依赖型指导：特点是政策变化与未来具体的经济指标值相关。如在失业率或者经济增长率没有达到某个具体数值时，预期利率不会高于目前的水平。目前，欧美央行一般采用状态依赖型指导。

尽管前瞻性指导得到欧美经济理论界普遍肯定，但也存在争议，特别在不完全市场中，它的作用更被某些经济学家否定。Hagedorn et al（2018）指出："总之，在不完全市场模型中，前瞻性指导的效应通过一个分配渠道（由价格、工资和利率的变动引起）和一个跨期替代渠道运作。我们发现，在存在名义刚性和部分名义政府预算刚性下，即不完全市场时，这两个渠道都是静默的，这意味着前瞻性指导的整体无效。我们的研究结果的理论论据是常识性的，因此我们可以得出结论，前瞻性指导并不是一个强有力的货币政策工具，即使在流动性陷阱中也是如此。”

本著作第10章第4节“政策信息传递与政策规则”指出：“问题的关键是，政府怎样才能让公众知道政府目标及其实现目标的手段，并且政府怎样才能让公众相信政府有决心也有能力实现该项目标，而不是半途而废。”这一论述“让公众知道政府目标及其实现目标的手段”，接近前瞻性指导“明确公布未来货币政策走势”的含义。

《通货膨胀与不确定性》一书第355页提出了类似欧美央行现在采用的状态依赖型指导，把政策从紧变化与未来具体的经济指标值通货膨胀处于两位数关联起来。“政府要明确告诉公众一个信息，只要通货膨胀还处于较高的水平上，如两位数水平上，政府就会采取一种较紧的经济政策，并付之于实际。”

前面介绍了政策平滑操作思想，与前瞻性指导思想十分合拍，这里不再赘述。

中国粘性预期理论关于前瞻性指导的思想，除政策平滑操作多次提及外，对其他前瞻性指导思想只是简单提及，没有展开分析，还只是一种思想萌芽。但前瞻性指导思想包含在粘性预期理论的逻辑之中。中国粘性预期的黑箱假设指出：“模型输入与输出的关系，可由他们过去的经验获得，也可由他们对未来的判断而做出修改。”这一假设说明，央行通过明确公布未来货币政策走势，影响公众对未来的判断，从而起到引导或者改变公众预期的作用。

五、企业定价准则

在本著作的导言部分论述粘性价格定义时提出：“经济合同保证买方按照签约时的价格购买所需的任何数量。这种合同可能允许价格将来随成本而变化，但并不会允许随需求而变化。在通货膨胀较大的情况下，由于计划价格变动赶不上成本变动，不少企业不能按照计划安排买到计划价格商品，而是按照卖方的成本变动加价买到协议价商品。这种把计划价转变为协议价的情况普遍出现，反映买卖双方对成本加价原则的认可。”本著作第7章第5节提出了企业制定价格的基本准则：“然而当通货膨胀加剧时，情况就发生了变化。此时企业会在原来的价格基础上，加上一项预期的通货膨胀造成的成本上升部分。在这种情况下，价格的变动就显得较快，它不再粘在某一水平上。但是，若扣掉预期成本上升的加价，其核心的价格仍是大致稳定的。”

Gali 和 Gertler（1999）的企业定价准则是新凯恩斯经济理论的一个重要成就。Sheedy Kevin（2005）把 Gali 和 Gertler 的准则表述为：“这些企业不选择一个最大化它的利润的新价格，而是在过去的最佳价格上简单地加上最近发生的通货膨胀的数值来代替。”Gali 和 Gertler 的这一定价思想已成为粘性价格理论对通货膨胀惯性最为流行的理论解释。

中国粘性预期理论这一定价准则与 Gali 和 Gertler（1999）的企业定价准则是类似的，只是当通货膨胀变化不大时，它会疏忽掉通货膨胀的变化，体现了理性疏忽思想。

对企业定价准则研究的理论意义是，把粘性预期理论与粘性价格理论有机结合起来，揭示出粘性预期也是导致和影响粘性价格的一个因素，说明了微观层次上价格粘性和宏观层次上一般价格水平变化之间的关系，赋予了成本推进通货膨胀理论新含义。

六、总结

中国粘性预期理论虽已问世近30年，它对现实经济问题仍有解释力。这里，我用《宏观审慎管理的理论基础研究》一书（第171页）的论述作为对该理论的总结："理性疏忽、粘性信息和粘性预期理论是21世纪后西方经济学界出现的新经济学流派。它们均具有非线性的粘性色彩，是在有限理性理论关于不完备信息研究基础上，进一步采用局部信息代替全局信息，用过去信息代替现在信息，用非同一性预期代替同一性预期，以减小空间搜索范围，避免信息成本过大、信息搜索时间过长，从而避开信息爆炸和组合爆炸问题，并使理论更贴近于实际。中国粘性预期理论，也具有同样特点。""这三种新理论和中国的粘性预期理论在上述方法创新的后面是理论创新，它们打破了新古典经济理论的框架，否认了新古典经济理论关于完备信息假设、预期同质性假设等根本性前提条件，试图建立一种新的理论框架，用以认识人们的经济行为，解释经济的运行机制。如这些理论可以很好解释人们的行为为什么具有惯性，能解释人们做经济决策时更多依据过去的经验（惯性），而不是依据现在新信息做最优决策（理性）。这样，人们决策时就有犯错误的可能，甚至犯系统错误的可能，这可以导致经济危机。我们据此可以解释2008年美国金融危机的形成与发展，如可以解释人们会不顾自己的收入能力而去购买房子，精明的银行家也会相信房价只涨不落的神话，在人们的共同惯性下最终形成了美国的房地产泡沫。这种惯性推动美国经济走向深渊。""中国的粘性预期理论还能解释金融恐慌中人们预期突变的行为机制，从预期理论角度解释明斯基时刻，解释危机爆发的突然性和非线性。"

在再版前言中提到的文献，请见参考文献二。

李拉亚

2019年11月1日

原版前言

1988 年我承接了国家社会科学基金资助项目《我国通货膨胀问题研究》的课题，本书是该课题的最终成果之一。

1978 年后，我国经济理论研究出现了全新的局面。经济学家们突破了苏联政治经济学教科书所设定的条条框框，开始面对现实、走向实践，逐步用新的观念、新的手段、新的理论去分析解决实践中出现的新问题。我们终于认识到了人类社会经济理论发展数百年来，特别是马克思经济理论问世后的 100 多年来，世界经济理论研究的潮流是趋于科学化、实用化的。迄今经济学家们积累起来的经济科学理论知识，对人类社会发展所做的贡献，完全能与自然科学对人类社会发展所起的作用相媲美。同时，我们认识到了经济理论研究还面临许多重大问题等待解决，其中通货膨胀问题尤为引人注目。不论在社会主义国家还是在资本主义国家，通货膨胀均是影响经济正常增长的一个综合病症，而且是经济系统中反复发作的顽症。尽管人类已经掌握了微观世界的核子技术，拥有了送人登月的宇航能力，但我们还没有完全认识通货膨胀这一疑难问题，更没有找到消除通货膨胀而又不影响经济正常增长的有效办法。我们也认识到了只有在前人研究通货膨胀的理论基础上，继承人类社会经济理论研究的精华，特别是吸收经济理论研究的最新成果，我们才能进一步加深对通货膨胀问题的认识，建立一套符合中国经济实践的研究通货膨胀的理论。

上述认识是本书研究的出发点，也是指导全书研究的基本思想。面向中国经济的实践，吸收人类经济研究的精华，顺应世界经济理论研究的潮流，走出理论研究的新路，这是历史赋予我们这一代人的使命，是老一辈经济学家对我们的希望，也是改革实践对我们的召唤。

通货膨胀是宏观经济研究的一个核心问题，研究它无异于对宏观经济做一系统的考察。在我国宏观经济理论尚处于襁褓之中的阶段，建立一套研究通货膨胀的理论，也无异于建立一套宏观经济理论。理论落后于实践的现状，使我们在研究通货膨胀问题时，不得不承担双重的重担。本书是在宏观经济理论研究的基础上，将通货膨胀作为一个核心问题展开分析的。

在本书所进行的研究中，注重从经济制度出发分析经济问题，坚持马克思经济理论的这一基本研究方法。经济制度是决定经济现象的根本因素，我国经济中反复出现的通货膨胀，与我国经济制度有着密切的内在联系。从长期看，要根治通货膨胀，需改革现行体制，消除通货膨胀的内在根源。但体制改革不是一朝一夕就能完成的，治理通货膨胀又需只争朝夕。在近中期治理通货膨胀的理论研究中，数量分析更具有实用价值。本书将在所有制基础上研究利益机制，在利益机制基础上研究变量间的数量关系。本书的着重点放在通货膨胀诸变量间的数量关系上，即通货膨胀的机理上。

本书也注重吸收西方经济学中有科学价值的理论观点与研究方法。如均衡理论、非均衡理论、预期理论等在本书中都占有重要的位置。实际上，在马克思的经济理论中，我们已看到均衡理论与非均衡理论的早期研究。从瓦尔拉斯那里发展起来的均衡理论及20世纪70年代发展起来的非均衡理论，是人类经济理论的共同财富。各种更为具体的经济理论流派都可以借助于均衡理论或非均衡理论提供的分析问题的框架把自己的理论观点表述出来。社会主义国家长期奉行的综合平衡理论及改革时期发展起来的短缺理论，均可视为均衡理论与非均衡理论中的一个具体流派。要指出的是，非均衡理论并不是反均衡理论，非均衡理论是在均衡理论基础上发展起来的，并又把均衡理论作为自己的核心构成部分。

我国实行有计划的商品经济，在商品市场，计划与市场同时在起作用，在劳动力市场与资金市场，计划还起到决定性作用，因此研究我国现实经济问题特别是通货膨胀问题，宜采用非均衡理论的研究方式。1989—1990年我在美国斯坦福大学做访问学者时，从事非均衡理论与模型研究。这一段时期的研究，促使我进一步从非均衡角度研究我国的宏观经济理论特别是通货膨胀理论。非均衡分析方法，构成了本书方法论的基础。

预期理论对西方经济学几十年来的发展起到了重要作用，并构成了西方经济理论中的一个核心内容。在我国的经济理论中，纳入预期因素，是有理论意义和现实意义的。本书从中国的实际出发，提出了粘性预期理论。粘性预期理论不同于西方适应性预期理论和理性预期理论，它的基本特征是，预期并不是完全刚性的，也不是完全弹性的。借助于粘性预期理论，本书分析并解释了我国宏观经济理论中的一系列问题特别是通货膨胀问题。如果要说本书的理论特色，那么粘性预期理论及运用粘性预期理论解释我国的通货膨胀问题及其他经济问题，就构成了本书的主要特色。

本书虽是一部纯学术性的著作，然而我们是在现实经济问题特别是通货膨胀问题的基础上从事理论研究的。理论源于实践、高于实践、用于实践是本书研究的座右铭。改革以来出现的一系列问题，特别是1984年以来出现的通货膨胀问题及1989年以来出现的市场疲软问题，向我国经济理论提出了严峻的挑战。1988年在货币增长率与往年无显著差异的情况下出现了显著的通货膨胀，而1990年在货币增长率与往年无显著差异的情况下又出现了明显的市场疲软，这成为我国经济理论研究的一个不解之谜。一方面是居民货币收入增加，而另一方面是消费市场疲软；一方面是货币大量投放，而另一方面是生产启动缓慢；一方面是通货膨胀的潜在压力不断增大，而另一方面是通货膨胀降到了近些年来的最低点。从理论界到政策界，我们从来没有像现在这样面对现实经济问题感到困惑不解。传统的理论已无法解释这些新问题，而新的理论则有待于实践的检验。经济理论正处在一个承前启后、继往开来的历史转折点上。本书试图在自己建立的宏观经济理论基础上系统地回答上述问题。1989年年初，笔者曾从预期的角度分析了通货膨胀问题，我的观点至今仍然未变，并在本书中得到了进一步的深化。真理愈辩愈明，不过更多的时候，真理愈等愈明。本书对通货膨胀问题及其他经济问题所做的解释是否正确，我静心等待实践的检验。

本书是从宏观经济基础理论着手研究的。在基础理论研究过程中，逐步分析通货膨胀的行为机理，最终导出解释通货膨胀的理论模式，并由这一理论模式提出治理通货膨胀的政策主张。本书把总供给与总需求作为宏观经济理论逻辑构造的两根支柱，并作为通货膨胀理论的核心内容。通货膨胀是总需求超过总供给的缺口。研究通货膨胀的运行过程，也就是研究总供给、总需求的运行过程。总供给、总需求这一矛盾构成了本书理论展开的主要线索。

本书导言部分介绍了构造本书的基本命题及科学研究中的

实证方法，分析了预期理论的重要意义。在导言部分强调了经济科学运用实证方法的重要性，指出了在本书中运用实证方法的一些特点。

第1章从核算角度，重点分析了国民收入生产额转化为国民收入使用额的过程。传统经济理论通常把国民收入生产额与国民收入使用额这一矛盾作为自己理论分析的重点。本章试图指出这一对矛盾不足以作为分析通货膨胀问题及宏观经济问题的主要矛盾。我们特别强调从核算角度看国民收入生产额加进出口差额应等于国民收入使用额。统计数据提供的国民收入生产额与国民收入使用额的缺口，是由进出口差额及统计误差构成的，它既不是通货膨胀的根源，也不是国民收入超分配的尺度，更不是总供给与总需求的缺口。本章也分析了其他经济流量与存量的运行过程。本章中提出的节点定律和网络定律，是我们根据国民经济核算理论的基本原则总结出来的。这两条定律有助于说明一些基本宏观经济变量之间的恒等关系。

第2章系统对比了三种类型的总供给、总需求概念，并进一步介绍了非均衡理论对这两个概念的发展，分析了非均衡理论定义的有效需求与瓦尔拉斯需求（也是凯恩斯有效需求）的关系。本章强调了经济研究中区分事前与事后的理论意义。

本书的第1章、第2章构成本书的第1篇，它更多地涉及一些基础的在国内又存在不同认识的理论问题。不把这些理论问题讨论清楚，本书就无法研究通货膨胀问题及其他经济问题。这些基础的理论问题，目前仍是我国经济理论界的热门课题。这一篇内容构成了本书理论分析的出发点及基础。

第3章分析了总需求的形成过程，分析了消费函数、投资函数及总需求函数，分析了预期对总需求的影响，建立了基本的总需求模型，提出了资源限制下乘数的作用。

第 4 章分析了决定总供给的基本因素，研究了总供给函数的基本形状，总结了导致总供给增长上界的几类因素，区分了短期总供给函数与长期总供给函数，指出了货币幻觉对总供给的影响。

第 3 章、第 4 章构成本书的第 2 篇。这一篇研究通货膨胀形成的内在行为机理，分析了导致通货膨胀的各种因素及这些因素之间的关系，其内容构成本书通货膨胀理论的直接基础。

第 5 章分析了通货膨胀的总缺口，这一总缺口是上两章逻辑分析自然延伸的结果。我们分析了需求拉上型、成本推进型、预期型、结构型的通货膨胀机理。由于需求拉上型、成本推进型、结构型通货膨胀机理国内已有较多讨论，本章中只侧重介绍了自己的一些见解，没有展开分析这几种类型的通货膨胀问题，特别是未对不同观点做综合比较。从不同观点的综合比较中得出自己的观点，引出自己的理论，似乎成了我国经济理论研究中较为流行的一种研究模式。而本书是着重从逻辑分析的角度构造自己的理论的。

第 6 章研究了货币的供给与需求，提出了自己的货币理论。我认为货币不仅仅作用于价格，也作用于产出，并提出了在什么情况下货币作用于价格，什么情况下货币作用于产出的理论。特别是我们提出了预期陷阱效应，在这种情况下，货币的增加被预期陷阱所吸收，它既不作用在价格上，也不作用在产出上。

第 7 章研究了通货膨胀的双缺口模式，分析了两种不同类型的短缺缺口的形成机理及其相互关系，分析了短缺缺口与价格缺口的相互关系，并用非均衡方法具体测量了短缺缺口，估算了总需求函数及总供给函数的参数。

第 8 章研究了通货膨胀的理论总模式，这一模式通过调控目标和调控规则把商品市场上的总供给、总需求及货币市场上的货币供给与货币需求有机地结合起来，构成一个统一的通货膨胀理论模式。

第 9 章系统总结了出现在前面各章中的粘性预期概念，提出了自己的粘性预期理论。本章分析了粘性预期的形成过程，指出了粘性预期的特点，比较了粘性预期理论和其他预期理论。粘性预期和粘性价格是本书分析短期经济波动转化为长期经济趋势的两个主要理论工具，也是本书分析通货膨胀问题的主要理论特色。

第 5 章至第 9 章构成本书的第 3 篇。这是本书的主体部分，其中第 8 章、第 9 章又是最终完成理论逻辑体系的两个主要章节。

第 10 章研究了治理通货膨胀的政策选择，研究了通货膨胀政策在什么情况下能起到刺激产出的作用，在什么情况下不能起到刺激产出的作用。本书着重研究理论政策（即较为抽象的政策），而不是具体的政策建议。

第 11 章探讨了通货膨胀的效应与治理通货膨胀的代价，分析了静态最小成本与动态最佳治理途径。

第 10 章、第 11 章构成本书的第 4 篇。这一篇的政策分析是前面诸章理论分析的逻辑延伸结果。我国经济理论界对治理通货膨胀的具体政策研究较多，而对政策理论研究较少。从经济理论过渡到具体政策，需要政策理论作为桥梁。我们尚需加强这方面的研究。

本书简要的理论总结，可见第 10 章 § 10.1，这里不再赘述。

在本书完成之际，我向《我国通货膨胀问题研究》课题组的三位顾问——杨坚白教授、乌家培教授、吴敬琏教授表示衷心的感谢。我也要感谢课题组的同事们，本书中的一些内容，曾和他们进行过讨论，征求过他们的意见。我和课题组中的张曙光研究员、杨仲伟副研究员、樊纲副研究员、左大培博士、刘永强硕士一起合写过一篇《我国通货膨胀预期研究》的论文，刊登于1989年3月10日的《经济日报》。本书中若干观点来自这篇论文。当然，对本书中可能存在的错误应由我本人负责。

我向国家社会科学基金会表示谢意，由于该基金会的资助，使这项研究工作得以开展与完成；我向国家信息中心科学基金组织表示谢意，该组织对课题的补充资助，弥补了本课题经费的不足；我向美国福特基金会表示谢意，由于该基金会的资助，我才能在斯坦福大学从事这一研究工作；我也要向斯坦福大学表示谢意，该校提供的良好研究条件，使这项研究中的一些工作得以完成；我还应向斯坦福大学我的指导者与合作者刘遵义教授表示谢意，我从他那里学到了许多知识，这有助于本书的研究工作。

借此机会，我也向辛勤哺育我成长的所有老师们表示衷心感谢，正是在这些智慧烛光无私照耀下，我才能完成这部学术著作。

李拉亚

1991年5月1日于北京

目 录

第一篇 通货膨胀理论基础

第二篇　通货膨胀的内在形成机理

第三篇 通货膨胀运行机理

第四篇　治理通货膨胀的政策理论

导　言

很长一段时间内，通货膨胀是社会主义经济理论研究的禁区。通货膨胀似乎只是资本主义经济的产物，社会主义经济是有计划按比例发展的，通货膨胀不会存在。历史上社会主义国家客观存在的通货膨胀，仅被视为政策失误的结果，是一种偶然现象。

现在我们终于能够正视现实。本书中我们将研究社会主义经济中通货膨胀的内在机制，分析通货膨胀诸变量之间的数量关系，探讨反通货膨胀的政策，构造通货膨胀研究的理论体系。在导言部分中先交代构造本书理论体系的基本命题及研究问题的基本方式。

§0.1　构造理论的基本命题

严格的理论大厦建立在一些小心假设的基本命题之上。早在公元前 4 世纪，数学就走上了这条建设理论体系的道路。17 世纪，自然科学也走上了这条理论建设之路。19 世纪，作为人文学科的经济学，虽然姗姗来迟，仍不失时机地走上了这条探索真理的大道。然而，经济学又毕竟不是自然科学，它有自己的研究特点，这些特点体现在它的基本命题及理论构造之上。不同的经济理论，在基本命题的选择上，也是有所不同的。

本书选择如下命题作为理论构造的基本元素。

自然界是可以认识的，人类社会是可以认识的，人类社会的经济活动也是可以认识的。世界是可知的，这是我们研究的第一个命题的基础。然而可知并不等于已知。我们还面临着许多可知但尚未知的东西，这些东西对我们而言尚为不确定的。在我们没有掌握这些不确定因素的内在规律之前，它是不可预测的。

经济学上有一句名言，过去无法挽回，未来难以预测。我们现有的经济知识尚不足以解释人类社会的经济活动，因此我们对未来经济的预测能力是有限的。经济系统的外部因素对系统本身影响也很大。对这些外部因素我们认识更少，它们对经济系统的作用就更显得不确定，更难以预测它们的影响。

此外，经济系统内部及外部均存在着一些没有固定概率分布的随机变量，这也是一类十分重要的不确定因素。如股票市场上的股票价格波动便是一个典型例子；又如自然灾害，我们目前尚没有掌握描述这类随机变量运动的可行方法。

经济活动的不确定性，是本书的第一个基本命题，称之为不确定性命题。

存在决定意识，意识对存在又产生反作用。经济系统是一种客观存在，这种客观存在决定了经济系统的组成部分之一人的意识。人的意识又对经济系统产生反作用。预期是经济系统中人的意识的一个组成部分，是人对未来经济活动的一个判断。预期作为人的心理活动由经济系统所决定，同时预期也对经济系统产生反作用。

意识对存在又具有相对独立性，这也就是说意识能在一定程度上超前或滞后于存在的变动。预期是人的意识的一个组成部分，因此它对经济系统也具有相对独立性，它能在一定程度上超前或滞后于经济系统的变动。在本书中，把预期的这种相对独立性定义为预期的粘性。我将在本书后部详细分析预期的这一基本性质。

预期粘性是本书的第二个基本命题，称之为粘性预期命题。

经济系统中人的行为是理性的，这表现为两个方面，一是在某种约束条件下追求其利益最大化；二是不断从已有的经验中学习，通过学习不断调整自己的行为，以在最小的损失下获得最大的利益。❶

人的行为是理性的，这是本书的第三个基本命题，称之为理性人命题。

由于经济系统中存在不确定因素，经济人对经济活动的了解是有限的。对一般的经济人而言，他们的学习过程正如优化理论中的搜索法。他们并不知所考察经济问题的函数表达式，更不知达到函数最佳值的路径。若他们选择函数的某一值，那么他们只能依据某种方法进行试探，看哪一方函数值得到改善，就向哪一方取新的函数值。然后再进行试探，同样朝函数值改善的方向取值。这一过程一直延续到搜索不到更好的点为止。若函数是单峰的，他们就能以此种方法找到最佳点；若函数是多峰的，则他们能搜索到其中的一个局部最佳点。在经济学上将这一方法称为试错法❷。

---

❶ 通常定义的理性人，仅明确指出第一个方面，第二个方面是暗含在内的。考虑到经济人学习功能在本书中的重要作用，这里把经济的理性人的两个方面的含义都明确表述出来。

❷ 形象地看，试错法类似于盲人爬山。他们并不知道这座山的形状，更不知达到山顶的最佳路径。若他们处于山中的某一点，那么他们只能向四方试探，看哪一方高，就向哪一方迈出一步，然后又向四方试探，同样朝高的一方迈出一步。这一过程一直延续到四方都没有更高的点为止。

从长期看，经济人采用这种试错法可最终达到自己的目标。试错法是所需信息最少的一种寻找最大值的方法，但也是所需时间较长的一种方法。在经济活动中，政府、企业、居民都使用试错法来寻找自己的最优目标。不过要注意的是，在现实经济生活中，政府、企业、居民追求的不一定是最优目标，而是次优目标。也就是说，当他们搜索到某一令人满意但并非最优的点之后就会停止搜索。如我国政府调控经济的方法即可视为试错法。当经济速度较高引起通货膨胀时，便压低速度；当经济速度过低引起经济萎缩时，便提高速度。于是实际速度就围绕着适宜速度上下波动。❶

理性经济人的学习功能在本书的理论体系中占据重要地位。由于理性经济人从过去的实践经验中反复学习，从长期看他能把经济速度控制在适宜的范围内，同时也就把通货膨胀控制在可接受的范围内。这也就是说，经济发展的长期趋势中，本身已蕴含了客观发展规律在内。经济的波动，正证实了这种

---

❶ 科尔内（Kornai）认为计划经济系统的政府控制经济的能力不足。在科尔内那里，短缺是计划经济系统中的一个永恒现象。波笛斯（Portes）对科尔内的这一观点颇有非议。波笛斯认为中央计划经济采用配给等数量调节手段，也可使总供给、总需求大致平衡。波笛斯并运用非均衡分析方法，具体测量了东欧几个国家消费品市场上的供需情况。波笛斯的测量结果支持他的观点，见参考文献一[23]。国内对此问题也是有争议的。如吴敬琏教授的观点接近波笛斯，而厉以宁教授的观点则接近于科尔内，见参考文献一[50]、[51]、[38]。对这一问题的不同认识，涉及改革的不同思路，具体反映在是先改价格后改体制还是先改体制后改价格的问题上。先改价格，意味着首先要控制住总需求。先改体制，则意味着总需求难以控制住。先改价格，必带来通货膨胀，从而使改革中途失败。只有先改体制，为控制总需求提供条件，才能改价格。

客观规律的要求。

因此，从长期过程看，预期对经济活动不会起到实质上的影响。预期将围绕实际情况波动。但是在短期内，预期又对经济活动产生重要影响。预期与实际情况的偏离，是导致短期内经济波动的重要因素。在本书中，我们将反复用到这一基本思想。如长期内货币对经济的中性作用及短期内货币对经济的非中性作用，均是沿这一思路进行分析的。

作回归分析时，所得到的回归方程实际上反映的是长期内因变量与自变量之间的数量关系。在每一个具体年份，回归值与实际值都或多或少存在误差。导致误差的因素是多种多样的，本书注重的是预期因素。回归方程可视为变量间的长期数量关系。而经济行为者可以通过试错法认识这种关系。回归方程把这种关系用数学方法表述出来。

由上可见，本书将在长期分析基础上注重短期分析。短期分析从时间上看，可以是指一年或几年。从经济含义上看，短期分析指在总需求增加后，在一个短时期内，来不及新增固定资产，只能在原有设备上增加人力和原料，来增加供给。长期分析则指在总需求提高后，在一个较长时间内，新增固定资产或已改进的原有设备已发生作用，在这一新的生产能力上增加人工或原料来增加供给。

经济理论的任务不仅要解释短期经济波动和长期经济趋势，还要解释短期经济波动是怎样转变为长期经济趋势的。这是一个较为困难的问题。本书也试图分析这一问题。

在西方微观经济学中，价格决定机制或称之为市场机制是，当需求大于供给，价格上升；当供给大于需求，价格下降。在社会主义国家，计划价格的变化起因于成本的变化，而不是需求的变化。我国经济体制改革后，计划价格商品减少，

市场价格商品增加。需求变动对市场价格具有重要影响，但我们认为价格变动对需求变动也具有相对独立性。下述各种因素导致价格变动的相对独立性：

1. 仍然存在部分计划价格，它们不随需求变动而变动。

2. 经济合同的制约。经济合同保证买方按照签约时的价格购买所需的任何数量。这种合同可能允许价格将来随成本而变化，但并不会允许随需求而变化。在通货膨胀较大的情况下，由于计划价格变动赶不上成本变动，不少企业不能按照计划安排买到计划价格商品，而是按照卖方的成本变动加价买到协议价商品。这种把计划价转变为协议价的情况普遍出现，反映买卖双方对成本加价原则的认可。

3. 企业声誉的制约。大型企业要维持其价格合理的声誉，便不能完全按照需求变动来定价。需求时时刻刻都在变动，而大型企业是大批量出售产品的，这些批量产品的价格不可能时时刻刻随着需求变动。大批量产品按成本定价原则从长期看不会吃亏，这既有利于企业内部核算，也有利于维持买卖双方关系的稳定。

本书把计划价格变动对需求变动的这种相对独立性，定义为价格粘性。价格粘性是本书的第四个基本命题，称之为粘性价格命题。我国经济体制改革后，价格粘性对解释我国的经济活动具有重要的作用。计划价格粘性与西方经济学定义的市场价格粘性有所不同，但有相似之处。

预期粘性和价格粘性在本书分析中占据十分重要的地位，是本书解释短期内经济波动的基本工具。本书的各种重要结论，都与预期粘性和价格粘性有关。因此，本书的通货膨胀理论模式，也可称之为通货膨胀的双粘模式。这个名词反映了本书理论分析的基本特色，反映了本书分析问题的基本角度。

本书试图从以上四个基本命题以及在 §0.3 中的一个基本命题（预算约束软化）为依据，建立一套逻辑理论结构。然而，我们现在的经济科学还不能像自然科学特别是数学那样，建立一种理想的纯粹逻辑结构。我们的理论体系中还包括有归纳概括的成分。理论体系的构造过程，实际上是一个从抽象到具体的上升过程。开头是最基本的概念和定律，显得十分抽象，但由此出发便引申出各种越来越具体的概念和定理，直到形成一个完整的体系。理论研究的客观对象便在思维行程中抽象地复制出来，就好像一个原始细胞经过分裂繁殖而形成一个发达的机体。马克思的经典著作《资本论》的创作方式，就是理论构造的一个典范。其实，任何一本自然科学的理论著作，都同样遵循这一方式。

§0.2 理论的实证方法

在介绍经济理论的实证方法之前，首先回顾一下自然科学研究方法的历史进展是有益的。

早在公元前 4 世纪，柏拉图（Plato）就已认识到知识有加以演绎整理的需要。科学的任务是发现（理想）自然界的结构，并把它在演绎系统里表述出来。因为归纳、实验以及根据经验做出的一般结论只能给出可能正确的知识，而演绎法在前提正确的条件下则给出绝对肯定的结果。柏拉图的学生亚里士多德（Aristotle）在柏拉图工作的基础上创立了逻辑学，也就是我们现在仍在使用的形式逻辑。随后（公元前 300 年左右），欧几里德（Euclid）使用尽可能少的公理与公设，由简到繁地证明了一系列几何定理，形成了《原本》一书。古希腊这三位伟人，他们的研究活动影响了人类往后几千年科学的发展进程。这确实是人类发展史上一个群星灿烂的时期。当历史翻过这一页的时候，我们要指出，当代数学教科书的严格演绎式编写方法，使人感到数学家们是用演绎推理搞发明创造的。其实，证明之前必先有猜想，综合之前必先有分析。而那些科学界巨星，他们的学术成就并不在于依据已有的假设推出新的结果，而在于他们天才地改造了已有的假设，从而使科学知识的结构发生了巨大的更新，使之能容纳更多的新的知识。

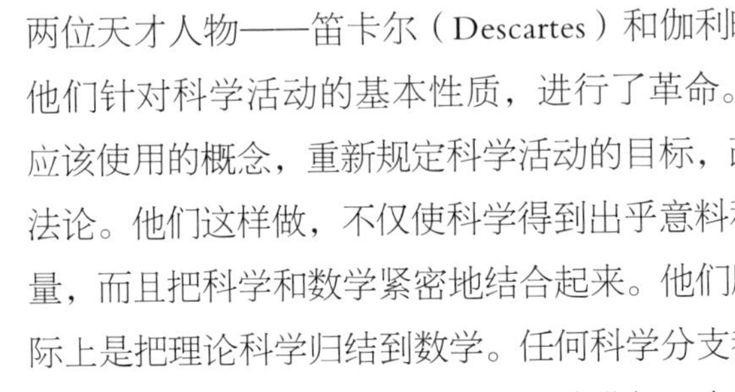

往事越千年，当人类历史进入 17 世纪的时候，又出现了两位天才人物——笛卡尔（Descartes）和伽利略（Galileo）。他们针对科学活动的基本性质，进行了革命。他们选定科学应该使用的概念，重新规定科学活动的目标，改变科学中的方法论。他们这样做，不仅使科学得到出乎意料和史无前例的力量，而且把科学和数学紧密地结合起来。他们所做的工作，实际上是把理论科学归结到数学。任何科学分支都应该像数学那样，从公理或原理出发，然后演绎地进行下去，从公理中推出尽量多的结果。但是伽利略的过人之处还在于，他并不认为公理或原理是来自于心中。而其他人则认为基本原理是出自于心中的。他们首先确定世界应该如何运动，然后把他们所看见的东西纳入到他们预想的原理中去。伽利略则认为在物理学中，基本原理必须来自经验与实验。寻求正确而基本的原理的道路，是要注意什么是自然界存在的，而不必注意什么是心之所愿的。他指出，自然界不是先造出人脑，然后把世界安排得使它能被人的智慧所接受。知识来自观测，不是来自书本。伽利略也领会到：人可能从实验中得出一个不正确的原理，因而从这原理得出的推论，也是不正确的。因此他建议用实验去考核推理的结果，并且去检验基本原理。伽利略的另一个深刻思想是，只是真实地描述自然界，而不是解释自然界。换句话说，

公式不解释，只描述。作为对比，亚里士多德派相信，科学的任务之一是要解释事情为什么发生，解释一词意味着把现象的原因挖出来。物体降落，因为它有重量，这给出了降落的直接原因。而物体落到地上，是因为任何物体都要找到它的自然位置，这给出了最后的原因。而伽利略则与此相反，他选择了一组全新的可以测量的概念，使得它们的测度可用公式联系起来。这组概念包括距离、时间、速度、加速度、力、质量和重量等。这些概念我们现在太熟悉了，不觉得有什么新奇，但是在伽利略时代，这是对物理学的彻底改造（今天的中国经济理论研究，也面临这样一种方法论的彻底改造）。这些概念在了解和掌握自然的努力中，已证明是最有帮助的。伽利略追求描写的实证方法，是历来关于科学方法论的最深刻最有成效的思想。后来的自然科学家，包括像牛顿（Newton）这样的伟大人物，都全盘接受了伽利略的思想。直到现在，自然科学的研究仍是遵循伽利略开辟的航向前进。

现在回过头来，我们对比一下经济学研究方法的历史进程。经济学作为一门学科始于配第（Petty）的《政治算术》。配第是注重经济学的测量的。到斯密（Smith）那里，经济学已显得相对成熟，形成了一套体系。但这套体系还不能表示为严格的演绎系统。它着重说明经济是如何运转的。在马克思那里，他不仅试图说明经济如何运转，还试图描述经济的运转过程。后一点在马克思的再生产图式中可以看得很清楚。到瓦尔拉斯（Walras）的一般均衡理论，描述经济的运转过程的注意力已超过了解释经济运转原因的注意力。到20世纪，经济学家们已明确划分出实证经济方法与规范经济方法。前者用描述的方法研究经济，而后者则试图回答经济应如何运转这样涉及好与坏判断的问题。

中国经济学研究方法目前还显得较为混乱。其表现为没有统一的定义，没有公认的原理，更没有一致的经过演绎推理的理论体系。中国经济学研究的这种状况，导致了理论研究的停滞不前，事非标准的讨论不清。近几年来，经济学家们已注意到并日益重视这种情况，试图改变这种状况。实证研究方法已逐渐被使用，这是中国经济学未来发展的一个可喜开端。

本书更多地使用实证研究的方法。尽管本书将主要注意力放在探讨经济变量间的相互关系上，但也试图揭示一个变量变动后，其他变量为什么会发生相应变动这样的问题，即解释变量之间原因上的相互关系。我们认为描述与解释之间是相辅相成的。只有解释得清，才能描述得准。如果说，理论上本书是在所有制分析基础上注重变量分析，那么方法上本书则是在质（解释）的分析上注重量（描述）的分析。本书将尽量依据演绎的方法，把研究结果整理出来，并且也尽量对理论的假设与结果进行检验。一般来说，对理论的结果进行检验较为容易，但对理论的假设进行检验就要困难得多。而对理论的结果检验正确也并不能保证理论的假设也必定正确。假设正确，演绎的结果必定正确，但反之则不一定。然而当某种假设难以进行验证时，我们只能以思维实验的方法确信其正确性时，对演绎结果进行验证就有必要。

经济实证方法的一个基本特征是，它要求研究对象是可测量的，变量取值是可测量的。这样，才谈得上事后检验的问题。其实，我们常说的可操作性，首先就要求变量的可测性。西方经济学界十分重视可操作性，一种理论不具备可操作性，它的意义就不大。理论的可操作性是理论实用性的必要条件。

我国经济理论研究中，对理论的可操作性重视不够。理论问题没有归纳为变量关系，对那些已归纳为变量关系的理论问题，其变量又往往是不可测的。这样，理论本身不能检验，或者说无法证伪。这种理论自然也谈不上可操作性，因此其实用性也大打折扣。对一堆不可测量的变量进行大量的逻辑分析，其意义究竟有多大呢?

因为经济系统中的不确定性及我们认识经济程度的限制，理论研究中总会遇到一些目前尚不能测量的变量。理论发展要求解决这些变量的测量问题，或者退一步，解决它的近似测量问题。至少，理论体系的关键变量中不能过多地包括有这些尚不可测量的变量在内。并且，在变量不可测时，应尽量把它视为外生变量而不是内生变量。如预期因素是难以测量的。在凯恩斯那里，预期作为外生变量看待。凯恩斯后，经济学家们采用外推预期、适应性预期的方式，把预期作为内生变量看待。这里，外推预期、适应性预期一方面描述了预期的形成机理，另一方面它也提供了预期变量取值的一种方法。此时，预期变量是可测的。理性预期则进一步加强了对预期变量行为机理和取值问题的研究。

本书尽量避免使用不可测的变量，其理论逻辑结构尽可能使用可测量的变量构成。我们始终注重理论能否证伪及理论的可操作性。

§0.3　本书的研究对象

现实是十分繁杂的。理论研究的任务并不是给现实“照相”，而是要去伪存真、去粗取精，在感性认识的材料基础上进行抽象，确定代表现象本质特征的研究对象，舍弃那些非本质特征的东西。理论研究的焦点，正是这种抽象的对象。

通货膨胀是一种经济现象。本书从这一现象抽象出人与人的关系、物与物的关系及人与物的关系这样三个层次，通货膨胀则是这三个层次复合作用的结果。因此，这三个既互相区别又互相联系的复合层次就是本书的研究对象。由这种复合层次产生的通货膨胀则是本书的研究重点。

从经济理论角度看，人与人的关系集中反映在人与人的利益关系上。人与人的利益关系不是由某种契约凭空造成的，而是人们在经济活动中特别是生产活动中所结成的生产关系所造成的。生产关系的本质属性是所有制。宏观层次上的经济体制是微观层次上生产关系的反映。

中国经济体制的本质特征是公有制。尽管公有制形式多种多样，公有制含义也很丰富，然而公有制的本质特征反映在生产资料所有制上。抓住了这一点，就占领了分析公有制经济问题的制高点。

按照通常说法，我国现行公有制主要可分为两种形式，一是全民所有制，二是集体所有制。我们并不排斥还存在其他公有制形式，但现阶段其他公有制形式对经济影响不大，可以忽略。全民所有制已明确规定为国家所有，是国家代表全体人民对生产资料的占有。集体所有制名义上不归国家，但事实上，现阶段地方政府对集体所有制企业施加的干预并承担的经济责任都较大，地方政府可任免集体企业的领导人，可以把集体企业的一部分资产及职工分出来另设新厂，当集体企业确实遇到困难时，也可减免集体企业应上缴的税收和贷款，这使集体企业不会因经济困难而破产。因此，我们也可视集体企业为地方政府的企业。这样，总合起来，我国的公有制可表示为国有制。❶

❶ 对公有制的论述参见参考文献一[31]、[34]、[59]。

现阶段国有制的基本形式是所有权归国家，经营权归企业，是一种两权分离的国有制。本书以这种国有制形式及其导致的经济运行机制作为研究对象的构成部分。或者说，是我们研究人与人的关系的根本支撑点。

要研究经济系统中人与人的关系，首先得确定人与人的类型。在经济活动中，处于不同类型中的人，其经济利益是不同的。正确划分人与人的类型，是研究人与人的关系的基础。

在马克思的经济理论体系中，抽象地划分了资本家与工人这样两种类型。马克思研究了在资本主义所有制基础上，这两种类型的人所构成的资本主义经济的利益机制，分析了这种利益机制所导致的一系列结果。

在本书的理论体系中，我们抽象地划分了三种类型，它们是：政府、企业和居民。

1. 政府，或称之为国家。政府是经济系统的调控者，它代表着经济系统中所有人的整体利益或全局利益。政府也是生产资料的所有者。各种行政单位均是政府的组成部分。

通常政府又进一步划分为计划系统、财政系统、银行系统。政府调控经济，是通过这三个系统进行的。但本书把财政系统视为计划系统的一个组成部分。政府的调控系统简化为计划系统和银行系统，并和商品市场和货币市场相对应。计划调控商品市场，银行调控货币市场。传统经济理论对财政信贷综合平衡的研究颇为深入，本书不打算在这方面继续研究，而是转换角度，从商品市场和货币市场的综合平衡来分析通货膨胀问题。我们这样做，并非忽视财政部门的重要性，而是把财政部门归于计划系统，有助于统一说明计委和财政怎样调控商品市场。

2. 生产者，也称企业。生产者是固定资产的经营者，或使用者。生产者的职能是生产商品或提供服务。各种企业是生产者的组成部分。

3. 消费者，包括居民和政府消费部门。居民提供劳务，得到劳务的报酬，并用该报酬购买生活用品或用于储蓄。政府消费部门的职能是提供服务和进行消费。本书着重研究居民消费，政府消费仅作为外生变量看待。

这三类经济人或经济行为者均是理性人，他们各自都在一定的约束条件下追求其利益最大化，都在反复地学习中努力做到以最小的损失获得最大的利益。

具体说来，生产者在成本约束下追求利润最大化，消费者在收入约束下追求效用最大化，而政府则在社会成本约束下追求实现自己的最大目标（社会成本是实现目标所带来的损失），该目标代表全社会的共同利益。本书的第三个基本命题在这里进一步具体化了。

要指出的是，在经济体制改革前，生产者的成本包含许多非经济因素在内，而生产者追求利益也包括政治利益在内。然而在“文化大革命”这样的特殊环境中，尽管大批利润挂帅，企业也还是在一定程度上做到在成本约束下追求利润最大化的。政治利益终究要反映到经济利益中来。

由于企业的生产资料归国家所有，企业要无偿向国家提供利润，同时企业也要求国家承担相应的责任。因此，企业和国家之间有着共同的利益。同时，企业又有自己的局部利益。作为理性的生产者，企业追求的是自己局部利益的最大化（体现为企业留利最大化）。因此，企业也可以从国家转移利润，以获得尽可能多的留利。这主要表现为，企业遇到困难时便不偿还贷款，不上缴利润，甚至不上缴税收，或者迫使国家增加新的贷款。国家也能体谅企业的困难，默认企业的这些行为。

此外，企业在制订计划时，也狮子大开口，极力获得更多的国家投资。企业计划留口子，让国家投资填口子。科尔内把公有制经济下企业的这种行为，归纳为“预算约束软化”命题。我们把预算约束软化作为本书的第五个基本命题。企业虽然试图追求利润最大化，但企业也知道，追求的利润最大化的结果实际上可能是资金的平均利润，或者是职工的平均收入（这两种平均概念并不一样）。进一步讲，企业追求的是企业留利最大化。企业留利最大化与企业职工人均收入最大化有相一致的一面，只有企业多留，职工才能多得。但是，也有不一致的一面，职工人均收入最大化往往优先于企业留利最大化的目标。当企业觉得自己的留利水平低于平均留利水平或自己职工的收入低于平均收入时，企业就极易发生从国家转移利润行为，即拖还贷款、拒缴税利，❶把自己的负担转移到国家身上。这是我国资金利润平均化特别是居民收入平均化的一种内在经济机制。因此预算约束软化命题，也可使用利润转移❷这一词表述，它更确切地表现了企业在预算约束软化条件下追求平均留利水平或职工平均收入水平的行为特征。

本书研究的人与物的关系并不是指人们操作生产资料的关系，而是指人们对经济变量未来取值（如产量、货币发行量、

❶ 这与市场经济下的企业追求平均利润的行为不一样。在市场经济中，企业通过部门间的资本移动来形成平均利润。在计划经济中，企业靠预算约束软化来形成平均利润。平均利润相对资本而言，平均人均收入相对于职工而言。这二者是有区别的。

❷ 利润转移可以这样理解，企业收入一定，设为g，经营成本为$C+V$，利润为M_1+M_2，其中M_1企业留利，M_2上缴国家。当企业认为M_1低于平均企业留利水平时，它会想方设法从M_2甚至国家其他收入中取得补偿。这块补偿，称之为利润转移。

价格上涨量）的估计或者预期。人们预期的结果将会影响到其行为的变动。而这种行为变动又会导致经济变量取值的变动。物的变动导致人的预期变动，人的预期变动又影响物的变动，反映了人与物的关系。人与物的关系的中间环节，则是人的预期。因此本书研究人与物的关系的着重点，是研究人的预期行为，研究人的预期与经济变量的这种相互关系。本章下一节中，将讨论经济理论研究中纳入预期命题的意义。

物与物的关系，反映为商品流和资金流之间错综复杂的关系。物与物的关系较之人与人的关系及人与物的关系，较易测量，便于实证分析。本书下一章将详细地剖析经济系统中的物与物的关系，即物资流量与资金流量及其相互关系。我们尤其着重研究国民收入生产额与国民收入使用额之间的关系。通货膨胀理论与这两个概念密切相联。只有搞清了国民收入生产额怎样转化为国民收入使用额的具体过程，从而才有可能解释清楚通货膨胀的运行过程及内在机理。本书将从国民经济核算角度研究资金流量与物资流量之间的关系，并由此引出事后分析的局限性问题，从而为本书理论研究线索展开奠定一个基础。

§ 0.4　预期命题的理论意义

预期指与当前决策有关的经济变量未来值的预测。通货膨胀预期即对未来的通货膨胀的预测。

在 19 世纪，预期似乎没有引起经济学家们的高度重视。到 20 世纪情况发生了根本的变化。在凯恩斯的《就业利息和货币通论》一书中，预期概念已置于其经济理论的核心位置上。在该书第三章中，用预期作为基本概念定义了总需求函数与总供给函数；该书第五章研究预期与就业；该书第十二章研究长期预期状态。在凯恩斯后，预期理论继续受到经济学家们的重视，预期也被作为经济系统的内生变量予以研究。到20世纪70年代初期，由于凯恩斯经济理论对解释“滞胀”问题的失效，理性预期理论一跃登上西方经济学研究的舞台，引起人们的重视。

从西方经济学的发展看，预期的两次被强调，都与现实经济危机与理论危机有关。第一次发生在20世纪20年代末期的大危机后，当时的传统经济理论解释不了大危机这种现象，凯恩斯借助于预期概念，提出了有效需求不足的理论，20世纪70年代初期的滞胀，则为理性预期理论扫清了前进的道路。在理性预期理论中，预期的作用已被推向极端。因此，预期概念被引入西方经济理论，有着深刻的实践背景，其发生与发展决不是偶然的，是理论发展的必然结果。

中国经济运行机制与西方国家完全不同，因此我们根本不能照搬西方经济理论来解决中国的实际经济问题。但是这并不意味着我们不能从西方经济学中吸收一些有用的东西。如我国的传统经济学中，就没有关于预期的内容。我们吸收西方经济学中预期理论的某些内容，对丰富我国的经济理论，将会有所帮助。但不幸的是，我们长期没有注意到这一点。可以说，我们在经济理论中引入预期因素，不是向西方经济学学习的结果，而完全是在解决中国经济所面临的实际问题时逼出来的，是实践千呼万唤始出来的结果。具体地说，1984年后出现通货膨胀加剧的现象，引起了经济学家们对预期的注意。1988年通货膨胀突然加速，1990年通货膨胀又急剧下降，这两种现象均难以仅用货币供给数量来解释，这迫使我们面对实际，重新研究理论本身。它导致预期理论在中国这块土壤上产生。尽管现在预期理论还显得弱小，但它必定会逐渐成长起来，并导致中国经济理论的深刻变革。

预期理论的意义还表现在拓广传统的经济理论研究范围上。传统的经济理论研究范围局限于人、财、物这三大范围，表现为四大平衡，即人力平衡、财力平衡、物资平衡、对外收支平衡。这里人是作为生产要素看待的，投入多少人力，便得到多少产值。人的心理活动及其对经济系统的反作用，则排除在研究范围之外。把预期因素引入到经济理论中，我们就不仅仅看到存在决定意识，还将看到意识对存在的反作用。也就是说，我们将不仅仅看到四大平衡对人的预期的决定性影响，也将反过来看到人的预期对四大平衡的影响。人的预期变了，原来的平衡就将被打破，或者原来的不平衡也可能会变得平衡。

在传统的经济理论中，已经有了事前与事后的概念。如计划平衡就是事前的概念。但是传统理论分析的立足点，则是放在事后分析上，引进预期概念后，经济理论分析的立足点就将移到事前这一概念上来，我们要分析的总供给与总需求，都将是事前的总供给、总需求。在本书的下一章，将进一步说明区分事前分析与事后分析的必要性和重要性。

要指出的是，本书中强调预期的意义，并不是说预期是经济系统中决定一切的变量，更不是说通货膨胀完全是由预期造成的。笔者认为，预期只是经济系统中的重要变量之一。预期的影响，是通过其他变量的变动体现出来的，脱离了经济系统这一客观存在，就不存在预期这一主观因素；反过来，脱离了预期这一主观因素，也不能全面地解释经济系统的变动。从本书的分析中也可以看到，导致通货膨胀的因素是多种多样的，预期只是其中重要因素之一。仅依靠预期，不能解释通货膨胀的形成机理。不依靠预期，则不能说明近年通货膨胀的种种现象。本书注重从预期角度分析通货膨胀，并不意味着不重视其他变量对通货膨胀的影响。

§0.5 通货膨胀定义

本书把通货膨胀定义为物价公开和隐蔽地持续上涨。通货膨胀是物价膨胀，不是指货币膨胀。[1]公开的物价指 GNP（国民生产总值）平减指数，[2]它反映了一般物价水平，既包括物资商品价格又包括劳务商品价格在内。隐蔽的物价指短缺，它表示有钱买不到所需的商品。

本书还用到通货膨胀的另一个定义。我们定义通货膨胀为总需求减去总供给的差值，即通货膨胀等于总需求与总供给的缺口（也称超额总需求，后面还将介绍这一定义）。

我们规定的第一个通货膨胀定义，更便于反映通货膨胀率，而第二个通货膨胀定义，则更便于反映通货膨胀的量。后面的分析将证明，这两个定义本质上是一致的。

由通货膨胀的第二个定义，我们把通货膨胀与经济系统中的一些重要变量联系起来，视通货膨胀为经济系统的综合症。概括说来，我们将用总需求和总供给作为理论分析的横坐标和纵坐标，用来分析通货膨胀的运动轨迹。因此本书若命名为《宏观经济与预期》，也是大致可行的。当然，现在的书名更

---

[1] 下一章内容及后面的内容都将表明，测量货币膨胀是困难的。使用不可测量的定义，对理论建设不利。其实货币多发与物价上涨是一个问题的两个方面。货币多发是因，物价上涨是果。本书是依据测量的方便来定义通货膨胀的。并且这样定义更符合经济理论的发展。

[2] 有时我们也用社会零售物价总指数，该指数较为及时和较为准确，但其反映面较窄。

能说明本书的研究重心所在。

通货膨胀与纸币是联系在一起的，只要存在纸币的经济系统，就可能存在通货膨胀。因此，不论在社会主义国家，还是在资本主义国家，都有可能存在通货膨胀。但是，通货膨胀又不仅仅是一种纸币现象。在我国，企事业单位通常使用支票购物，这种支票也是一种货币，是银行转账结算的货币，或称之为信用货币。在西方国家，居民也大量使用这种信用货币。信用货币也能带来物价的上涨。从更广泛的角度看，银行贷款的增加，引起纸币和信用货币的增加。银行贷款也可视为货币。研究通货膨胀与货币的关系，不仅要研究其与纸币的关系，也要研究其与信用货币及银行贷款的关系。由于通货膨胀与货币的密切关系，前人才把 inflation 这个词译成了通货膨胀。从字面上讲，通货指货币，而通货膨胀自然是货币膨胀了。从古典经济学的角度讲，由于货币仅作用在物价上，这样理解是可以的。从现代经济学的角度讲，货币不仅作用在物价上，也可作用在产出上，短期内甚至可既不作用在物价上，也不作用在产出上，因此，仅从货币膨胀来定义通货膨胀就不适宜了。本书中，我将重点解释这一问题。由此，本书中不用货币膨胀来定义通货膨胀。如果一定要从货币的角度定义通货膨胀，那么把通货膨胀定义为货币的持续贬值则较好些。货币贬值与物价上涨是一个问题的两个方面。但是货币贬值难以反映出短缺的存在，即反映隐蔽的物价上涨。因此，在我国采用货币贬值来定义通货膨胀是不全面的。应该指出，国内外经济理论界对通货膨胀的定义尚存在争议，我选择的定义仅是经济理论界较常用的一种。

第一篇

1

通货膨胀理论基础

本篇研究宏观经济中的一些基本流量和存量，并在此基础上着重研究贯穿本书的两个核心概念——总需求与总供给，并集中研究通货膨胀涉及的一些基本理论问题，以便为后面的理论分析奠定基础。第一篇涉及的问题，不仅是研究通货膨胀理论将会面临的，也是研究宏观经济理论及其他经济理论均将面临的问题，具有基础研究性质。

1 章　经济系统中流量存量的剖析

本书研究的物质对象是国民经济系统的主要经济流量和存量及其互相间的经济技术关系，研究的重点是这些关系所导致的通货膨胀。本书研究的第一步是从研究对象的剖析和测量着手的，也就是说，我们首先要搞清楚国民经济系统中存在哪些基本流量与存量，这些基本流量是从哪里流来，又向哪里流去，流量之间如何进行转换，流量是怎样转换为存量的，以及宏观经济变量间存在哪些恒等关系，等等。国民经济在一定程度上说类似于人体，社会经济过程中经济流量、存量及其相互的关系可以用生理学的解剖方式进行研究，只有深入研究经济机体内的生理结构及其运转方式，才能正确地揭示出经济机制，描述经济机制的数量特征、数量联系，把握经济系统的运行规律。

§ 1.1　从何处着手

我们面前摆着两个通向经济系统内部的入口，一个是总产品，另一个是净产品。

马克思是从总产品进入经济系统内部的。他根据劳动二重性理论，科学地将商品价值区分为 C、V、M 三大部分，并把社会生产划分为生产资料生产和消费资料生产两大部类，由此建立了他的著名的再生产图表，揭示了经济系统运行所必须遵循的规律。

从社会总产品着手研究经济系统，事实上是把经济系统分为两个部分，一是补偿原有价值部分，二是新创造价值部分。研究第一部分，是研究部门间的技术联系，这是投入产出表第一象限的研究内容。研究第二部分，则是要考察新创造价值怎样被消费和怎样被投入再生产过程的，是研究部门间的经济联系。社会再生产的核心问题——实现问题，即商品在价值上如何补偿，在使用价值上如何替换的问题，只有在这个基础上才能彻底解决。

从亚当·斯密之后，西方经济学基本上是从净产品入手研究经济系统的。虽然这也能说明新创造的价值如何被消费，如何被再投入生产过程。但从这里着手，社会经济的技术联系排除在经济研究对象之外，社会再生产的实现问题不能彻底解决。

本书从社会总产品着手分析经济系统内部结构。我们深知，在科学的入口处，如同在地狱的入口处，这里必须根绝一切犹豫，这里任何怯懦都无济于事。

§1.2　节点定律和网络定律

研究电路时，我们知道有基尔霍夫第一定律，即流入一个节点的电流总量等于流出这一节点的电流总量。这不仅仅只是一种自然现象，在经济领域里也同样存在这种情况。

在经济部门中，收入和支出是对等的，收入了多少，才能支出多少。收入可以看作是一个部门的流入量，支出则可以看作一个部门的流出量。若把一个部门视为一个节点，那么就有流入等于流出。我们称这一事实为节点定律。

由于任何一个部门都必须遵循节点定律，因此在任一个节点都有流入和流出部分，而一个节点的流出将成为其他节点的流入，所有节点都由流入流出相联，构成一个网络。经济系统的这一事实，可称之为网络定律❶。

须注意，一个部门的储蓄和手持现金，可视为该部门的支出，它是银行的收入来源。而一个部门的借债，则视为该部门的收入。

节点定律和网络定律是国民经济运行的两个基本定律，也是我们剖析国民经济的两把锋利的解剖刀。国民经济系统看起来十分复杂，内部各种流量纵横交错，各种关系错综复杂，但只要我们从总产品着手，并利用这两把解剖刀，我们就能像庖丁解牛那样，有条不紊地把国民经济剖析开来，为我们后面的理论分析奠定基础。

§1.3 流量、存量运转过程个别描述

国民经济运行中，存在四种流量：（1）产品流量；（2）资金流量；（3）人的流量；（4）信息流量。前三种流量都相应有自己的存量。

产品流量可划分为物质产品和服务产品两种。这是根据产品的存在形式划分的。物质产品的生产和消费可以分离，而服务产品的生产同时也就是消费，两者不可分离。此外，物质产

---

❶ 本书是从国民经济核算的角度描述节点定律和网络定律的，这两个定律是国民收入核算理论关于部门收支平衡原则的抽象表示。由这两条定律我们能较易证明一些宏观经济变量间的恒等关系，如证明国民收入生产额加进出口差额等于国民收入使用额的关系。

品有相应存量，服务产品没有存量形式，这也是物质产品和服务产品的重要区别。

物质产品又可划分为流动资产和固定资产，这是根据这两种产品的不同周转形式划分的。流动资产是一次性使用，一次周转完成的物质产品。固定资产是长期使用，其价值逐步参加周转的物质产品。

资金流量中可分离出一种货币流量。从政治经济学意义上讲，资金和货币是严格区分，不能混同的。在本书研究中，我们因不考虑价值如何产生这类问题，而只考虑价值运动这类问题，便不再严格区分资金和货币。

以上这些不同部分构成了国民经济机体的不同组成材料。这些材料各自具有不同的功能。这里我们着重考察物质产品和资金的运动。

物质产品运动的起点可以看作是企业生产的产品进入市场之时，而其终点可以看作是物质产品到达用户手中。用户可以分为两类，一类是消费者，他们消费物质产品，物质产品运动到此结束，不再进入生产领域或流通领域；另一类是生产者，他们购买物质产品，是为了用其进行生产，购买的物质产品重新进入生产循环过程。对物质产品运动有两种描述方法，一种是以物质的物理性质为量纲的描述，如生产了多少吨煤，消费了多少吨煤等；另一种则是以物质的价值为量纲的描述。以物理性质为量纲的物质产品运动过程可用图 1.1 表示。以价值作为量纲的物质产品运动过程可用图 1.2 表示。

以上是对某一种类物质产品运动形式的分析。在国民经济循环中，存在着成千上万种类的产品运动，全面反映这些产品的运动及其间的联系，可用大家熟知的投入产出分析方法，这里不再做进一步介绍。

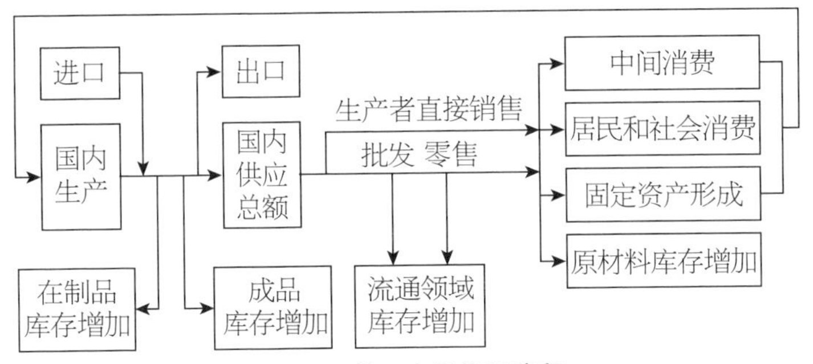

图 1.1 单一产品物理流程

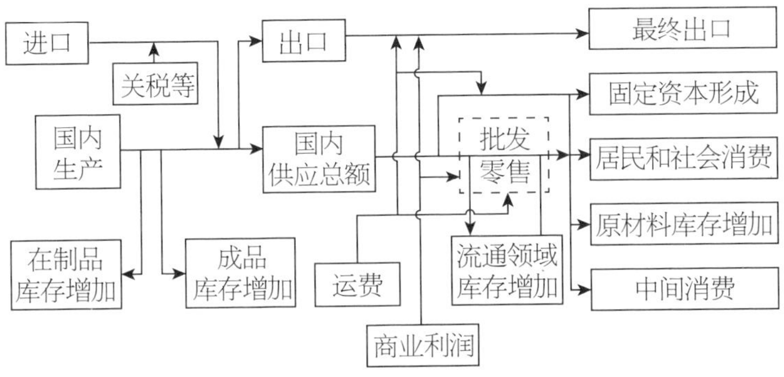

图 1.2 单一产品价值流程

从物质产品的运动过程看，库存可分为三大类，第一类是生产过程中的库存，即在制品库存和成品库存；第二大类是流通领域里的库存；第三大类是最终使用领域里的库存。这三大类库存的增与减，反映着国民经济循环中不同的情况，对此后面再做分析。

下面考察资金流量的运动过程。

为了清晰地反映出从可供积累的资金转化为实际投资资金这一再分配的核心过程，这里暂不考虑补偿资金。我们采用投入产出表的形式来分析各部门资金的来源与使用及资金流量在各部门之间的运转情况，见表 1.1。

表 1.1 投入产出型资金流量表

	物质	中间支出							最终支出				总支出
		物质	服务	居民	事业	财政	金融	其他再分配	国外	消费	固定资产积累	流动资产积累	
中间投入	物质				95	275	105	30	25		210	315	1055
	服务				15	100	30	10			39	26	220
	居民				140	115	40	10		877	60		1242
	事业			110		80	35	13	3	518	25		784
	财政	108	5	35	449				6				603
	金融	92	10	10	75	33							220
	其他再分配	40	5		8		10						63
最初投入	国外	30		2	2								34
	原始可支配收入	785	200	1085									2070
总收入		1055	220	1242	784	603	220	63	34	1395	334	341	

表 1.1 的横行表示资金的使用去向，其纵列表示资金的收入来源。相应于投入产出表的划分，本表也可以划分为三个象限：中间支出和中间投入为第一象限，反映部门间的资金流量关系；最终支出和中间投入的交叉部分构成第二象限，反映资金的最终使用情况；中间支出和最初投入的交叉部分构成第三象限，反映资金的最初投入来源，它是国民收入生产额加国外投入部分。

从表 1.1 可以看到，最初投入的原始可支配收入为 2070、国外为 34，两项共计为 2104；而最终支出的国外为 34、消费为 1395、固定资产积累为 334、流动资产积累为 341，四项共计也为 2104。这说明国民收入生产额加国外投入等于国民收入使用额加向国外的支出。这是资金流量中的一个重要恒等关系，是后面展开理论分析的一个重要基础。我国的国民经济核算是遵循这一基本关系的。从这里可清楚地看出，把国民收入生产额与国民收入使用额的差额视为总供给与总需求差额，是不正确的。由最终投入象限（第三象限）转化为最终支出象限（第二象限）的中间过程是第一象限（部门资金流量象限）。因此，该表反映了七大经济部门在原始分配过程结束后，是如何使自己的初次收入（表中的国外收入和最初投入两部分）经过纵横交错的再分配渠道，最后形成最终使用这一过程的。该表反映了财政、金融这些再分配部门在资金运行渠道中所起的枢纽与闸门作用，即反映了它们对资金流量流向所起的控制作用，以及对资金流量大小所起的调节作用。该表在反映国内资金运行的同时，又交织反映了外汇资金的运动，因此它全面反映了一国资金的运行情况。

从表 1.1 可以看出，每一部门资金的收入和支出都是相等的。这就是节点定律和网络定律的典型运用。如果一个部门的

收支关系中有一项发生变化，它将影响到其他部门的收支关系，从而对经济系统产生一系列影响。类似于投入产出中的直接消耗与间接消耗，也可以定义为直接影响和间接影响。

斯通（Stone）认为，如果取得必要的信息，是可以为每个部门的收支核算建立一个投入产出体系的。1978 年在世界银行研究规划机构的会议上，曾就这一问题进行过讨论。苏联则在研究投入产出的扩大表中，将国民收入的分配特别是再分配过程纳入投入产出表。我们所做的工作只是一种尝试。这一尝试至少可对清晰地分析资金流量起到作用。如仅用文字描述方法，是很难说清楚这些内容的，特别是用这种方式，可仿照投入产出模型方法，很方便地转化为数学模型，分析前面提到的部门间的直接影响和间接影响，即有

$$AX+Y=X$$

式中，A 为直接消耗系数矩阵（完全仿投入产出中的方法定义）；X 为各部门总支出列向量；Y 为各部门最终支出列向量。由上式，有

$$(I-A)X=Y$$

式中，I 为单位矩阵。

由上可得

$$X=(I-A)^{-1}Y$$

式中，$(I-A)^{-1}$ 是 $(I-A)$ 矩阵的逆矩阵。

若已知各部门最终支出，乘上 $(I-A)^{-1}$ 就可得到各部门的总产出。由此，我们可做种种经济分析，如计算投资对国民收入等变量的影响，这里 $(I-A)^{-1}$ 就相当于投资的广义乘数矩阵。A 为直接影响矩阵（对应于投入产出模型中的直接消耗矩阵），$\left[(I-A)^{-1}-I\right]$ 称之为完全影响矩阵（对应于投入产出模型中的

完全消耗矩阵）。

要指出的是，这种分析方法虽有一定实用价值，但其使用又受到很大限制。因为部门间的经济关系远不如部门间的技术关系那样稳定，特别是在通货膨胀时期，这种关系就更不稳定❶。这是使用该方法要高度注意的。用其模拟某一年的情况比用其预测下一年的情况效果要好一些。特别是其广义乘数的概念，比宏观经济理论中常用的单纯乘数概念，内含信息要多得多。

§ 1.4　流量、存量运转过程整体描述

经济流量、存量的运转过程整体描述，要求把产品流量和资金流量有机地结合起来，把流量和存量有机地结合起来。我们首先看一种高度概括地反映资金流量和产品流量的运转图，见图 1.3。

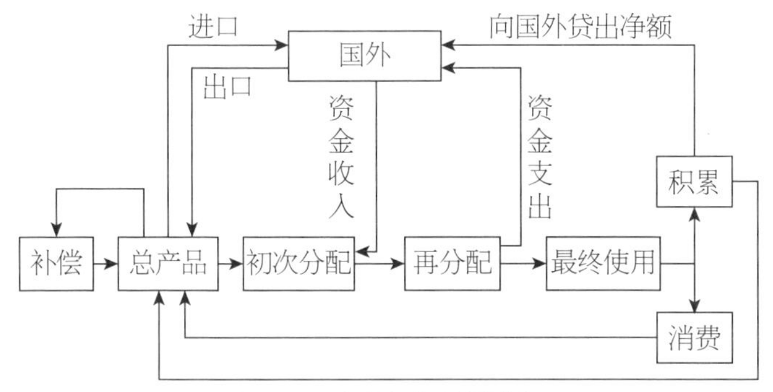

图 1.3　宏观经济总量流程

从图 1.3 可以看到，产品流量有三个分支。第一分支经初次分配后转化为资金流量，然后通过错综复杂的再分配渠道（如表 1.1 所示），形成最终使用，分解为积累和消费两个部

❶ 可以采用不变价方法，部分消除通货膨胀的影响。

分，最终又返回出发点；第二分支单独构成一个补偿循环；第三分支通过国外构成一个进出口循环。后两个分支中产品流量运行同时伴随有资金流量的运行，它们的方向正好相反。

资金流量运转中，除了上述的与产品流量运转相关的三个循环过程外，还有两个与国外相连的对外资金流量过程，一个是由对外资金收入与支出构成的循环；另一个是由积累与国外之间的资金单向运行，向国外贷出资金净额值为正，表示资金流向国外，为负则表示资金流向国内。最后这一项资金的单向运转起到平衡国外收支与国内收支的作用。

图 1.3 所描述的国民经济运转过程，也完全遵循节点定律和网络定律。若视图中每一个方框为一个节点，则每个节点的流入等于流出，节点之间形成了一种网络关系。

下面，我们将图 1.3 进一步细化，并把固定资产、金融资产与负债这些生产条件也包括进来，形成一张复杂一些的国民经济运转图，见图 1.4。

图 1.4 把国民经济循环分为三个阶段。

第一个阶段是生产条件阶段，这是一套反映存量的测量指标，描述国民经济循环的条件。这些测量指标可分为三大类，第一类是劳动力指标；第二类是国民财富指标；第三类是金融指标。

第二阶段是生产阶段和原始分配过程。这里把服务部门列入生产领域，与 1991 年前国民收入统计口径不一致。第二阶段我们借助于投入产出表描述生产过程与原始分配过程。

第三阶段是再分配和最终使用状态，设立了金融、财政和其他转移支付这样三个再分配子系统。初次分配形成的居民原始收入和社会纯收入通过这三个再分配子系统分解为个人消费基金、社会消费基金、非生产性积累基金、生产性固定资产积

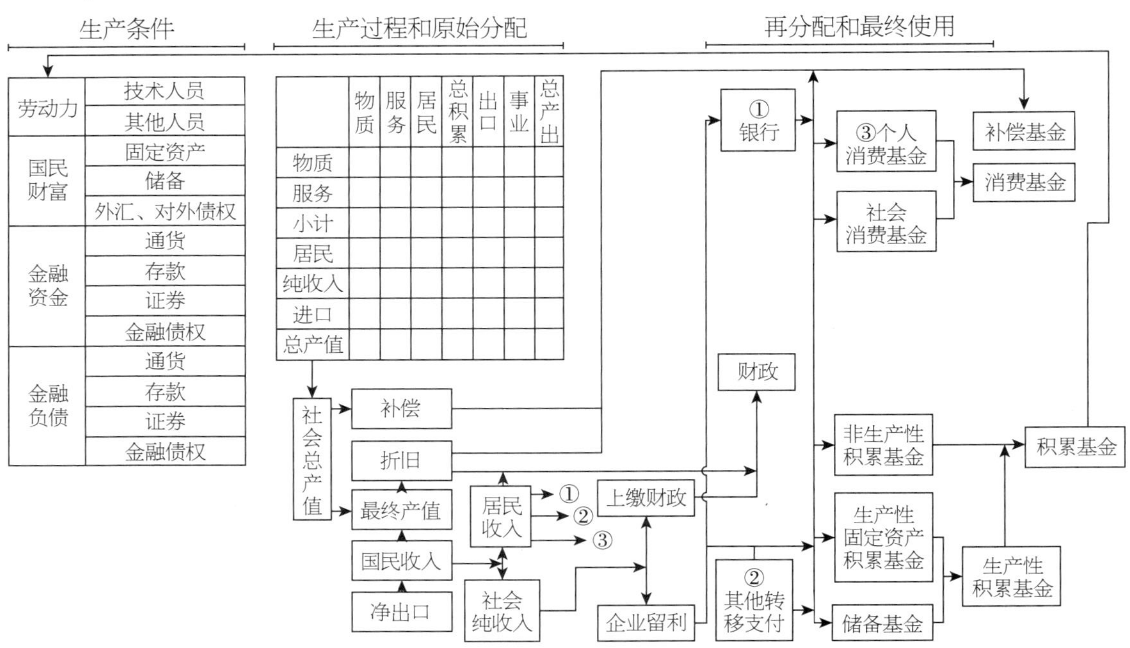

生产条件

劳动力	技术人员
	其他人员
国民财富	固定资产
	储备
	外汇、对外债权
金融资金	通货
	存款
	证券
	金融债权
金融负债	通货
	存款
	证券
	金融债权

生产过程和原始分配

	物质	服务	居民	总积累	出口	事业	总产出
物质							
服务							
小计							
居民							
纯收入							
进口							
总产值							

再分配和最终使用

社会总产值
补偿
折旧
最终产值
国民收入
净出口
居民收入
社会纯收入
①
②
③
上缴财政
企业留利
财政
①银行
②其他转移支付
③个人消费基金
社会消费基金
补偿基金
消费基金
非生产性积累基金
生产性固定资产积累基金
储备基金
生产性积累基金
积累基金

图 1.4 宏观经济指标分解

累基金和储备基金这样五大类，然后这五大类合并为消费基金和积累基金，以反映国民收入的最终使用。同时，在生产阶段形成的，在再分配阶段又有所调整的补偿基金也列为一大类，它与国民收入最终使用一起反映一年生产出的社会总产值经过分配、再分配而形成的最终使用状态。这个最终使用状态结合上一年的生产条件，形成下一循环的新的生产条件。图 1.4 完整地描述了国民经济循环的开始、生产、分配、再分配和最终使用状态。

再进一步，还可以使用矩阵的形式，把图 1.4 更为严密、详细地反映出来。要用矩阵反映国民经济循环过程，存在两个关键问题需要解决，一个是资金流量和产品流量的联结问题；另一个是流量和存量的联结问题。图 1.4 中，这两种联结均用线条简单地反映，并不严密。在我们设计的国民经济循环的矩阵表中，这两种联结问题都圆满地解决了。若将整个矩阵表中的每一横行和相应的纵列视为一个节点的话，那么它完全符合节点定律和网络定律，见表 1.2。

在表 1.2 中，矩阵中每一横行和它相应的纵列称之为一个账户，横行代表账户的收入，纵列代表账户的支出。如第三行反应物质商品部门的收入，而第三列则反应物质商品部门的支出。这里每一个账户的收支都是相等的。

在表 1.2 中，第 1—2 行及相应的列反应生产条件，其中有形资产表示固定资产和流动资产；第 3—6 行及相应列是 uv 型投入产出表，它描述生产过程；第 7—9 行及相应列表示初次分配过程；第 10—16 行及相应列表示再分配过程；第 17—22 行及相应列反映了最终使用过程，最终使用中又分为消费和积累（或投资）两个部分；第 23 行及相应列是国外账户，反映进出口（产品流量）和外汇资金（资金流量）的收支情况；第 24 行及相应列是重估价，它调整金融资产的价值（如股份市场上股份价值的变动）和固定资产的价值（如反映固定资产的精神磨损）；第 25—26 行及相应列反映年末的新的生产条件，它构成下年国民经济循环起点。

在表 1.2 中，投资账户（或积累账户）是一个枢纽账户，它身兼二任，既连接着产品流量和资金流量，又连接着流量和存量。

表 1.2 反映的国民经济的运行机理是：在期初的生产条件基础上，通过人的劳动进行本期的生产。生产活动形成了两种流量：一种是产品流量，生产部门生产的产品由 C_1（净补偿）、C_2（折旧）、V（居民原始收入）和 M（社会纯收入）几个部分构成，产品中的 C_1 还构成了部门间的技术经济联系，而产品中其余部分构成了原始分配的内容。在生产过程中，还伴随有进出口流量。生产和原始分配过程结束后，随之而来的是资金流量的运行。原始分配过程中形成的 C_2、V、M 三大部分，经过错综复杂的再分配渠道，并交织国外资金的流进与流出，最终形成最终使用，即形成消费基金和积累基金。最终使用与最初投入在量上是相等的。资金运行的核心围绕着生产部门提供的纯收入如何通过再分配作用转化为事业部门和居民部门的积累基金和生产部门的投资资金。投资加上期的生产条件，又在重估价的调节下，形成期末的生产条件，从而开始新的一轮循环。

现将表 1.2 中几个重要部分再详细介绍如下：

在生产过程中形成的初次分配部分（第 7—9 行），构成再分配部分的初次收入来源（第 7—9 列），初次收入在再分配渠道中运转，通过财政、信贷的闸门调控，最终形成最终使用支出。

表 1.2　宏观经济

项目			序号	1	2	3	4	5	6	7	8	9	10
期初资产负债表		金融资产	1										
		有形资产	2										
生产	商品	物质	3					1320	120				
		服务	4					120	10				
	部门	物质	5			3115	45						
		服务	6				480						
分配	折旧		7					190	40				
	居民原始收入		8					935	150				
	社会纯收入		9					595	160				
再分配	物质		10							190		595	
	服务		11							40		160	
	居民		12								1085		
	事业		13										95
	财政		14										275
	信贷		15										105
	其他再分配		16										30
消费	居民		17										
	事业		18										
积累	生产投资	固定资产	19										210
		流动资产	20										315
	非生产投资	居民	21										
		事业	22										
国外			23			180							25
重估价			24										
期末资产负债表		金融资产	25										
		有形资产	26										
总计			27			3295	525	3160	480	230	1085	755	1055

总流程

11	12	13	14	15	16	17	18	19	20	21	22	23	24	25	26	27
						667	333	249	341	60	25	180				3295
						210	185									525
																3160
																480
																230
																1085
																755
			108	92	40							30				1055
			5	10	5											220
		110	35	10								2				1242
15	140		449	75	8							2				784
100	115	80		33												603
30	40	35			10											220
10	10	13														63
	877															877
		518														518
39																249
26																341
	60															60
		25														25
		3	6													214
220	1242	784	603	220	63	877	518	249	341	60	25	214				

国外账户的收支关系较为特殊，它是以国外作为主体设计账户的，于是国内向国外的支出，在国外账户中记为收入，国内从国外的收入，在国外账户中则记为支出。

表 1.2 反映的产品流量和资金流量过程类似于人体内血液循环的机理。产品流量构成静脉血管，资金流量构成动脉血管，而财政金融等再分配部分构成这一循环系统的心脏。在心脏跳动控制下，静脉血管中的产品流量流向消费品市场和生产产品市场中，由此转化为资金流量流入心脏，经心脏跳动控制下又流入动脉血管，并沿着动脉血管进入千千万万的企业、居民这些细胞中，从这里又转化为产品流量进入静脉血管，从而开始新的一轮循环。同时还伴随有补偿过程的微循环，补偿过程中也有产品与资金的交换，但这种资金运动不经过心脏，直接在企业之间运行。通常说资金体外循环，就是微循环的一种。

§1.5　国民经济循环的平衡与非平衡

上面描述国民经济循环，是以实际发生的收支为前提条件的，这是一种事后描述方法。依据这一方法，每一个部门的收支和国民经济整体的收支均是平衡的，不存在非平衡问题[1]。因

[1] 通常分析银行的信贷收支平配表时，看到的是收入等于支出，看不到货币超经济发行的大小。财政的收支平衡表上可以看到支大于收的赤字，但赤字一旦纳入银行的收支平衡表上，就看不出它对货币超经济发行的影响。把资金平衡与物质平衡联系起来分析，也同样如此。如果把原始分配收入视为商品的最终成果，那么它也会与资金的最终使用在量上保持一致。因此，本章的方法提供了资金流量与产品流量的来龙去脉及互相转化过程，但并没有提供资金流量的膨胀过程及资金与产品的缺口大小。

此，可以说我们是从国民经济核算角度描述与测量国民经济中的流量、存量及相互关系的。

然而本书要研究的是通货膨胀，它本质上是国民经济循环不平衡所引致的结果。怎么才能找到导致国民经济循环不平衡的突破口呢？这便是本书后面要展开分析的问题。

寻找突破口要变换描述问题的时间角度，要从上面的事后描述转到事前描述上来，只有从事前分析出发，才能发现国民经济循环中的诸多不平衡现象。而从事后看，这些不平衡现象便被物价上涨与强迫储蓄两个因素所掩盖起来，不平衡现象消失了，代之的是各个部门的收支平衡。

从事前来分析国民经济的循环，就是要分析本年度在上期末的生产条件下，尤其是金融资产条件下，能生产出多少产品，并相应要增加多少贷款。这里能生产多少产品，代表可能的供给；要增加多少贷款，代表可能的需求。可能的供给与可能的需求不一定平衡，因为按照上期的经济关系来匡算本期生产多少产品需要多少资金配合是靠不住的，上期资金与产品配合是否平衡也还是未知数。何况上期的经济关系（尤指表 1.1 所表示的那种资金关系）并不稳定，这与部门间的技术联系具有相对稳定性大不一样，由此匡算的结果在实施中，完全有可能出现非平衡。

本书的研究重点之一，是要分析这种部门间经济关系的变动特点，寻找出其内在的规律性。然而由于不确定性因素的影响及预期的作用，这种内在规律性并不是十分确切的，它只能表述为一种趋势。

部门间的经济关系在很大程度上反映了部门间的利益关系，这也就是说，在物与物的关系后面，反映着人与人的关系。分析人与人的关系，特别是分析人与人之间的利益关系，是分析经济关系的一个重要途径。如在初次分配中，居民收入占多大比重，社会纯收入占多大比重，反映了初次分配中居民和企业之间的利益关系。又如初次分配收入转化为最终使用过程，也就是居民、企业、政府之间的利益磨擦过程和利益协调过程。

事后分析是有用的，它能把这些利益冲突与协调所形成的最终结果——部门间的经济关系，明确无误地反映出来，把部门间错综复杂的收支流程，或者说把诸流量、存量及其相互关系清楚地表述出来；事后分析又是有限的，它不能反映利益磨擦的原因、动力，更不能反映不确定性、预期因素对国民经济循环的影响。

事后分析，相当于一种生理剖析，而事前分析，则相当于寻找生理机制。生理机制的分析是建立在生理剖析的基础之上的。本章研究的内容相当于医学上的解剖学，而本书以后各章的内容则相当于医学上的生理学、病理学、诊断学及药理学。

本书导言部分介绍的构造理论的基本命题及本章介绍的事后描述的国民经济循环过程，均构成本书的基础，以后则是在本章关于国民收入生产额形成及其又怎样转化为国民收入使用额的基础上，进一步分析这一转化过程中各种利益机制的作用，预期的作用及其他因素的作用，及这些作用是怎样导致通货膨胀的，或者说国民收入生产额在实际值（即不变价计算的国民收入生产值）一定的情况下，其名义值（按现价计算的国民收入生产值）是怎样随着国民收入使用额的膨胀而相应膨胀起来的。

其实，传统经济理论已讨论过国民收入超分配问题。正是由于对这一问题的讨论，才引发了经济学家们对宏观经济理论的重视，使传统的国民经济综合平衡理论逐步转变为宏观经济理论。从实践上看，这种转变也适应了传统计划经济向有计划商品经济过渡的需要。

国民收入超分配只能对价值形态而存在。对物质形态而言，不存在超分配问题。不管怎样分配，生产出的物质产品不会随分配的变化而变化。对价值形态而言，国民收入名义值是能随分配变动而变动的。更准确地说，以上年价格计算的国民收入生产额（它代表国民收入的物质形态）加上进出口差额后可以不等于以现价计算的国民收入使用额（它代表国民收入的价值形态），其缺口便反映为国民收入超分配。这一缺口由国民收入生产额的名义值变动而弥补，即以现价计算的国民收入生产额加进出口差额必定等于以现价计算的国民收入使用额。

可见，对国民收入超分配问题的讨论，在国民经济核算范围内尚能进行。但是，国民收入超分配只反映了价格缺口，没有反映短缺缺口。而短缺缺口在核算领域里无法测量，从而也无法分析。正因为这样，引入总供给、总需求的概念就具有理论意义和实际意义。在总供给、总需求概念提供的理论框架内，我们便有可能同时测量和分析价格缺口和短缺缺口问题。

因此，本书理论任务不仅仅只是分析国民收入超分配问题，同时也要分析国民收入超分配范围以外的短缺问题。本书将把这两个问题纳入总需求、总供给缺口问题之中，在一个统一的逻辑框架内予以解决。

2 章　总供给、总需求的基本概念

中国经济学在几年前开始用总供给、总需求代替传统的国民收入生产额与使用额的分析，这是宏观经济理论的深化。目前这两个概念在国内使用较多，同时也较乱。看来，现在国内经济理论界还只是接受了这两个名词，并没有接受这两个名词的本来定义。由于大家对这两个名词理解不一致，便出现了使用混乱，导致了一些无意义争论。

本书把通货膨胀视为总供给、总需求这一理论十字架上的交点，首先给出总供给、总需求的定义自然是理论分析的第一个任务。因之，如何定义总供给、总需求也就成为理论分析中遇到的第一个问题。我们认为，既然总供给、总需求是从西方经济学中引进的，那么，遵循它们原来的定义，是最为省事的。这有利于中国经济理论与世界上其他经济理论的交流，有利于中国经济理论融入世界当代经济理论发展潮流。我们没有另外再定义总供给、总需求的必要。把分析的注意力更多地集中在理论研究的方法、理论描述实际的能力及理论本身的结构上，比把注意力放在一些名词不同定义争论上，更能促进理论发展[1]。

[1] 引进西方经济学的定义，与引进西方经济理论是不同的。一般来讲定义更具有普遍性。不同的理论之间，完全可以使用一套共同的定义。在自然科学中，这一点是很明确的。在经济理论研究中，也应做到这一点。

§ 2.1　瓦尔拉斯的总供给、总需求定义

瓦尔拉斯对总供给、总需求的定义，是通过对 n 个市场各自的供给与需求的汇总而得到的。我们这里通过一个最简单例子说明瓦尔拉斯的总供给、总需求概念及与此相关的瓦尔拉斯定律。

最简单的一般均衡经济系统是纯交换经济系统。在这一经济系统中，经济行为者开始都拥有一些用于消费或者用于交换的商品（称为财货），这财货可定义为初始拥有（endowment），经济系统中不存在生产活动，经济行为者只进行消费和交换。

每个消费者 h 都有一个财货的初始拥有量 $\overline{x}^k$，它是一个 n 维财货向量。消费者面对价格向量 P，在预算约束

$$P'x^k = P'\overline{x}^k \tag{2.1}$$

之下，选择他的消费向量 x^k 来最大化他的效用函数。注意这里假设每一个消费者的收入都用于消费，不存在积累这一经济行为。在这一恒等式中，$P'x^K$ 代表消费者 h 的总消费量，而 $P'\overline{x}^K$ 代表消费者 h 的总收入量。

在这个纯交换经济系统中，把所有消费者的预算约束加起来，得

$$\sum_h P'x^K = \sum_h P'\overline{x}^K \tag{2.2}$$

式（2.2）中，左项代表这一经济系统的总需求，而右项则代表经济系统的总供给。显然，在这一经济系统中，存在如下定律：

瓦尔拉斯定律：对任何价格体系，总需求必等于总供给。

瓦尔拉斯定律是一个十分深刻的经济学定律。在更为复杂的一

般均衡经济体系中，这一定律仍然成立。我们围绕这一定律，把一般均衡理论涉及的一些基本命题做一简要介绍。这些基本命题，已构成现代经济理论的一些基本原理或者构成一些基本的争议点。

1. 预算约束刚性原理。对一个经济系统而言，其总收入必定等于总支出。这一原理为后来的经济学分析确定了基本框架。这一原理还构成了国民经济核算理论的基本原则。但是对单个的经济行为者而言，这一原理有所争议。在一般均衡理论中虽确定这一原理对单个经济行为者有效，但非均衡理论则认为这一原理对单个的经济行为者不再有效。

如社会主义国家中的企业，作为生产者它不再服从这一原理，它的预算约束是软化的。科尔内在他的《短缺经济学》中对这一命题做了深刻分析，这里不再做介绍。

2. 价格机制原理。在一个典型的市场系统中，某种商品的价格是供需缺口的函数，当供给大于需求时，价格下降；当需求大于供给时，价格上升；当供需相等时，价格不动，此时这种价格称为均衡价格。

在一般均衡理论中，虽然在任何一组价格条件下都有总供给等于总需求，但这组价格并不能保证每一种商品的供给等于需求，只有均衡价格，才能保证每一种商品的供给等于需求。

在非均衡理论中，价格不再是供需缺口的函数，这里价格是由外部的条件决定的，是外生变量，或者，称之为价格刚性。典型的市场非均衡理论，就是研究价格刚性情况下经济的运行过程。

3. 消费者行为原理。这一原理表述为消费者在其预算约束条件下，最大化他的效用函数。对于这一原理，各种经济理论都是接受的。

4. 生产者行为原理。生产者在成本约束条件下，最大化其利润函数。最早的非均衡理论，首先对这一原理发难，认为生产者在考虑成本调整费用时，不一定追求利润最大化。这构成了早期非均衡理论中的成本调整模型。后来发展起来的非均衡理论，则把注意力集中在价格刚性及预算约束条件软化这两个问题上。

瓦尔拉斯的理论体系同时具有描述性、解释性以及评价性这三个功能。瓦尔拉斯的理论体系用一组方程把经济活动描述出来。在瓦尔拉斯的理论体系中，价格、供给、需求这三个基本要素是可测的，或者称之为可计算的。瓦尔拉斯在上述基本原理的假设条件下，解释了市场经济的运行过程。在典型的一般均衡理论中，并不直接对经济运行过程做出应该怎样的评价。但事实上，该理论解释均衡的市场经济能带来资源的最佳配置，维持均衡状态便成为理论指导实践的价值取向。

尽管瓦尔拉斯依据的假设条件与现实经济有出入，但这一理论体系对理论发展公理化做出的贡献是不可低估的。后来的经济学家们在这一理论基础上构造了经济学上最严格的演绎系统，这是经济科学由经验走向科学的一块伟大里程碑。

瓦尔拉斯理论体系的一个显著弱点是它建立在物物交换基础之上。迄今为止经济学家们也未圆满地把货币引入到这一体系中。因此，难以在瓦尔拉斯理论体系中讨论通货膨胀问题。然而，建立在瓦尔拉斯一般均衡理论基础上的宏观经济模型，又可以圆满地包括货币在内，IS—LM 模型就是一个例子。因此，瓦尔拉斯理论体系对研究通货膨胀问题，仍具有理论意义。特别是现代的凯恩斯经济学派、货币主义学派、理性预期学派及供给学派，其理论基础均是一般均衡理论。这些理论可统称之为均衡理论，它构成了现代西方主流经济学派。非均衡

理论则对称于均衡理论而存在。

§2.2　凯恩斯的总供给、总需求定义

如果说瓦尔拉斯的总供给、总需求定义是古典定义的话，那么凯恩斯的总供给、总需求定义就是现代定义。这两种定义的根本区别在于凯恩斯在总供给、总需求定义中引进了预期因素。这里不妨看看凯恩斯关于总供给、总需求定义的原话。凯恩斯在《就业利息和货币通论》一书的第三章中指出：“在雇主心目中，每一就业量有一最低预期收益，若低于此数，便不值得提供该就业量；此最低预期收益，可称为该就业量所产产物之总供给价格。❶”“令 Z 为雇用 N 人所产产品之总供给价格，Z 与 N 之关系，可写作 $Z=\Phi(N)$，称之为总供给函数。同样，令 D 为雇主们预期由雇用 N 人所能获得之收益，D 与 N 之关系可写作 $D=f(N)$，称之为总需求函数。❷” “D 在总需求函数与总供给函数相交点时之值，称为有效需求。此即就业通论之要旨。❸”

现代宏观经济理论所使用的总供给、总需求定义，通常是以凯恩斯的定义为基础的，即包括预期因素在内。

凯恩斯经济理论以市场经济为前提，是为资本主义的经济制度服务的。因此，试图照搬凯恩斯经济理论来解决中国当前经济问题是行不通的。但是，凯恩斯在总供给、总需求定义中引进预期因素，并将此作为分析宏观经济的基本因素，是有意义的。对此我们不必排斥。我们既然已经引进了总供给、总需求这两个名词，那么同时引进这两个名词的现代定义也是理所

❶❷❸　参见参考文献一[37]，第24–26页。

当然的。否则，引进这两个名词的意义又何在呢？

引进了预期因素后，在凯恩斯理论体系中总供给与总需求不再是必然相等，而是有可能不相等了❶。凯恩斯把有效需求不足归因于心理上的消费倾向，心理上的灵活偏好，以及心理上对资产未来收益之预期。心理上的消费倾向使消费增长赶不上收入增长，因此引起消费需求不足。另外两个心理因素使预期利润率有偏低趋势而与利息率不相适应，因此引起投资需求不足。更概括地归纳，就是储蓄与意愿投资不等，从而导致经济系统非均衡。要使经济系统维持均衡，政府就需负起投资责任，并且还需采取一系列宏观经济政策措施，以提高资本家的投资预期，并刺激居民消费增加。

原来人们认为凯恩斯革命的关键点在于投资不等于储蓄。因为不论萨伊信条还是瓦尔拉斯定律，都认为供给自行创造需求，储蓄和投资是必然会相等的。凯恩斯推翻前人的这一教条，确实需要极大的勇气。从现在的观点来看，把凯恩斯革命归结为他在经济分析中把不确定性和预期提高到一种十分突出的地位，恐怕也并不为过。但是，“尽管在他的著作中，预期占据了突出的地位，凯恩斯并没有真正研究预期是如何形成的。不仅如此，因为他对这个问题的处理只是理论性和探讨性的，而不是分析的和经验的，他的预期概念还远不是一个可操作的概念。❷”

后人对凯恩斯理论的不同理解，形成了麻省剑桥与英国剑桥两种不同的凯恩斯流派。麻省剑桥以均衡论作为基础，而英

❶ 预期因素并不是导致事前总供给、总需求不等于事后总供给、总需求的决定因素，导致这一点是价格刚性等其他因素。这一点后面还将谈到。

❷ 参见参考文献一[41]的英文原文。

国剑桥则倾向于非均衡理论。

§2.3 国民经济核算的总供给、总需求定义

瓦尔拉斯与凯恩斯定义的总供给与总需求，都是从理论分析的角度出发定义的。除这两种总供给、总需求定义外，还存在另一种从核算角度出发定义的总供给、总需求。从核算角度定义的总供给、总需求，从形式上看，是模仿了凯恩斯定义总供给、总需求的方法，但实质上，则是依据国民经济的根本核算原则而定义的。

国民经济核算的根本原则是，有收必有支，收支必相等。对一个国家而言，其总收入必等于总支出。这就是我们前面分析的节点定律和网络定律。依据这一基本原则，从国民经济核算角度定义的总供给必等于总需求。依据这一定义，总需求、总供给表示为

总需求 = 消费 + 投资 + 出口

总供给 = 消费 + 储蓄 + 进口

由于有总需求等于总供给，故有

投资 − 储蓄 = 进口 − 出口

这就是双缺口模式，当投资大于储蓄时，必有进口大于出口；当投资小于储蓄时，则必有进口小于出口。

注意到第 1 章中的表 1.1，总需求相当于表中的最终支出，而总供给相当于表中的最初投入，最终支出与最初投入是相等的。

国民经济核算体系核算的对象必须是已经发生的既定事实。因此，这里消费、投资、储蓄、进出口都是已经发生的经济活动的结果。因之，总供给、总需求也是经济活动的结果，

是已经发生的既定事实。我们可以依据通常的统计手段，统计出这种总供给与总需求的具体数值。这与统计国民收入和国民生产总值是类似的。实际上，对一个封闭的经济系统而言，有下列等式成立

国民生产总值（或者国民收入）= 总需求 = 总供给

对一个开放的经济系统而言，有

国民生产总值（或者国民收入）+ 净进出口 = 总需求 = 总供给

西方宏观经济学教科书，一般都有专门的篇章介绍国民经济核算体系，并从此角度介绍总供给、总需求定义。但在正式展开理论分析时，它们又都回到凯恩斯的事前总供给、总需求定义，介绍总需求函数、总供给函数。在上一章中，也介绍了国民经济核算的一些基本知识。本书也将在这些基本知识基础上，进一步使用事前分析方法。

目前国内关于总供给、总需求指标的统计口径的讨论，实际上是试图用事后的统计核算方法来统计出凯恩斯所定义的事前总供给、总需求。这场讨论虽有助于我们弄清总供给、总需求的基本概念，但并没有改进具体的计算方法。目前还没有找到一种直接从事后统计结果计算出事前的总供给、总需求的有效方法。这里遇到的一个根本困难是怎样计算强迫储蓄的问题，而这一问题与预期有密切关系，是难以直接测量的。

如果只是统计事后的即从核算角度定义的总供给、总需求，虽然可以统计出来，但它们的理论分析意义并不大。这并不是经济学家们所期待的那种事前的总供给、总需求指标。关于这一点，在上一章中实际上已经做了解释。

§2.4 总供给、总需求三种定义的区别

从上面关于总供给、总需求的不同定义中，已经看到了这三种定义的区别。这里再集中讨论它们之间的区别。

1. 事前与事后的区别。瓦尔拉斯的总供给、总需求定义，是没有时间观念的，也可以称为瞬时的，我们可称它为事中的总供给、总需求。凯恩斯的总供给、总需求，是尚未发生的总供给、总需求，或是一种意愿的总供给、总需求，是事前的总供给、总需求。国民经济核算定义的总供给、总需求，则是事后的总供给、总需求，是已经发生了的总供给、总需求。三种定义在时间上的区别，是它们之间的最基本区别。

2. 具体数值与函数形式的区别。国民经济核算定义的总供给、总需求，即事后的总供给、总需求，其基本的表现形式是具体的统计数据。而事前总供给、总需求与事中的总供给、总需求，其基本的表现形式是函数形式，只有当函数的参数及外生变量值均给定后，我们才能依据这一函数计算出总供给、总需求这两个函数值。因此，对事前总供给、总需求与事中总供给、总需求，计算的关键不是去确定统计口径，而是确定函数形式，估计函数参数，选择函数的变量。

3. 等与不等的区别。事中总供给、总需求与事后总供给、总需求，不论在何种物价水平下，都必有总供给等于总需求，不会出现总供给与总需求不相等的情况。而事前总供给、总需求，则不一定有总供给等于总需求。总供给大于、小于或者等于总需求，这三种情况只出现其一也必出现其一。正因为这样，事前总供给、总需求才具有通常的理论分析意义。相对而言，事中与事后总供给、总需求，因其总供给必定等于总需

求，其理论分析意义就要小一些。事前总需求、总供给的这种性质，对非均衡理论尤有意义。在均衡理论那里，价格完全是弹性的，对事前的供需差额反映十分敏感，这种差额会随价格的变化而瞬时调整完毕，并且只有当供需差额调整完毕后才从事市场交易，因此，事前供需与事后供需将在均衡价格上趋于一致，这是均衡理论的基础。对非均衡理论而言，价格是刚性的，调整更不可能在瞬时完成，市场上交易是在非均衡价格下完成的。因此事前总需求、总供给与事后总需求、总供给可能不一致。这样总需求、总供给的测定都成为问题，传统均衡理论的基础便动摇了。

§2.5 潜在总供给

潜在总供给也是宏观经济理论分析经常使用的概念。潜在总供给从量上看反映了经济社会的“平均”生产能力；从质上看，则反映了经济社会的技术条件决定的正常生产能力。西方经济理论对潜在总供给的通常定义为，潜在总供给是潜在就业量和现有资本存量所能生产的产量。它可以用生产函数来表示。

生产函数可表示如下

$$Y=f(L, K)$$

这个式子表示经济社会生产的产出 Y 取决于就业量 L 和资本 K。若 L^* 为潜在就业量，则潜在总供给量为

$$Y^*=f(L^*, K)$$

西方经济理论将潜在就业量定义为，现有各种刺激既定的情况下全部人口会选择的就业数量。这可解释为，如果每个人在既定的现行实际工资水平下都能找到工作，这时的总工作量就是潜在就业量。但是实际的就业量可以高于、等于或低于潜

在就业量。

由上分析可见，西方经济理论是用潜在就业量这一概念来反映经济社会的“平均”生产能力。在我国，不能照搬西方经济理论中潜在就业量这一概念。我国长期以来，实行低工资高就业的政策，并习惯地将一些人暂时未能参加工作的情况定义为待业。其实，这一待业也可理解为暂时的失业。现在我国经济理论界也使用一种新名词，表述为“在职失业”，可解释为工厂开工不足，而人员不减情况下，工作量下降。由此可见，我们不能使用潜在就业量来定义经济社会的“平均”生产能力。但可以使用“在职失业”这一概念来定义经济社会的“平均”生产能力。但是在职失业不可以直接测量，这就带来使用的不便。相对而言，固定资产的开工率（或使用率）更便于测量，同时它也可以反映在职失业（在我国的现行经济制度前提条件下）情况。如果我们把固定资产的达到正常设计能力的开工率定义为潜在开工率，那么就有

$$Y^*=f(L, K^*)$$

式中，Y^* 为潜在总供给；K^* 为潜在开工率。

现在遇到的问题是，怎样把不同机器不同工厂的潜在开工率汇总。这是一个很繁杂的工作，目前还没有现成的统计指标可供利用。此外，还存在对正常设计能力的理解问题。有的新工艺、新设备，按国内现有的技术条件，还不能达到它的技术设计能力。但这并不能理解为在职失业这一情况下的开工不足。

一种简单的近似计算潜在总供给的方法是，对样本期的事后总供给做回归（对时间做回归），把回归直线定义为潜在总供给[1]。这可用图 2.1 表示。

[1] 前面提到的经济人学习功能为解释这一方法提供了理论依据。

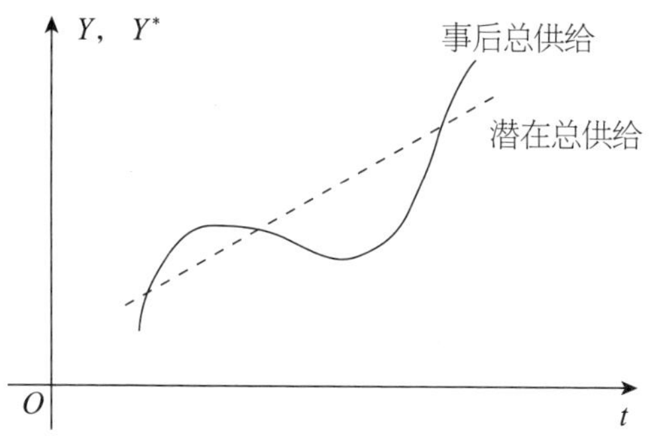

图 2.1　潜在总供给

图 2.1 中的实线是事后总供给，而虚线则是回归直线，它是每一相应年份的潜在总供给。但是使用这一方式有如下几点值得注意：（1）当样本期扩大或者缩小，回归直线的参数也会发生相应变化，这样每年的回归值也会变化；（2）当经济长期处于过热状态时，由回归直线得到的潜在总供给会高于实际的潜在总供给。对于我国这样的国家，这一点尤应重视。通常解决这两个问题的办法是，尽量使用较大的样本期。这虽不能根本上解决这两个问题，但有助于缓解这两个问题。尽管存在这些问题，由回归直线定义的潜在总供给还是可以近似地对应由在职失业或固定资产开工率对应的潜在总供给。

在长期分析中，使用潜在总供给这一概念十分方便。它说明，经济的长期变动中，总供给量关键取决于两个变量，即劳动力和固定资产，此外还取决于社会经济技术条件。这样就简化了问题的分析。因此，在长期分析中，也可直接把潜在总供给定义为

$$\overline{Y} = f\left(L, K\right)$$

它表示潜在总供给 $\overline{Y}$ 是事后总供给 Y 对 L 和 K 的回归值。于是可得到如下两个表达式

$$L^* = \frac{\overline{Y}}{L} \qquad K^* = \frac{\overline{Y}}{K}$$

式中，L^* 可视为前面定义的潜在就业量；K^* 可视为前面定义的潜在开工率。

用事后总供给对时间 t 做线性回归得到的潜在总供给，与事后总供给对 L 和 K 做回归得到的潜在总供给，在数量上是不同的，但在反映经济社会的"平均"生产能力上在本质上又是一致的。

本书在使用潜在总供给这一概念时，若只是一般提到，可将其理解为经济社会的"平均"生产能力；若做数量分析时，则会指明我们用的是哪一种测量手段，即指明是用事后总供给对时间 t 做回归，还是用事后总供给对 L 和 K 做回归。

潜在总供给定义中涉及的社会经济技术条件，也是一个值得分析的概念。社会经济技术条件，不仅仅指自然科学技术条件，还包括管理水平、体制政策环境等在内。这一点在 1978 年后农村推广家庭联产承包责任制这一新的体制后表现十分明显，在投入未显著增加下，产量则显著增加了。在本书中，社会经济技术条件作为外部条件看待，不对其做重点分析。但这并不意味着这一点不重要，只是需要另外的专门著作来研究。

§2.6　总供给、总需求的测量

事后的总供给与总需求的测量并不困难，利用已有的关于国民生产总值及进出口值就能计算出来（这是对两缺口模式而言，若考虑三缺口模式，就还需考虑资金流向国外或从国外流向国内的因素，资金流进流出的差就成为第三个缺口）。瓦尔拉斯的一般均衡理论体系，目前还停留在理论阶段，无须直接测量其总供给与总需求。而凯恩斯定义的总供给、总需求是现代经济理论常用的概念，这就涉及一个能否测量的问题。现代经济理论试图采用描述的方法来研究经济的运转过程，也就是说着重采用变量分析的方法来研究经济运转过程中诸变量的数量关系。这首先要求这些变量是可测的，若不可测，就谈不上研究这些变量间的数量关系。问题是，凯恩斯定义的总供给、总需求中，都涉及预期这样一个心理因素，而目前还没有办法直接测量这一心理因素，这就给总供给、总需求的测定带来困难。西方经济学家们是怎样解决这一困难的呢？看一看他们的方法是有意义的。

凯恩斯学派的方法力图把凯恩斯理论塞进到瓦尔拉斯的均衡框架中去，在经济系统达到均衡时，由于有总供给等于总需求等于潜在总供给等于事后总供给，因之总供给与总需求是可测的。

先看一个简单的凯恩斯学派模型。

1. 货物市场的均衡条件。

$$S(Y)=I(r)$$

式中，$S(Y)$ 是储蓄函数，由收入 Y 决定；$I(r)$ 是投资函数，由利率 r 决定，它实质上表示当总需求水平，即作为收入函数的消费支出与作为利率函数的投资支出二者之和，正好足以购买现有水平的产出时，就可以达到均衡。这一点也可明确表示为

$$Y=C(Y)+I(r)$$

2. 货币市场均衡条件。

$$\bar{M}=kPY+L(r)$$

式中，$\bar{M}$表示现有货币供给量；P为价格；k为系数，kPY即为满足交易和预防需求的货币量；$L(r)$是投机余额需求，由利率r决定。

3. 劳动市场的均衡条件。

$$N^S\left(\frac{W}{P}\right)=N^D\left(\frac{W}{P}\right)$$

式中，$N^S\left(\frac{W}{P}\right)$是劳动供给量，它是实际工资$W/P$的函

数；$N^D\left(\frac{W}{P}\right)$是劳动需求量，它也是实际工资$W/P$的函数。

4. 生产函数。

$$Y=Y(N,\ K)$$

式中，N为劳动人数；K为固定资产。

上述四个方程确定了一个简单的凯恩斯模型。收入Y、消费C、投资I、储蓄S和利率水平r同时由货物市场和货币市场的均衡所决定。这一决定过程可以用IS—LM图表示。

先看$S(Y)=I(r)$的情况。这里有两个自变量Y和r，因变量S等于因变量I。用Y做横坐标，r做纵坐标，顺着Y坐标的反向做坐标表示I，顺着纵坐标r的反向做坐标S。在I、S坐标间做一条45°线。见图2.2。

在图2.2中，由关系式$I(r)=S(Y)$，不同的r对应不同的Y，得到IS曲线。这可具体表示为，由r_1对应的$I(r)$曲线得到I_1，由I_1对应的45°线（即表示$I(r)=S(Y)$得到S_1，由S_1对应的$S(Y)$，得到Y_1，由r_1和Y_1决定rY坐标平面中的一点。同样，由r_2可得到相应的Y_2。

再看$\bar{M}=kPY+L(r)$的情况。这里未知量仍是Y，r。仍用Y做横坐标，r做纵坐标。延Y轴的反向做一坐标，在该坐标上

标出货币供给量 $\bar{M}$ 的坐标。顺 r 轴反向做一坐标。在 Y 轴反向与 r 轴反向的坐标平面上做一条 45° 线，由 AB 表示，其中 A 点与 $\bar{M}$ 重合。见图 2.3。

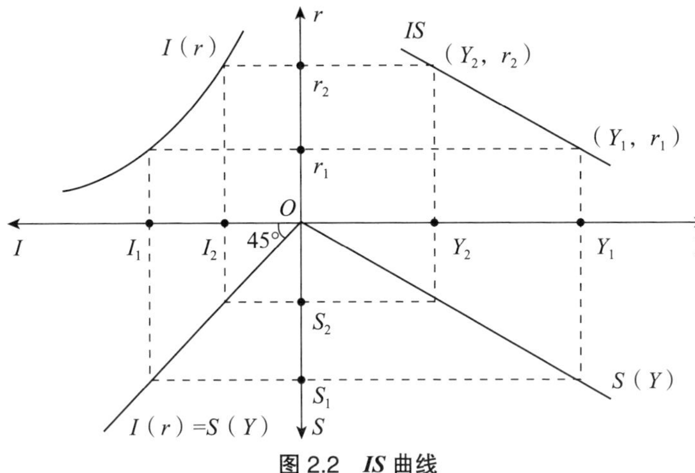

图 2.2 ***IS* 曲线**

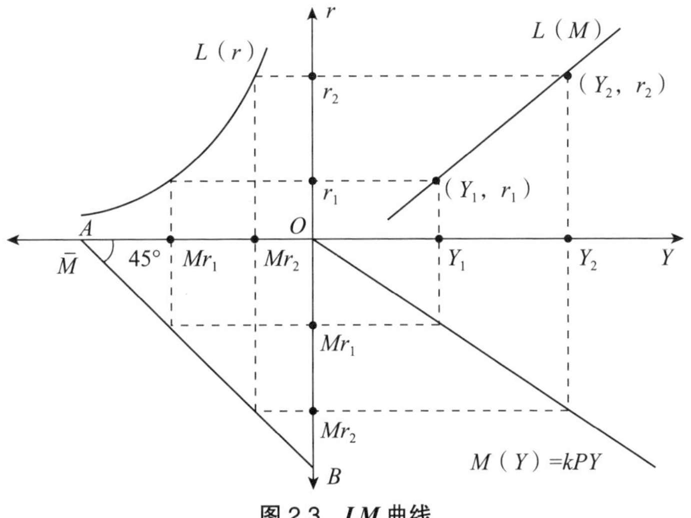

图 2.3 ***LM* 曲线**

图 2.3 中，由 r_1 对应 L（r），得一点 Mr_1，$\bar{M}$ 减 Mr_1（即

$\bar{M}$ 到 Mr_1 的线段）的差代表 kPY 项对应的货币需求量（注意 $\bar{M} = kPY + L(r)$，故 $kPY = \bar{M} - L(r)$），通过 45° 线 $ABMY_1$，MY_1 又通过 kPY 对应 Y_1，故在 Yr 平面上得到一点（Y_1，r_1）。同样由 r_2 可得到一点 Y_2。联结这些点，可得 LM 曲线。

IS 曲线表示货物市场的均衡条件，而 LM 曲线表示货币市场的均衡条件，于是 IS 曲线与 LM 曲线的交点则表示货物市场与货币市场的共同均衡条件。这可由图 2.4 表示。

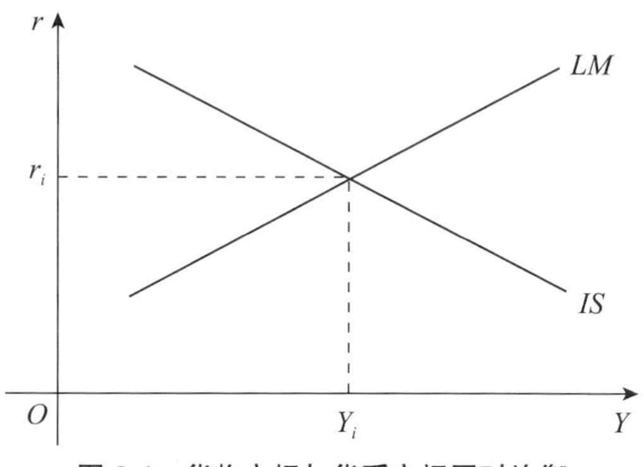

图 2.4　货物市场与货币市场同时均衡

当货币市场与货物市场达到共同的均衡条件时，便决定了（r，Y）这一点，即决定了产出水平 Y 和利率水平 r。由产出水平 Y 及已知的固定资产数量，可通过 $Y=Y(N, K)$ 的反函数决定就业量 N。若这一就业量正好是劳动市场的均衡就业量，那么三个市场就同时达到均衡。但是劳动市场的均衡就业量由实际工资水平 W/P 决定，W 为名义工资，P 为价格水平。如果现行的就业量就是均衡就业量，那么只要把历史上确定的货币工资作为一个常数，就可以决定价格水平。

三个市场同时达到均衡的条件由图 2.5 表示。在凯恩斯学派模型中，货币市场与货物市场达到共同均衡时决定的就业量 N 并不一定是劳动市场的均衡就业量。因此存在失业的可能性。

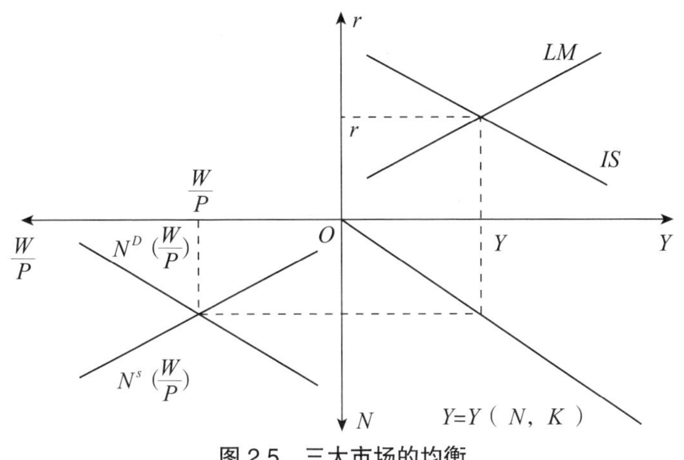

图 2.5　三大市场的均衡

IS—LM 模型表示了现代经济理论中的一个较为简单的演绎理论体系。它包含的所有变量均是可测量的，或者可计算的。但要注意的是，这些变量都是在模型处于均衡状态时才是可测的，当模型处于非均衡状态时，便成为不可测量或不可计算的，于是理论分析的基础便不复存在。

IS—LM 模型依赖于价格完全弹性这一假设。在劳动市场，由于工资价格存在刚性，所以才会出现非均衡状态（失业）。这样看来，凯恩斯学派的经济理论并不是通论，而只是古典经济学理论的一个特殊变种。凯恩斯关于不确定性对经济系统的重要影响，已被凯恩斯学派理论的假设过滤掉了。

在市场经济中，均衡状态也只能看作是一种理论上的抽象。实际生活中，均衡状态是不存在的，存在的是非均衡状态。因此，通常的均衡理论模型，只是用均衡状态来近似地描述非均衡状态。若采用非均衡状态作为模型的描述对象，首先就需解决测量问题。不解决这一问题，其余问题就不能下手。

在传统的社会主义经济中，非均衡现象比市场经济还要严重，若直接采用均衡结构，就更难以说明问题。因此，研究在

非均衡状态下的总供给、总需求的测量问题，便成为一个重要的理论问题。

一般的非均衡模型为

$$D=B_1'X_1+u_1, \quad u_1 \sim N(0, \sigma_1^2)$$

$$S=B_2'X_2+u_2, \quad u_2 \sim N(0, \sigma_2^2)$$

$$Q=\min(D, S)$$

式中，B_1 和 B_2 为待定参数矢量；X_1 和 X_2 为变量矢量；u_1 和 u_2 为随机误差项；Q 为市场交易量；D 为需求；S 为供给；Q 为 D 和 S 中较小的一方决定。这里 Q 是可测的，而 D 与 S 是不可测的。非均衡方法试图通过 Q 间接测出 D 和 S。

1974 年马德拉（Maddala）和尼尔松（Nelson）给出了这一非均衡模型的经典估计方法（称之为 *M—N* 算法），从而解决了非均衡情况下 D 和 S 的测量问题[1]。正因为如此，非均衡经济学派视 *M—N* 算法为非均衡理论发展史上一块最为重要的里程碑。如果没有这篇论文，整个非均衡理论的基础便不能建立起来。从这里，也可以看到西方经济理论对经济变量可测性是何等重视，脱离了可测性，理论研究的意义就将大打折扣，甚至毫无意义。从这一意义上说，西方经济理论确实继承了伽利略的传统，力争向自然科学研究方法上靠近。

§ 2.7　超额总需求

在均衡状态下，总供给等于总需求，此时总供给与总需求的缺口为零。在非均衡状态下，总供给与总需求的缺口不为零。凯恩斯学派的 *IS—LM* 模型建立在均衡基础之上不存在总

[1] 参见参考文献一[21]。

供给、总需求的缺口问题。但从这一模型可以看到，货物市场与货币市场同时均衡，并不能保证劳动市场也达到均衡。若在非均衡的基础上研究问题，研究总供给、总需求的缺口就有意义。通常把总需求与总供给的缺口定义为超额总需求（本书中一般假设其值大于零，当然也有小于或者等于零的情况），它的表示式是

超额总需求 = 总需求 − 总供给

超额总需求这一概念在瓦尔拉斯的一般均衡理论中已经存在，在那里不论在任何一组价格条件下，超额总需求都为零。

在现代经济理论中，超额总需求可以以两种形式存在，一种是事前形式，它表现为事前总需求与事前总供给的缺口；一种是事后形式，它表现为物价上涨部分与强制储蓄部分。

在典型的市场经济中，若不存在价格限制，超额总需求完全转化为价格上涨。在典型的计划经济中，价格不由供需双方的力量决定，超额总需求完全转化为强制储蓄。处于这两极之中的经济系统，超额总需求转化为价格上涨部分和强制储蓄部分。

本书定义的通货膨胀，实质上就是超额总需求。我们研究通货膨胀，不仅要研究价格上涨的一块，还要研究强迫储蓄或者短缺这一块。超额总需求表现为物价缺口与短缺缺口之和，这可视为通货膨胀的双缺口模式，即

通货膨胀 = 价格缺口 + 短缺缺口

在事前总供给、总需求既定的情况下，超额总需求即通货膨胀也就随之而定。此时，价格缺口与短缺缺口表现为此消彼长的关系，价格缺口大了，相应短缺缺口就要缩小，反之亦然。而这种此消彼长的关系，正是本书研究的核心部分。因此本书的主体可分为二个层次来展开，在第一个层次，研究什么

变量决定总需求函数及什么变量决定总供给函数，当这些变量取什么值时，出现超额总需求；在第二个层次，研究超额总需求为正值的情况下，什么变量决定价格上涨，什么变量决定短缺。

从静态意义上说，若通货膨胀缺口完全等于价格缺口，那么经济系统仍处于均衡状态。事前的总需求与事后的总供给缺口通过价格调整而弥合了。只有当通货膨胀缺口的一部分或全部表现为短缺缺口时，经济系统才处于非均衡状态。鉴于中国经济的实际情况，我们将采用非均衡分析方法研究中国的通货膨胀问题。

§ 2.8　供给、需求概念研究的最新进展

非均衡理论开拓了供给、需求定义的范围，经济学家们开始考虑供给、需求概念中一些更为深入的内容。关于供给、需求的这些新知识，对本书的通货膨胀理论建设也起到重要作用。这里，先介绍有关这方面研究的新进展。

设在经济系统中存在三种商品，消费品 X_1、劳动力供给 X_2 和实际货币余额 X_M（$X_M=M/P_1$），这里 M 是货币余额；P_1 是消费品价格；T 是全部可利用的劳动力。消费者的效用函数是

$$U = X_1^{\alpha}\left(T - X_2\right)^{\beta} X_M^{\gamma}$$

消费者的预算约束条件是

$$P_1X_1 + M = P_2X_2 + \bar{M}$$

式中，P_1 为 X_1 的价格；P_2 为 X_2 的价格；$\bar{M}$ 为消费者初始（即期初）拥有的货币；M 为消费者交易完成后（即期末）还拥有的货币。

为了方便论述，并不失一般性，预算约束条件可简化为

$$P_2X_2 = P_1X_M + P_1X_1$$

这里设消费者初始拥有的货币为零，即 $\bar{M}=0$，又因为 $X_M=M/P_1$，所以 $P_1X_M = M$。

在满足这一简化的预算约束条件下，通过使效用函数最大化，可以获得瓦尔拉斯的消费品需求函数和劳动力供给函数及货币余额函数。方法如下

拉格朗日函数为

$$\bar{U} = X_1^a\left(T - X_2\right)^\beta X_M^\gamma + \lambda\left(P_2X_2 - P_1X_M - P_1X_1\right)$$

该式一阶偏导为

$$\frac{\partial\bar{U}}{\partial X_1} = \alpha X_1^{a-1}\left(T - X_2\right)^\beta X_M^\gamma - \lambda P_1 = 0$$

$$\frac{\partial\bar{U}}{\partial X_2} = -\beta X_1^a\left(T - X_2\right)^{\beta-1} X_M^\gamma + \lambda P_2 = 0$$

$$\frac{\partial\bar{U}}{\partial X_M} = \gamma X_1^a\left(T - X_2\right)^\beta X_M^{\gamma-1} - \lambda P_1 = 0$$

于是，有

$$\widetilde{X}_1 = \frac{\alpha P_2T}{P_1\left(\alpha+\beta+\gamma\right)}$$

$$\widetilde{X}_2 = \frac{\left(\alpha+\gamma\right)T}{\left(\alpha+\beta+\gamma\right)}$$

$$\widetilde{X}_M = \frac{\gamma P_2T}{P_1\left(\alpha+\beta+\gamma\right)}$$

上面是按照一般均衡理论假设得到的三个瓦尔拉斯式的函数。下面我们引入非均衡理论的假设条件，即消费者的劳动力供给受到配给限制，有 $\bar{X}_2 < \widetilde{X}_2$（可以这样理解，消费者在劳动市场上出卖的劳动 $\bar{X}_2$ 现在对他来说是一个给定的数量，这个

数量小于他在现行价格下愿意提供的劳动数量$\widetilde{X}_2$），于是，现在他的效用函数是

$$U = X_1^{\alpha}\left(T - \bar{X}_2\right)^{\beta} X_M^{\gamma}$$

其预算约束条件是

$$P_2\bar{X}_2 = P_1X_M + P_1X_1$$

拉格朗日函数为

$$\bar{U} = X_1^{\alpha}\left(T - \bar{X}_2\right)^{\beta} X_M^{\gamma} + \lambda\left(P_2\bar{X}_2 - P_1X_M - P_1X_1\right)$$

于是有

$$\frac{\partial\bar{U}}{\partial X_1} = \alpha X_1^{a-1}\left(T - \bar{X}_2\right)^{\beta} X_M^{\gamma} - \lambda P_1 = 0$$

$$\frac{\partial\bar{U}}{\partial X_M} = \gamma X_1^{a}\left(T - \bar{X}_2\right)^{\beta} X_M^{\gamma-1} - \lambda P_1 = 0$$

有

$$X_1^e = \frac{P_2\bar{X}_2a}{P_1(\alpha+\gamma)}$$

$$X_M^e = \frac{P_2\bar{X}_2\gamma}{P_1(\alpha+\gamma)}$$

式中，X_1^e对定义为消费品X_1的有效需求；X_M^e定义为X_M的有效需求。

注意这里按非均衡理论定义的有效需求与凯恩斯定义的有效需求是不同的。非均衡理论认为一种商品在存在配给限制的情况下，会对另一种商品的需求产生影响，使此时该种商品的市场需求量偏离原来的瓦尔拉斯的市场需求量。不难证明，此时X_1^e必小于$\widetilde{X}_1$。采用反证法。如果

$$\widetilde{X}_1 = \frac{\alpha P_2T}{P_1(\alpha+\beta+\gamma)} \leqslant \frac{\alpha P_2\bar{X}_2}{P_1(a+\gamma)} = X_1^e$$

成立，那么有

$$\bar{X}_2 \geqslant T(\alpha+\gamma) / (\alpha+\beta+\gamma) = \tilde{X}_2$$

成立，这显然违反 $\bar{X}_2 < \tilde{X}_2$ 的假定，所以又不能有 $X_1^e \geqslant \tilde{X}_1$，只能为 $X_1^e < \tilde{X}_1$。

非均衡理论进一步研究了 X_1^e 与 $< \tilde{X}_1$ 的关系。做

$$\begin{aligned}
\tilde{X}_1 - X_1^e &= \frac{\alpha P_2 T}{P_1(\alpha+\beta+\gamma)} - \frac{P_2 \bar{X}_2 \alpha}{P_1(\alpha+\gamma)} \\
&= \frac{\alpha P_2 T(\alpha+y) - P_2 \bar{X}_2 \alpha(\alpha+\beta+\gamma)}{P_1(\alpha+\beta+\gamma)(\alpha+\gamma)} \\
&= \frac{\alpha P_2 \tilde{X}_2(\alpha+\beta+\gamma) - P_2 \bar{X}_2 a(\alpha+\beta+\gamma)}{P_1(\alpha+\beta+\gamma)(\alpha+\gamma)} \\
&= \frac{\alpha P_2 \tilde{X}_2 - P_2 \bar{X}_2 \alpha}{P_1(\alpha+\gamma)} = \frac{\alpha}{\alpha+\gamma}\frac{P_2}{P_1}(\tilde{X}_2 - \bar{X}_2)
\end{aligned}$$

即有

$$X_1^e = \tilde{X}_1 + \frac{\alpha}{\alpha+\gamma}\frac{P_2}{P_1}(\bar{X}_2 - \tilde{X}_2)$$

于是，有效需求 X_1^e 等于瓦尔拉斯需求 $\tilde{X}_1$ 加上一项，这一项称之为溢出项（spillover term），为

$$\frac{\alpha}{\alpha+\gamma}\frac{P_2}{P_1}(\bar{X}_2 - \tilde{X}_2)$$

由上可见，非均衡理论区分了瓦尔拉斯需求与存在配给下市场感受到的有效需求这两种概念，并进一步研究了这两种概念的内在联系，提出了溢出效应这一新的概念。这启发我们，研究通货膨胀问题时，要注意区分两种需求，一种是有货币支付能力的需求，一种是对货币的购买存在配给限制下的需求。只有后一种需求才会在市场上体现出来，并通过价格信号被生

产者所接受。我们在本书第 7 章中分析通货膨胀双缺口模式，就是以非均衡理论的有效需求概念作为重要的理论支柱的。通货膨胀，正是货币市场上供给超过需求对商品市场上需求超过供给的溢出效应，它表现为价格上涨与短缺增加。

我国现行经济体制下，影响总供给、总需求的机构主要有计委、财政、银行、物价和经委（国家经委的职能现大致由生产委代替）。从职能划分上看，计委主管基本建设；经委主管技术更新改造；财政主管预算内资金的收与支（财政资金又可分为两块，一块管吃饭即管行政事业部门的资金，另一块管建设即提供部分基建资金）；银行主管货币投放及贷款安排；物价局主管计划价格的变动。经济体制改革后，计委作为国民经济综合平衡主要机构的职能已大大削弱，各部门之间缺乏统一协调。政府实际上不能统一安排资金供需的总盘子，因此也谈不上对总供给、总需求量的大小做到事先胸中有数。政府对经济的控制已由传统的物质型直接控制过渡到目前的价值型直接控制，所谓宏观经济间接调控体系并没有建立起来，现在仍是靠指令性计划对资金供需实行控制，或者说，是对资金供需实行配给管理。因此，非均衡理论的有效需求概念及溢出概念较为符合我国当前的经济情况。本书中，我们按照目前体制，把计委、经济、财政、物价视为计划系统，对应商品市场；把银行视为货币系统，对应货币市场，研究这两大体系的配给对通货膨胀的影响。表面上看，财政是管钱的部门，实际上财政是管吃饭与建设的部门，将它与商品市场对应，是合理的。这两大体系、两个市场之间的相互关系，是我们研究通货膨胀的客观基础及主要层次，我们只在本书部分章节研究计划、财政、银行三者之间的关系，以作为必要补充。

第二篇

2

通货膨胀的内在形成机理

通货膨胀的形成有一个过程。在通货膨胀的形成过程中，经济系统中存在着各种各样的力量推动通货膨胀运行，同时也存在着相反的力量阻止通货膨胀产生。本篇着重从总需求与总供给的形成过程中来研究这些力量之间的相互制约机理及其内在发生机制，即研究它们在经济体制的基础上，和利益机制的驱动下，是如何对通货膨胀的产生施加影响的。

3 章　总需求形成过程与总需求函数

第 1 章曾剖析了初次分配收入与其经过再分配后形成的最终支出之间的关系。初次分配收入等于国民收入生产额，最终支出等于国民收入使用额。国民收入生产额与使用额的关系是

国民收入使用额 = 国民收入生产额 + 进口额 − 出口额

从事前的角度看，国民收入使用额是总需求中已经实现的一部分，即

总需求 = 国民收入使用额[1] + 总需求未实现额

总需求中未实现额指在现行价格下具有货币支付能力的经济行为者愿意购买但实际上因某些原因限制并没有购买的所需商品或劳务的数量，它代表了强制结余下来的货币购买力，我们常称之为短缺量。而这种强制结余货币量称之为强迫储蓄。短缺量与强迫储蓄本质上含义一致，但数量上并不一定相等。因为货币量乘以货币流通速度后才代表货币购买力。

国民收入使用额是在现行价格下经济行为者已实现的愿意购买的商品和劳务的总量。[2]

[1] 按照1991年现行的统计口径，总需求对应国民收入。理想口径应是，总需求对应国民生产总值。若考虑中间需求，那么也可以总需求对应社会总产值。

[2] 按照科尔内的观点，已实现的购买中还包括有强制替代因素，强制替代购买也是短缺的一种表现。

综合上面两条定义，我们定义总需求为：总需求是建立在有货币支付能力基础上并愿意按现行价格购买的商品或劳务的总量。

这里“愿意”一词表示了总需求事前的或者预期的性质。

从第 1 章的流量分析中可以看到，总需求是经济行为者总收入的一个组成部分。经济行为者不一定把他的所有收入都用于购买，在现行价格下，他只把一部分收入用于他愿意购买的商品或劳务，一部分用于转移支付，而另一部分收入则储存起来，这常称之为自愿储蓄。于是有

总收入 = 总需求 + 自愿储蓄 + 其他转移支付

也可表示为

$$\text{总收入} = \begin{matrix}\text{已实现的}\\\text{总需求}\end{matrix} + \begin{matrix}\text{强迫}\\\text{储蓄}\end{matrix} + \begin{matrix}\text{自愿}\\\text{储蓄}\end{matrix} + \begin{matrix}\text{其他转移}\\\text{支付}\end{matrix}$$

因此有

国民收入使用额≤总需求≤总收入

总需求是事前的，看不见摸不着，但国民收入使用额和总收入则是事后的，可见的。这样，我们可从国民收入使用额和总收入的变动中分析总需求的变动。我们分析总需求的形成过程便可从分析总收入的形成过程着手。

§ 3.1　总需求微观层次上的形成

从第 1 章的分析中我们知道，企业原始收入 g，在扣除补偿 C 后，分解为职工收入 V 和利润 M，即为

$$g=C+V+M$$

其中，M 又可以划分两小块，一块是企业自留利润 M_1，一块是企业上缴国家的利润 M_2，于是，有

$$g=C+V+M_1+M_2$$

现在要研究的是，是一只什么样的手把 g 分成了上述四个部分。导言部分的理性经济人命题和预算约束软化命题，是分析这一分解过程的逻辑基础。

有三种经济人参与对 g 的分解，即居民、企业和国家。这三种人都在一定的约束条件下追求自己的利益最大化，这里体现为收入最大化。由于 g 是一定的，三者间一者多得了，就意味着另两者相应少得了，利益磨擦与冲突便客观存在。

先看企业和居民关于 V 的划分，由于国有制的性质，企业的固定资产所有权归国家，企业若用自己的资金扩大固定资产，无疑是向国家进贡。因此，依据理性经济人的命题，企业缺乏自身积累的积极性，于是在 V 的划分上，企业倾向于增加 V 的比重。当然企业为了自身的发展，也试图扩大投资，然而在争取投资份额即 M_1 上，尽量去挤 M_2，而偏向于照顾 V。从上述分析中，我们可推出 V 的比重有上升的趋势。

再看企业和国家关于 M_1 和 M_2 的划分。依据上述两个命题，企业将极力扩大 M_1，同时政府也要扩大 M_2。表面上看，这场利益磨擦中政府占据有利地位。政府可制定政策规定企业只准留多少，应该上缴多少。但是，依据利润转移命题，企业仍可侵蚀本应留给国家的政府规定的 M_2，使其中一部分转化为 M_1。如通常所说的先吃财政，拒绝上缴部分利润；再吃银行，拒还部分贷款或利息；再吃自己，将 C 的一部分用于 V 或用于投资，缺口留给银行或财政来弥补。正因为企业的这三手绝招，政府难于应付，才产生了政府内部是先还税还是先还贷的政策争论。因此，我们不难判断国家财政收入比重（与国民收入的比重）有下降趋势。

要指出的是，上述命题推出的这两个结论（V占国民收入比重上升与财政收入占国民收入比重下降）与现行的经济体制有关。现行的经济体制的特点是，企业承包与财政包干。只有在这样的背景下才能由上述基本命题推出这样的结论。若按“文革”时期的统收统支的做法，上述结论就难以成立。

上述的推论结果是否符合实际，尚需实践的检验。实践的统计数据表明这一结论是能够成立的，请见表3.1和表3.2。

表3.1　居民可支配收入[*]占国民收入比重（%）

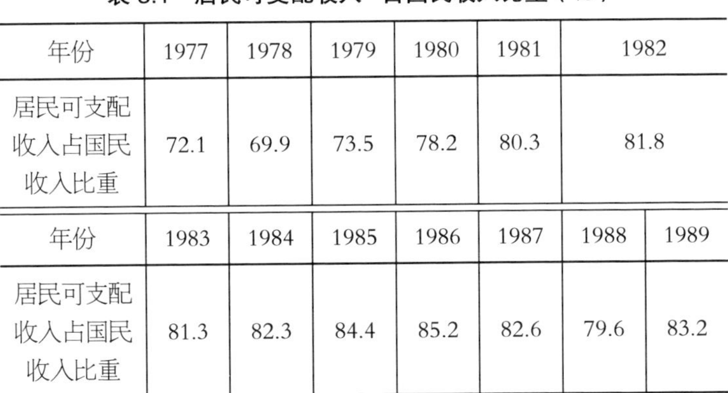

年份	1977	1978	1979	1980	1981	1982	
居民可支配收入占国民收入比重	72.1	69.9	73.5	78.2	80.3	81.8	
年份	1983	1984	1985	1986	1987	1988	1989
居民可支配收入占国民收入比重	81.3	82.3	84.4	85.2	82.6	79.6	83.2

[*] 居民可支配收入由居民可支配货币收入及居民实物收入两部分构成。居民可支配货币收入可由《中国统计年鉴》中的“社会商品购买力来源和分配”表提供的数据算得。居民实物收入可由《中国统计年鉴》中的“社会商品零售总额”表和“国民收入消费额及构成”表提供的数据算得。本书中各表数据来源均为《中国统计年鉴》，若无特殊情况，不再重复说明。

从表3.1可见，1977—1987年，居民收入占国民收入比重从72.1%提高到82.6%，提高了10个百分点，反映了在这场利益冲突中，居民处于主动地位，居民的利益不断增长。我们再来看表3.2，它反映国家在这场利益冲突中，其利益被不断侵占。

表 3.2　国家财政收入占国民收入比重（%）

年份	1977	1978	1979	1980	1981	1982
国家财政收入占国民收入的比重	33.1	37.2	31.9	28.3	25.8	25.4
年份	1983	1984	1985	1986	1987	1988
国家财政收入占国民收入的比重	25.6	26.0	26.2	28.0	24.1	19.0

从上面的分析中可以看到，在国民收入初次分配中，居民收入占的比重不断增大，而国家收入占的比重在不断减少。这一时期国民收入分配的格局还不能用来反映国民收入的最终使用，它还需经过国民收入的再分配这一过程。经过国民收入再分配后，才能形成国民收入的最终使用格局。要指出的是，国民收入的最终使用，只与事后的总需求、总供给对应，而不与事前的总需求、总供给对应。事前的总需求、总供给是在国民收入初次分配与再分配过程中形成的。国民收入的初次分配为总需求形成提供了一个微观的基础。在这一阶段，基本上是在体制（主要是所有权与管理权）制约的条件下收入的分配过程。在这一过程中，预期也起到一定的作用。

当居民预期到通货膨胀增加时，他们要求增加收入的呼声也就越来越高。通货膨胀使政府、企业、居民三者之间的利益磨擦更大。

§ 3.2　总需求宏观层次上的形成

依据第 1 章的内容，从宏观层次上看，国民收入初次分配所形成的格局还需经过财政和信贷这两个系统才能形成国民收入最终使用的定局。本节中，我们将在第 1 章内容基础上，分析总需求宏观层次上的形成及新增现金在事前总需求形成中的作用。

首先看财政系统的作用。政府从企业收得利税后，一部分会以各种补贴的形成返回给居民，同时，政府也会从居民收入中以税收的形式获得部分收入。因此居民收入的最终形成是居民可支配收入，它表示为

$$\text{居民可支配收入}=\text{居民初次分配收入}+\text{居民从财政获得的收入}-\text{居民向财政的支出}$$

要注意的是，居民从财政获得的非直接收入，如财政的教育补贴，不计入居民从财政获得的收入。这里我们也忽略了居民向银行借钱用于消费支出的情况。这种情况是较少出现的，[1]特别是居民向银行的支出（储蓄）要远大于居民从银行的收入（利息及提取存款、借款），因此，这样做就更有道理了。

确定了居民可支配收入后，我们再看财政内部的收支安排。由于财政收入相对减少，而财政支出并不能随之调整以适应收入。因为国家为了保证经济系统的长远利益，必须对国民经济的基础性、战略性工程项目投资，以保证经济的发展后劲，而这些工程并不会随财政收入相对减少也相应减少。此外财政的其他支出，如教育经费支出等又都具有较强的拒下刚性。这样，就极易形成财政收不抵支的局面，财政只能靠赤字来维持收支平衡。于是就有

$$\begin{aligned}\text{财政收入}+\text{赤字}&=\text{财政支出}\\&=\text{政府投资}+\text{政府消费}+\text{其他支出}\end{aligned}$$

---

[1] 在农村，有居民用信用社贷款盖房的情况。

这里赤字不仅仅指财政向银行的透支，还包括财政的其他债务净收入（借款收入减去还本付息的支出）。❶

现在再看银行系统的作用。银行收入的主要来源是货币流通量加各种存款。银行系统的支出是贷款给企业和政府部门。于是有

银行收入 = 现金 + 居民储蓄 + 企事业存款 + 其他收入

银行支出 = 企业贷款 + 政府贷款 + 其他支出

由于银行收入和支出相等，因此财政向银行的透支是否导致货币超经济发行，就很难看出来。

在财政银行作用下，企业最终支出为

$$\text{企业最终支出} = \text{企业初次分配收入} + \text{从财政的收入} - \text{向财政支出} + \text{从银行的收入} - \text{向银行支出} + \text{其他转移净收入}$$

通过银行的作用，居民可支配收入中储蓄部分将转化为企业的投资和政府的投资。

先看一个封闭经济系统。定义社会总储蓄为

社会总储蓄 S= 居民储蓄 S_1+ 企业储蓄 S_2+ 政府储蓄 S_3

这里，储蓄是流量指标而不是存款这种存量指标，即

S_2= 企业留利 $M_1$❷

S_3= 上缴国家利润税收 M_2− 政府消费 G− 其他支出 GG

S_1= 新增居民存款 S_{11}+ 新增货币流通量 S_{12}❸

❶ 现行规定中，赤字未包括债务净收入在内。

❷ 我们把企业留利中给职工的部分算入职工收入，因此，这里的企业留利仅指企业的自身积累。

❸ 我们把居民手持现金增加等同于新增货币流通量。实际上，新增货币流通量中有一部分是企事业单位占有，但现金主要用于工资支出及农副产品收购，这一假设大致上可以成立。

于是

$$S=S_1+M_1+(M_2-G-GG)$$

我们定义社会总投资为

社会总投资 $I=$ 居民投资 I_1+ 企业投资 I_2+ 政府投资 I_3

而

$I_2=M_1+$ 财政净收入 + 银行净收入 + 其他转移净收入

$I_3=$（M_2-G-GG）+ 财政赤字收入

居民的生产性投资划入企业投资中，这里 I_1 指居民的非生产性投资，如自建房屋。

通常有

$$I_2 \geqslant S_2 \qquad I_3 \geqslant S_3 \qquad I_1 \geqslant S_1$$

从事后看，（注意封闭经济系统的假设），有

$$I=S$$

即有

$$I_1+I_2+I_3=S_1+S_2+S_3=S_{11}+S_{12}+S_2+S_3$$

由于

$$(I_1+I_2+I_3)-(S_{11}+S_2+S_3)=S_{12}$$

这说明 I 与 S 的相等，关键靠 S_{12} 来调节。其实，这就是

贷款 − 存款 = 市场货币流通量

这一公式的流量表示形式。新增贷款对应投资；新增存款对应储蓄；新增市场货币流通量对应 S_{12}。

又由于，事后总需求 GD 为

$$GD=C+I+G$$

而事后总供给 GS 为

$$GS=C+S+G$$

于是，有

$$GD-GS=I-S=0$$

而$I-S$就是

$$(I_1+I_2+I_3)-(S_{11}+S_2+S_3+S_{12})=0$$

所以，S_{12}也是调节事后总需求等于事后总供给的变量。

设事前总需求等于事后总供给时所需的新增市场货币流通量为$\bar{S}_{12}$，那么当事前总需求大于事后总供给时所需的新增市场货币流通量就会从$\bar{S}_{12}$上升到实际的S_{12}。于是，由此我们可定义现金超经济发行量为

$$\Delta S_{12}=S_{12}-\bar{S}_{12}$$

或者，定义现金超经济发行率为

$$S'_{12}=\frac{S_{12}-\bar{S}_{12}}{\bar{S}_{12}}$$

从上述分析中，可看到，总需求在宏观层次上的形成过程中，最后要落到S_{12}上。如果财政赤字并不导致S_{12}大于$\bar{S}_{12}$，那么财政赤字本身不会导致通货膨胀。如果财政和银行事前进行综合平衡，已保证有$S_{12}=\bar{S}_{12}$，那么财政进一步追加的赤字才会导致$S_{12}>\bar{S}_{12}$，即导致通货膨胀。

从上面的分析中也可以看到，新增现金量S_{12}实际上是不可控的。要控制S_{12}，就要控制事前总需求。在事后总供给一定的情况下，事前总需求的波动将导致S_{12}的波动。

§ 3.3 国民经济内在不稳定的根源

凯恩斯指出决定投资I的动机与决定储蓄S的动机并不一致，这导致预期投资与储蓄不相等，从而导致总需求与总供给的缺口，引起经济波动。因此I与S的不相等是经济系统内在不稳定的根源。

现在我们看到，经济体制改革后，我国经济中出现的一个新情况是，投资 I 由企业和政府决定，而储蓄 S 中越来越大的部分由居民决定。从前面分析中我们看到，居民收入占国民收入的比重有不断升高的趋势。这一情况导致的另一结果是，国民收入积累中居民新增储蓄所占的比重越来越大，见表 3.3。

表 3.3　国民收入积累额中居民新增储蓄[*]占的比重[**]（%）

年份	1977	1978	1979	1980	1981	1982	
国民收入积累额中居民新增储蓄所占比重	13.6	17.5	23.4	30.3	30.4	36.8	
年份	1983	1984	1985	1986	1987	1988	1989
国民收入积累额中居民新增储蓄所占比重	37.0	48.8	55.7	57.5	49.9	53.8	53.5

[*] 居民新增储蓄中包括居民自投资部分。

[**] 表中数据根据《中国统计年鉴（1990）》表 2−20、表 5−1、表 14−14 推算。见中国统计出版社 1990 年版，第 42、第 153、第 614 页。

于是，居民储蓄成为一个影响经济稳定的重要变量。而居民储蓄动机与政府、企业的投资动机又不一致。居民并不会因投资上升而增加储蓄，也不会因投资下降而减少储蓄，于是，当投资上升而居民储蓄跟不上来时，便靠增发现金来支撑投资的增长。如果投资增长能带来总供给的增加时，增发现金并不一定导致通货膨胀。怎样分析 I、S、S_{12} 与通货膨胀的关系，将成为本书后面的重点内容。

在经济体制改革前，居民储蓄在国民收入积累额中比重不大，1977 年只达到 13.6%。因此投资 I 与储蓄 S 基本上由企业和国家自己决定，I 与 S 两者之间的决定动机有较大的一致性。

这可起到稳定经济的作用。

居民储蓄增长本身也有可能成为国民经济的不稳定因素。从本质上讲，居民储蓄是国家欠居民的债，一旦居民同时提款（同时要国家还债）时，立即就会出现总需求扩大，导致通货膨胀。稳住居民储蓄的关键因素是名义利率要高于居民的预期通货膨胀率，当居民预期的通货膨胀率较高时，较高的利率虽稳住了储蓄，但利息负担增加，将使企业面临困难局面。居民预期通货膨胀率有不确定性，若利率调整跟不上居民预期的变动，居民就会挤兑存款。1988 年上半年这一点表现很明显。当然居民储蓄增加本身是件好事，只有当处理不好时，才可能成为经济不稳定的因素。

投资与储蓄的不一致反映了总需求与总供给的不一致。总需求波动最终会在现金增加的波动上体现出来。从银行角度上看，现金增加，是贷款与存款缺口增加的结果。银行只要控制住贷款，就能控制住现金增加。因之贷款就成为控制总需求的重要因素，也将成为消除 I 和 S 不一致所带来影响的重要因素。这是我们下面研究总需求函数的核心支撑点。

§ 3.4　消费函数

消费函数是总需求函数中的一个组成部分。消费函数的概念来源于凯恩斯的《通论》，此后西方经济学家对此进行了大量的实证研究。依《通论》第八章中的基本心理定律，当收入增加时，消费随之增加，但是没有收入增加那么多。如果用 C 代表消费。Y 代表收入。那么，凯恩斯的这一论述可用数学符号表示出来，为

$$C=f(Y)，并且\ 0<\frac{dC}{dY}<1$$

凯恩斯进一步的假定是，消费的收入弹性小于1。这表明，低收入阶层的收入增加能更有效地提高总需求。再进一步的论点是，财富货币价值的变化将引起消费倾向的短期变化，短期的边际消费倾向小于长期的边际消费倾向。后一论点的根据是就短期而言，一个人的生活标准是没有弹性的，实际收入和习惯了的生活标准所需求的支出之间的差额由储蓄调整。如果实际收入增加，储蓄也增加；实际收入减少，储蓄将降低，而短期的生活标准不会改变。这也就是说，消费较为平稳，而储蓄波动相应较大。

西方经济学家对凯恩斯上述论点的研究表明，在一个长时期内，消费和收入的比例证明是一个常数，而不是凯恩斯假设的那样逐渐减少。然而，每一个年度的横截面资料的研究又支持凯恩斯的论点。为了解释这一矛盾，后来又提出了相对收入消费理论，滞后消费理论及弗里德曼的永久收入假定下的消费理论。永久收入假定的基本思想是：消费者在制定消费计划时，不考虑收入的偶然变化，仅仅考虑预期的、“正常的”或称为永久的收入。

在西方主流经济学中，国民收入在居民、企业、国家三者之间怎样分配及其分配背后隐藏的利益机制反映不够，它们研究的是可测量变量之间的数量关系，如收入与消费的关系，而不是数量关系后面的利益关系。马克思经济理论对这种收入消费后面的利益机制的研究就要深刻得多。

马克思认为，在资本主义经济中，存在一种内在的扩张生产的动力，这种扩张受到需求不足的制约。需求不足的根源由工人阶级相对贫困化所导致，工人阶级相对贫困化又由资本主义所有制决定的分配格局所造成。

我们仿照马克思的思路，在上两节研究了在社会主义所有制（假定为国有制）下，分配格局是怎样形成的，并由此得出社会主义经济改革后，居民收入占国民收入比重逐步上升这一结论。

现在我们很容易又回到凯恩斯的思路上来，居民消费上升的速度要低于居民收入上升的速度。具体说，居民收入占国民收入比重上升的同时，居民消费占国民收入的比重则基本是稳定的，见表 3.4。

表 3.4 居民消费占国民收入的比重（%）

年份	1978	1979	1980	1981	1982	1983
居民消费占国民收入的比重	0.56	0.57	0.60	0.63	0.63	0.62
年份	1984	1985	1986	1987	1988	1989
居民消费占国民收入的比重	0.60	0.57	0.57	0.57	0.57	0.57

目前（1991 年），我国居民消费有两种内在机制，其一是财政补贴消费机制。我国居民消费支出中，许多项目是低价支出，如房租、教育费用、卫生费用等。在我国的国民经济核算中，对这些费用的实际成本反映不够，这导致了对国民生产总值的低估。我们使用的统计数据不足以反映这种情况，因此，仅由这些统计数据构造出来的消费函数也就不足以反映这些消费因素的变动。经济体制改革后，分配机制已有较大变化，而消费机制（国家财政补贴的消费机制）却没有发生较大变化，因此收入与消费之间的关系不能完全用凯恩斯所说的那种关系来表示。仅仅作为一种大致估计，城市居民中这些消费因素的

实际成本总额不会低于现在居民实际消费支出总额。要全面反映我国的消费情况，首先就是要重新核实国民生产总值，把低估的值调整过来，这并不是几位经济学家所能做到的。

其二是政府计划控制消费机制。在我国经济生活中，政府试图控制国民收入中消费与积累的比重，尽管各种实际因素会干扰这一控制，但从长期看，政府的控制是有效的。政府可采用配给方式，直接限制居民消费，也可能采用控制经济结构的方法限制消费部门的扩张，导致居民有钱买不到消费品，或者消费品价格上升。政府这些措施导致长期积累率在30%上下波动，而消费率则在70%上下波动。这里消费包括政府消费在内，居民消费则在60%上下波动。根据这两种消费机制，我们可以把居民消费与国民收入对应起来，构成我们的消费理论，形成消费函数为

$$C=f(NI)$$

改革后，虽然居民收入占国民收入比重不断上升，但居民消费占国民收入的比重并没有提高。这一消费函数反映的居民消费能力也就较为稳定可靠。这一消费函数可用线性表示式，即为

$$C=\alpha_0+\alpha_1 NI$$

我们用1953—1988年这36年的居民消费额与国民收入额（均用1952年不变价计算[1]）做回归，得到的结果为

$$C=148.15+0.4838NI$$

$$(8.4)\quad(70.7)$$

$$R^2=0.99\qquad DW=0.73$$

[1] 将国民收入不变价用国民收入平减指数折算，居民消费额不变价用居民消费指数折算，居民收入占国民收入的比重比现价计算的值要低一些，如1978年居民收入占国民收入的比重值只为51%，而1986年则为52%。

从回归结果看，拟合效果是很好的，*T* 检验也是令人满意的。*DW* 值较低，说明残差项存在自相关。考虑到这是单变量回归，*DW* 值较低也可以接受。进一步分析可看到，随机误差是正自相关的。误差在回归线附近的分布类似正弦曲线，这也说明政府不断采取试错法把消费控制在其认为适当的区间内。

因此，根据我国的实际情况，用 $C=f(NI)$ 来反映消费与国民收入的关系，是可取的。

§ 3.5　投资函数

总需求中的另一个重要组成部分是投资。在我国，政府、企业、居民都有投资行为。居民投资一般指居民的房屋建筑投资，这类投资属非生产性投资，这里不做讨论。我们这里讲的投资均指生产性投资。居民储蓄对投资形成间接影响，但储蓄并不是一种直接投资行为。因此，本节讨论投资时，将抽象掉居民投资因素。

政府投资行为可分为两类。一是中央政府的投资行为，二是地方政府的投资行为。中央政府投资多投在有关国计民生的重点项目上。中央政府考虑的是整个经济系统的全局利益，投资的着眼点是满足经济系统的需要，而不是为了追求盈利。基础工业的投资期限长，投资额大，利润又较低，地方政府和企业一般都不愿投资，便成了中央政府投资的重点。在中央财政收入占国民收入比重不断下降的情况下，中央为了保证这些重点投资项目，又不能相应降低财政支出，因此，财政赤字就应运而生。这就是我们经常说的基建挤财政。

地方政府考虑的是地方经济系统的整体利益。对地方政府而言，投资的目的是盈利，非盈利投资项目，地方政府会把它当包袱甩给中央政府。在财政包干后，地方政府有了自己的利益，存在内在的投资积极性。由于全国统一的大市场尚未真正形成，地方政府投资时易搞重复建设项目，如彩电、冰箱的投资项目等。

企业投资的目的也是盈利。前面已经指出，由于企业产权归国家所有，企业缺乏用自留资金投资的积极性，但有用国家资金投资的积极性。

中央政府面临投资的沉重压力，同时地方政府和企业又具有较强的内在投资积极性，我国投资需求是较强的，这就是大家所说的投资饥渴症。

对投资的约束有两项，一是国民收入，二是数量限制。国民收入是一项硬约束。投资占国民收入比重不能太大，否则会影响消费，从而引起居民不满。中央政府总是采用数量限制的办法，把投资压在一个可接受的水平内。数量限制手段又主要分为两种，一是货币限制，二是项目限制。货币限制指国家控制货币投放，以此压低地方政府投资和企业投资，限制其采取各种手段从中央政府手中捞钱用于投资。项目限制指中央政府直接规定企业和地方的投资上马项目及下马项目。没有中央政府的认可，地方企业有钱也不能上大中型投资项目。项目限制是一种灵敏的急刹车装置，这是西方国家所不具备的。一旦中央政府下决心压低投资，我们刹车的速度比市场经济国家刹车速度要快得多，但是这种刹车所带来的资源浪费也是较大的。

由上分析，我们建立投资函数时，可从国民收入或者从货币供给量这两个方面着手。从国民收入着手，更宜于说明投资的长期趋势；从货币供给着手，则宜于说明短期内投资与货币的关系。关于这一点，后面还将详细分析。

上面分析的是投资的体制行为，指在现行经济体制下各经济行为者为追求自己的利益而具有的投资行为。引起投资变动的因素除这种体制因素外，还有其他因素，如人口增长、技术进步、新资源开发、新产品开发等。这些因素，我们称之为外生因素，这里存而不论。引起投资变动的因素除体制因素和外生因素外，还有一类十分重要的因素，即投入或消费等变动对投资的影响，这可称之为内生因素。

在西方经济理论中，存在“引致”投资一说，或称之为“加速原理”。哈罗德（Harrod）、希克斯（Hicks）、汉森（Hansen）等人，都认为凯恩斯忽视了或没有足够重视“加速原理”，这是他理论体系中的一个缺点。后来称之为汉森—萨缪尔逊模型把凯恩斯的乘数理论与加速理论结合起来，用这两个因素的交织作用分析经济波动，弥补了凯恩斯理论体系中的一个缺陷。加速原理主要内容为：投资不仅是收入（或消费）的函数，而且这个函数的自变量不是收入（或消费）的绝对水平，而是收入（或消费）的变化率。投资率波动要比收入变化率（或消费变化率）来得大，而且投资变动在前，收入（或消费）变动在后。这也就是说，预期收入或预期消费的小变化，可以导致投资的大变化。因此，经济高涨时，收入或消费对投资既可以起“扩大”的作用，经济低落时收入或消费对投资也可以起“缩小”的作用。

在我国，加速原理是存在的，但它的作用受到严重限制。我国的投资波动比消费波动虽然来得大一些，但我国经济体制内在刺激投资，以致在经济低落时期投资也不会自动下降，而是由中央政府硬性压下去。因此投资与消费或收入之间的内在联系不如西方国家的那样敏感。

在我国也存在引致投资，这里引致投资的不仅仅是消费，更重要的是上期的投资。上期投资对下期投资形成重要影响，

上期投资规模大了，它会导致下期投资规模也扩大。这一现象背后存在几个方面原因：（1）大量钓鱼项目存在，导致以后投资不断增加。由于现在中央政府的投资项目管理是管大中型项目，地方和企业为了上项目，往往把投资规模报小，上马后便不断要上级追加投资。（2）上期铺了摊子，为了保证这些摊子能完成，下期也必须追加相应投资。不管这些投资经济效益怎样，铺了摊子，就要完成投资项目。（3）上期投资刺激了生产与消费，本期为了保证生产和消费的增长势头，也需保持相应的投资水平。因此，在我国的投资函数中，不仅要考虑国民收入或者货币供给，也需考虑上期的投资数量。这就是我们的引致投资理论。我们的引致投资理论与加速原理既有相同的一面，也有不同的一面。

至此，我们可着手建立自己的投资函数。先看从国民收入着手建立的投资函数，该函数可表示为

$$I=f\left[I(-1),\ NI\right]$$

这里 $I(-1)$ 指上期投资。该函数的线性表示式为

$$I=\alpha_0+\alpha_1 I(-1)+\alpha_2 NI$$

我们用 1954—1988 年的数据，对上式进行回归，结果如下

$$I=0.57I(-1)+0.10NI$$

$$(4.7)\qquad(4.4)$$

$$R^2=0.94\qquad DW=1.07$$

可以看到，上述回归检验结果是可以接受的。截距项 α_0 回归时不显著，这是略去 α_0 后所做的回归结果，DW 值偏小一些。

有意思的是，如果仅用 $I=f(NI)$ 做回归，R^2 值只有 0.85，这与 $C=f(NI)$ 回归时 R^2 值为 0.99 比，显得 I 对 NI 的波动比

C 对 NI 的波动要大一些。加上 $I(-1)$ 后，R^2 值得到显著改善，说明上期投资对下期投资的引致作用是存在的，并且作用还较大。

再看从货币供给量方面着手建立的投资函数，该函数表示

$$I=f[I(-1), M]$$

式中，M 指货币供给量。

该函数的线性表示式为

$$I=\alpha_0+\alpha_1 I(-1)+\alpha_2 M$$

我们用 1953—1988 年的数据对上式进行回归，所得结果如下

$$I=0.815I(-1)+0.075M$$
$$(9.2) \qquad (3.2)$$
$$R^2=0.93 \qquad DW=1.3$$

可以看到，上述回归结果可以接受，并且 DW 值也有所改善。

作为对比，我们不妨看看略去 $I(-1)$ 后的回归结果，为

$$I=145.44+0.22M$$
$$(4.8) \quad (14.0)$$
$$R^2=0.85 \qquad DW=0.55$$

该回归结果，除 R^2 值变小外，DW 值也显著变小，但 R^2 值为 0.85，也可以说明短期内 M 对 I 的影响是较大的。

投资函数回归分析中，DW 值都偏低。进一步分析可看到，这是随机误差呈正自相关所引致。随机误差呈正自相关，也说明政府在反复试错过程中力图把投资控制在一个可接受的范围内。

§ 3.6 总需求函数

前面分析指出，贷款是影响总需求的重要因素。而贷款等

于流通中货币加各种存款之总和，因此，贷款实际上代表了货币供给量。关于这一点，我们将在后面做详细分析。本节先认为贷款就是货币供给量。

除了贷款影响到总需求外，实际利率也反映总需求的大小及结构。实际利率虽然对投资影响不大，但对居民储蓄影响较大。依据前面分析，居民储蓄的多少，将影响到现金增发量 S_{12} 的多少，但居民储蓄本身增加并不导致总需求减少，它只不过表明消费减少了，投资增加了，总需求总量并没有变动，变动的只是总需求结构。但是实际利率等于名义利率减通货膨胀率，当名义利率固定时，实际利率变动就反映通货膨胀率变动。实际利率高，已隐含了通货膨胀率低；而实际利率低，隐含了通货膨胀率高，实际利率不仅有间接反映价格对总需求大小影响的功能，它还有影响货币流通速度的功能。实际利率提高，货币流通速度减慢，一定量的货币代表的总需求就减少；实际利率降低，货币流通速度提高，一定量的货币代表的总需求增加。因此，实际利率与货币供给量配套，用以反映总需求，是适宜的。于是有

$$D=f(M, r)$$

式中，D 是总需求；M 是货币供给量；r 是实际利率。M 增加时，D 增加；r 增加时，D 减少。

关于总需求函数的具体回归形式，请见本书 §7.6。

这一总需求函数，反映了有货币支付能力的总需求。由于计委的配给，部分货币的购买不能实现，这种配给下的总需求，实际上更能反映市场上供需之间的关系，它可以通过市场反映给生产者。关于这一点，我们后面还会做详细分析。

在上面总需求函数中，反映长期时事前总需求与货币供给 M 及实际利率 r 的关系。短期内，预期的波动可以使事前总需

求偏离这一关系。设长期事前总需求为

$$D=f(M, r)$$

则短期的事前总需求 D^* 为

$$D^*=D+\varepsilon(P^*-P)+u$$

式中，P^* 为预期价格；P 为实际价格；u 为随机误差；ε 为大于零的实数。

于是有

当 $P^*>P$ 时，$D^*>D$

当 $P^*<P$ 时，$D^*<D$

这也就是说，我们把预期作为解释短期总需求偏离长期总需求的主要变量。这一解释可用图 3.1 表示。一般而言，实际价格提高，总需求会下降，但预期价格提高，本期的总需求会上升。公众会在价格上升前提前购买，以避免未来价格上升时的损失。

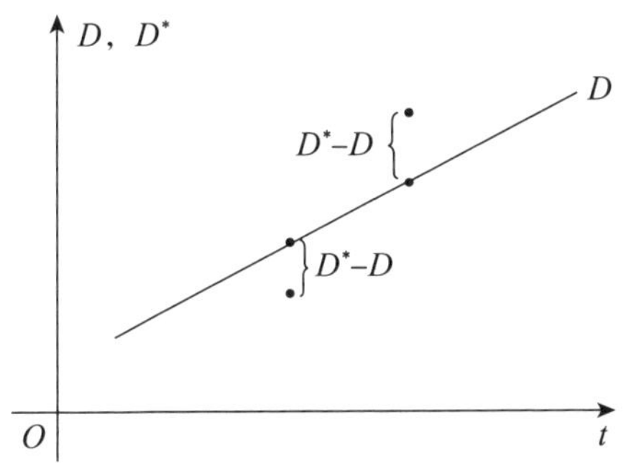

图 3.1　短期总需求与长期总需求的偏差

§ 3.7　总需求模型Ⅰ

在第 1 章中我们介绍了收入和支出的恒等关系。若我们视国民收入为收入，那么国民收入 NI 可以划分为居民消费支出、

投资支出和政府消费支出这三个部分，即有

NI	$=$	C	$+$	I	$+$	G
国民收入		居民收入		投资		政府消费

在这里，我们略去了净出口，考察的是封闭经济系统。

我们前面研究的消费函数为

$$C = a + bNI$$

式中，系数 b 称为边际消费倾向，它指每增加一个单位（如 1 元）国民收入中用于居民消费的比例。前面的回归数值表明，我国每增加 1 元的国民收入中有 0.48 元被用于居民消费。

以下方程组给出了一个简单的总需求模型。

$$\begin{cases} NI = C + I + G \\ C = a + bNI \end{cases}$$

式中，I 和 G 是外生变量；NI 和 C 是内生变量。

做简单的代数变换，有

$$NI = a + bNI + I + G$$

可得

$$NI = \frac{a + I + G}{1 - b}$$

要注意，这里 NI 与 I、G 的关系并不是生产函数。这里 NI 表示收入，而 I、G 表示支出。利用上式，我们可以分析当支出 I、G 变动时，对收入 NI 变动的影响。

由上式，可求得

$$\frac{\mathrm{d}NI}{\mathrm{d}I} = \frac{1}{1 - b}$$

式中，$1/1-b$ 称为乘数。因为 $b<1$，所以 $1/1-b>1$，这说明 NI 的变化速率要快于 I 的变化速率。当 $b=0.48$ 时，$1/1-$

b=1.923。这说明投资增加一个单位时，国民收入增加 1.923 个单位。

由上式也可求得

$$\frac{\mathrm{d}NI}{\mathrm{d}G}=\frac{1}{1-b}$$

当 b=0.48 时，同样说明当政府消费支出增加 1 个单位时，国民收入增加 1.923 个单位。

上面模型说明，增加投资 I 和政府消费，可使国民收入增加更快。这里国民收入增加要做两个层次理解。

当总需求大于总供给，实际总供给大于潜在总供给时，增加投资 I 和政府消费 G，虽然可以进一步刺激生产，但短期内实际总供给的增加会受到限制（如瓶颈部门供应不足），因此乘数的作用就难以发挥出来。此时国民收入的增加不是实际的增加，仅仅只是名义的增加（供给的实物并没有增加，但供给实物的价格提高了）。

当总需求小于总供给，实际总供给小于潜在总供给时，增加投资 I 和政府消费 G，就可以起到刺激生产的作用，使实际总供给提高，从而国民收入的增加是实际增加而不是名义增加。

在我国经济中，总需求大于总供给的时期较多，因此，用刺激投资和政府消费的方法来刺激总供给是不适宜的。只有当总需求小于总供给时，才能采取这一方法。

上面建立的这个简单的总需求模型，是本书理论建设的一块重要基石。后面的研究表明，实际总供给处于潜在总供给的上方或下方，对货币供给增加是仅刺激国民收入名义增加（即刺激物价上涨）还是刺激国民收入实际增加，是至关重要的。

§3.8　总需求模型Ⅱ

在上节的总需求模型中，若把投资 I 也视为内生变量，可得到一个复杂一些的总需求模型。

根据前面的分析，我们有

$$I=f\left[I(-1), M\right]$$

这里为简便见，我们仅假设为

$$I=d+eM$$

即仅视投资 I 为货币供给 M 的函数。于是有

$$NI=C+I+G$$

$$C=a+bNI$$

$$I=d+eM$$

整理上述方程组，得

$$NI=a+bNI+d+eM+G$$

有 $$NI=\frac{a+d+eM+G}{1-b}$$

由上面方程式，可得

$$\frac{\mathrm{d}NI}{\mathrm{d}M}=\frac{e}{1-b}$$

上式中，$e/(1-b)$ 是货币乘数，它说明增加一单位货币，名义国民收入将增加 $e/(1-b)$ 个单位。如果

$e+b>1$，名义国民收入增加快于货币增加；

$e+b=1$，名义国民收入增加等于货币增加；

$e+b<1$，名义国民收入增加小于货币增加。

货币增加带来的名义国民收入增加，可以包含实际的增加在内，也可以仅仅是名义的增加。这取决于实际总供给处于潜

在总供给的上方还是下方。

总需求模型Ⅰ和总需求模型Ⅱ均是从需求角度考虑问题的。然而，这两个模型本身并没有解决产出水平的决定问题，即国民收入增加是实际增加还是名义增加的问题。要解决这个问题，我们还需结合供给讨论。只有从需求和供给两个方面分析，我们才能建立一套决定产出和价格的理论，从而最终建立通货膨胀理论体系。

在总需求模型Ⅱ中，由前面的回归结果有 a=148，b=0.48，d=145，e=0.22。只要确定了 M 和 G，便可以决定 NI。

我们看到

$$e+b=0.22+0.48=0.7<1$$

因此，该模型中国民收入的增加小于货币供给的增加。

4章　总供给形成与总供给函数

决定总供给的因素可以分为两类。

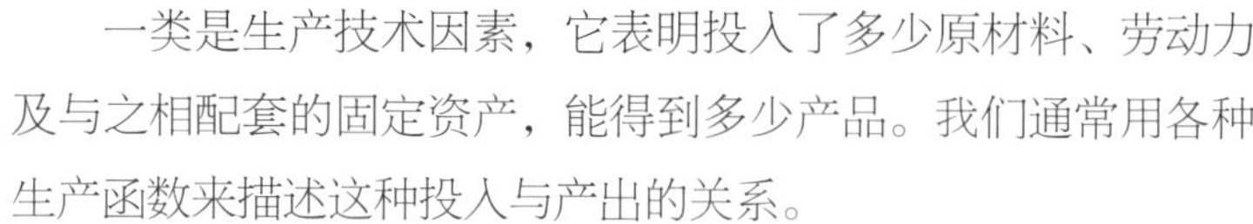

一类是生产技术因素，它表明投入了多少原材料、劳动力及与之相配套的固定资产，能得到多少产品。我们通常用各种生产函数来描述这种投入与产出的关系。

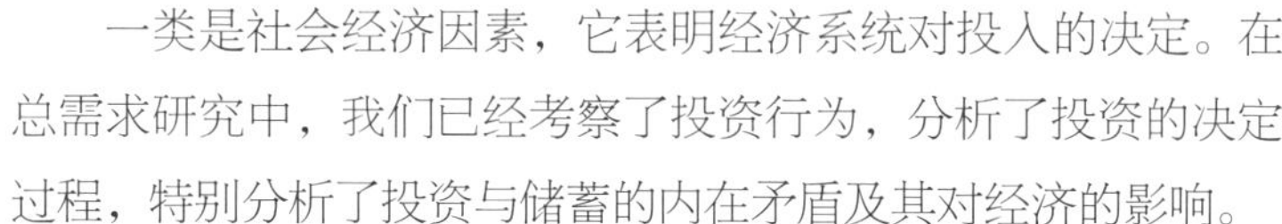

一类是社会经济因素，它表明经济系统对投入的决定。在总需求研究中，我们已经考察了投资行为，分析了投资的决定过程，特别分析了投资与储蓄的内在矛盾及其对经济的影响。

一般说来，生产技术因素较为稳定，在短期内它不会有较大变化，而社会经济因素则不稳定，短期内它也可能发生较大变化。因此，总供给波动与社会经济因素联系更为密切。本章中我们既研究总供给与生产技术因素的关系，又研究总供给与社会经济因素的关系。这就要求把生产技术因素与社会经济因素结合起来分析。

西方经济学中生产理论从资本 K 和劳动力 L 这两个基本变量出发，研究产量与这两个基本变量的关系。这里，资本和劳动力是可以互相替代的生产要素，它们之间的任意一个组合，对应一个产出 Q，有

$$Q=f(K, L)$$

生产函数仅仅只是一种技术关系，它要与一定的经济理论相配合，才能说明经济问题。西方经济理论中，生产函数和边际生产率理论相结合，为生产要素价格的确定和生产要素利用

水平提供了解释，这在经济增长和收入分配的理论分析中起着核心的作用。

研究中国的生产函数，也应结合中国的经济理论，才能说明中国的经济问题。

在中国经济中，非均衡是一个普遍现象。在较多的年份，是总需求大于总供给；在较少的年份，是总供给大于总需求[1]

由非均衡理论的短边规则，有

$$Q=\min(D, S)$$

如果我们在宏观经济的层次上，考虑用生产函数来描述总供给行为，那么首先碰到的困难是，Q 虽有较多的可能性代表总供给 S，但也有较少的可能性代表总需求 D，这样由函数

$$Q=f(K, L)$$

就不能表示总供给的生产函数，因为实际观察值并不全是总供给 S，其中也有总需求 D 的值。我们要求的是 $S=f(K, L)$，而 S 是不可测的。如果用前述的非均衡方法，就能解决这一问题，见本书 §7.6。

§4.1 微观层次上供给行为分析

中国经济的实际情况是，企业通常不会破产，职工也不会失业。因此，存量 K 和 L 短期内变动较小，呈现稳定增长。但是新从学校毕业的青年则面临待业的问题。于是，每年新增职工 ΔL 就比 L 对经济增长更为敏感。当经济扩张时，ΔL 相应大一些，而当经济萎缩时，则 ΔL 就相应小些。同样，每年新增的固定资产 ΔK 也比 K 对经济增长更为敏感。当经济扩张时，

[1] 在本书 §7.6中将证实这一点。

ΔK 相应大一些，而当经济萎缩时，则 ΔK 就相应小些。因此，新增的 ΔK 及 ΔL 相应于 K 和 L 而言，波动要大些。

于是，中国企业的一个基本经济行为是，当由需求条件外生地确定某一产出水平后，企业的行为不是去选择 K 和 L 这两种投入的组合，以使总成本降到最低，因为在现行经济体制下 K 和 L 组合不是由企业所能选择得了的。但是，对 ΔK 和 ΔL 企业都有一定的选择权，事实上，对 ΔQ 企业也有一定的选择权，这样企业确定最小总成本的行为更注重于增量分析而不是存量分析，即有

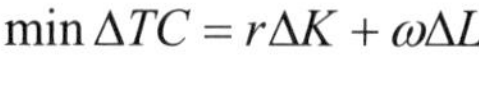

$$\min \Delta TC = r\Delta K + \omega\Delta L$$

$$st \quad \Delta Q = f\left(\Delta K, \Delta L\right)$$

式中，r 为新增固定资产 ΔK 的价格；ω 为新增劳动力 ΔL 的价格；st 表示约束条件；ΔTC 为新增总成本。

描述这一问题的拉格朗日函数是

$$Y = r\Delta K + \omega\Delta L - \lambda\left\{\Delta Q - f\left(\Delta K, \Delta L\right)\right\}$$

求极值的一阶条件是

$$\frac{\partial Y}{\partial \Delta K} = r + \lambda f_{\Delta K} = 0$$

$$\frac{\partial Y}{\partial \Delta L} = \omega + \lambda f_{\Delta L} = 0$$

这里，记

$$\frac{\partial f\left(\Delta K, \Delta L\right)}{\partial \Delta K} = f_{\Delta K}$$

$$\frac{\partial f\left(\Delta K, \Delta L\right)}{\partial \Delta L} = f_{\Delta L}$$

因此，有

$$\frac{f_{\Delta L}}{f_{\Delta K}} = \frac{\omega}{r}$$

由于

$$d(\Delta Q)=f_{\Delta K}\cdot d(\Delta K)+f_{\Delta L}\cdot d(\Delta L)$$

这可近似视为，$f_{\Delta K}$ 是 ΔK 对 ΔQ 的贡献率；$f_{\Delta L}$ 则是 ΔL 对 ΔQ 的贡献率。企业在 ΔQ 一定的条件下，确定最小成本的行为是让这两个贡献率的比值等于它们相应价格的比值（注意，这里价格是粘性的）。

当然，我们这里是做高度抽象的分析。实际上，企业确定最低成本时，还要考虑许多其他因素。再说新增资本和新增劳动力总是与原有资本和原有劳动力一起从事生产的，不能把它们区分开来，然而企业还是会在事前对新增资产及新增劳动力的得失做一个分析。

这里，企业在确定产量水平后求得的最低成本，也就反过来说明企业在这一产量水平下所求得的最大利润。

对一个企业的短期计划而言，只有当其确定了 ΔK 和 ΔL 后，才会认为 ΔQ 越高越好，这样可降低产品的平均成本。在尚没有确定 ΔK 和 ΔL 时，企业并不会认为 ΔQ 越高越好。这也就是说，若从短期经济利益看，企业决定 ΔQ、ΔK、ΔL，或考虑企业产量规模扩张时，尚不是追求越大越好，而是追求适宜的产量扩张规模。而这种适宜的产量扩张规模的第一个前提条件是企业预期需求水平的高低。当预期需求水平较低时，企业不会去追求大的产量规模。1990 年启动经济困难说明了企业对适宜产量规模的选择并不是越大越好。我们的分析有助于说明这一现象。当然，从长期看，企业是有内在扩大生产规模的积极性的。前面的分析已指出了这点。

我们做上述分析时，用到了价格粘性的命题，即对应于一定的需求变动，企业短期内调整的不是价格，而是产量。这是一种典型的数量调节。除用到价格粘性命题外，我们分析时还用到理性人的命题，即企业在产量约束下追求成本最小，亦即在产量约束下追求利润最大。

短期内企业调整产量而不是调整价格以适应需求的变化，是我们的供给理论的一个核心命题。这一命题在分析我国的通货膨胀问题时将起到重要的作用。

在完全竞争的市场经济中，对企业而言，价格是外在给定的，企业要调整的也只是自己的产量。但是对整个市场经济体系而言，价格是供需缺口的函数，是随供需情况变化的。因此对市场经济体系而言，价格是内生的。在我国现行经济体系中，价格部分是内生的，部分是外生的，这体现为价格的粘性。尽管对企业而言，价格也是外在给定的，企业调整的只是自己的产量。但是此时企业调整产量的着眼点与市场经济中企业调整产量的着眼点不同，前者依据价格粘性来调整产量，后者则依据价格弹性来调整产量；前者的产量调节随市场波动的幅度较小，而后者的产量调节则完全由市场波动所决定。

§4.2 经济规模与技术进步对总供给的影响

在一定的技术条件下，投入的生产要素一定，则产出也一定。随着生产要素投入增加，产出也增加。当经济规模报酬不变时，投入与产出的关系成正比例；当经济规模报酬递增时，投入增加，产出增加更多；当经济规模报酬递减时，投入增加，产出增加相应较少。这三种关系可以用图 4.1 表示出来。

如果总供给的生产函数选用柯布一道格拉斯生产函数，即为：

$$S = AK^{\alpha}L^{\beta}$$

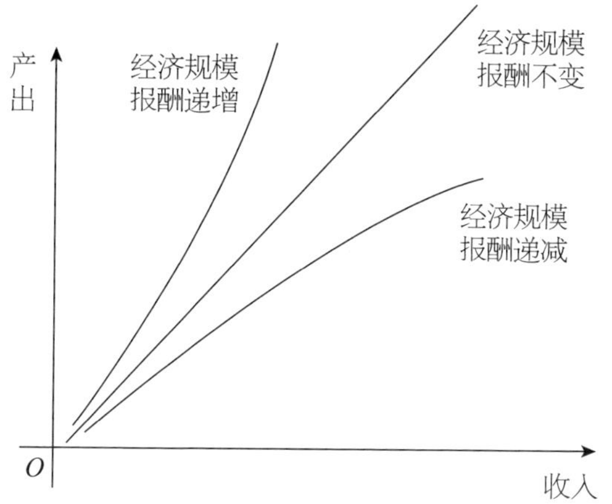

图 4.1　经济规模报酬的三种形式

那么，$\alpha+\beta$的值对应于：

$\alpha+\beta<1$，经济规模报酬递减；

$\alpha+\beta=1$，经济规模报酬不变；

$\alpha+\beta>1$，经济规模报酬递增。

除了经济规模报酬影响到投入与产出的关系外，技术进步也影响到投入产出的关系。当技术进步后，同样的投入，能够取得更多的产出。技术进步通常指希克斯所定义的中性技术进步，这种技术进步保持资本与劳动力的边际替代率不变，或者说使等产量线的斜率保持不变。

索洛（Solow）采用如下方法来分析技术进步对产出的影响。设

$$Q_t=A(t)F(K_t,L_t)$$

上式两边对时间求导，有

$$\dot{Q}=\dot{A}F(K_t,L_t)+A\frac{\partial F}{\partial K}\dot{K}+A\frac{\partial F}{\partial L}\dot{L}$$

上式两边同除以 Q，得到产量的相对变化率

$$\frac{\dot{Q}}{Q}=\frac{\dot{A}F\left(K_t,L_t\right)}{Q}+A\frac{\partial F}{\partial K}\cdot\frac{\dot{K}}{Q}+A\frac{\partial F}{\partial L}\cdot\frac{\dot{L}}{Q}$$

现在加上西方微观经济学的一条结论，在完全竞争下，生产要素价格等于它们的边际产品的假定，即有

$$\frac{\partial Q}{\partial K}=A\frac{\partial F}{\partial K}=\frac{r}{P}$$

$$\frac{\partial Q}{\partial L}=A\frac{\partial F}{\partial L}=\frac{\omega}{P}$$

索洛用符号 $\omega_K=rK/PQ$ 和 $\omega_L=\omega L/PQ$ 来相应表示资本和劳动力的份额，这样 $\dot{Q}/Q$ 一式可表示为

$$\frac{\dot{Q}}{Q}=\frac{\dot{A}}{A}+\omega_K\frac{\dot{K}}{K}+\omega_L\frac{\dot{L}}{L}$$

$$\frac{\dot{A}}{A}=\frac{\dot{Q}}{Q}-\omega_K\frac{\dot{K}}{K}-\omega_L\frac{\dot{L}}{L}$$

这样，因为 $\dot{Q}/Q$、$\dot{K}/K$、$\dot{L}/L$ 为各变量相应的增长率，只要知道 ω_K 与 ω_L，就可以计算出 $\dot{A}/A$，即技术进步增长率。

依据西方经济学在完全竞争条件下的理论分析结论，国民收入中工资和利润各自所占的比重便是 ω_L 和 ω_K（假定经济规模报酬不变）。而在中国经济中，并没有一种内在机制能够保证做到这一点，如何确定 ω_K 及 ω_L 的具体数值便成问题。依据前面的分析，经济体制改革后，各种利益因素抗衡的结果，出现了居民收入占国民收入比重逐年提高的趋势。出现这一种趋势，是因为体制变革后利益机制倾向于有利于居民的收入分配而造成的，并非资本劳动力替代中劳动力增加的结果。

对中国经济中技术进步的估计，已有几种利用上述方法的估计结果。世界银行在假定 ω_K =0.6， ω_L =0.4 下，得到的计算结果表明中国经济中这种中性的技术进步对经济增长的影响是

微弱的。国内有人对世界银行的假设表示怀疑，他们认为在中国经济中，劳动力增长对经济增长的贡献要大些。因此他们假设 $\omega_K=0.4$，$\omega_L=0.6$，在这一假设下的计算结果表明中性技术进步对中国经济的贡献是明显的。

上述两种估算中国经济中技术进步的结果不同，源之于它们的假设正好相反。此外，计算时各自所用的基本数据也不相同，我国统计数据中缺少全社会固定资产原值与净值这样的指标。计算技术进步时，又需用到全社会固定资产值的数据，对此只好采用估算的方法。使用不同估算方法，结果自然就会出现差异。

我国财务统计数据中，有全民所有制独立核算工业企业的固定资产原值与净值及劳动力人数数据。我们以此为基础，以 $\omega_K=0.6$，$\omega_L=0.4$ 及 $\omega_K=0.4$，$\omega_L=0.6$ 两组假定，分别测定了全民所有制独立核算工业企业的中性技术进步。这样就在同一组数据基础上比较了两种假设的估算结果。计算的结果见表 4.1。

表 4.1　经济增长率中技术进步贡献部分（%）

年份	W_K=0.6 W_L=0.4	W_K=0.4 W_L=0.6	净产值增长率（按现价计算）	国民收入平减指数
1978	2.3	4.1		1.4
1979	4.0	5.1	9.6	4.0
1980	2.7	3.4	8.5	3.5
1981	−6.6	−6.0	−0.01	1.8
1982	−1.0	0.0	4.5	0.0
1983	2.8	4.3	8.6	1.1
1984	9.4	10.85	14.7	5.3
1985	8.4	10.77	19.6	10.0
1986	−3.8	−1.8	5.9	3.9
1987	6.2	8.4	16.2	7.0

在表4.1中加上价格一栏，是为了比较现值增长率中的价格水分。

从我们的计算结果看，不论用哪一种假设，全民所有制独立核算工业企业的中性技术进步均是明显的（某些调整年份除外，如1981年和1986年都是宏观经济采取紧缩政策后经济速度有所下降的年份）。

我们计算结果中也存在一个问题，那就是固定资产值的计算也带有一定的估算成分在内。我们取的固定资产值为

$$固定资产值=\frac{固定资产原值+固定资产净值}{2}$$

且这里固定资产原值与净值均是按现价计算的。为了口径一致，我们使用现价的净产值数据。为了能在一定程度上消除价格的影响，我们可用（$\dot{A}/A$）/（$\dot{Q}/Q$），即净产值增长中中性技术进步贡献所占的比重，计算结果见表4.2。

表4.2　经济增长率中技术进步贡献占的比重（%）

年份	$W_K=0.6$ $W_L=0.4$	$W_K=0.4$ $W_L=0.6$
1979	42	53
1980	32	40
1981	—	—
1982	—	—
1983	33	50
1984	64	74
1985	43	55
1986	—	—
1987	38	52
平均	42	54

由表 4.2 可见，我国全民所有制独立核算工业企业中，技术进步对净产值增长的贡献率在 42%~54% 之间。

从我们的计算中也可以看出，由于 $\dot{A}/A$ 是用剩余方法计算出来的，因此经济波动的影响也在 $\dot{A}/A$ 这一项中反映出来了。我们采用平均值，是为了消除经济波动的影响。由于平均值计算中未包括 3 个取值为负的年份，我们的平均计算结果是高估的。由于未平均的年份只占 1/3，如令这三年技术进步为 0，那么平均值将由 42 降至 28，由 54 降至 36。从这一结果看，技术进步仍然是较高的。

需要指出的是，全民所有制企业的技术进步程度要高于全社会技术进步程度。先进的技术设备多为全民所有制企业所使用。全民所有制企业职工的素质也高于全社会劳动者的素质。因此，全社会的技术进步对经济增长的贡献将低于上述估计值。特别是在农村，许多农业生产方式仍然相当原始，这极大地降低了全社会技术进步的程度。

使用中性技术进步的概念，有助于说明经济增长的来源。除了投入机器设备和人力外，体现在机器设备和劳动者之中的科学技术对经济增长也是至关重要的。所谓由粗放式经营转变为集约型经营，就是要提高技术进步的程度。也就是说，经济增长不仅仅来自自然资源的投入，也来自智力资源的投入。

§4.3 投入要素的确定

企业确定投入要素，主要考虑两个因素，一是预期需求水平，二是企业贷款水平。若预期需求水平较高，同时企业又能得到较高贷款，那么企业就确定较高投入；若预期需求水平低，那么企业就确定较低投入。近几年，企业这一行为表现较为明显；特别是 1990 年，尽管贷款放松，但企业预期需求水平较低，故仍确定较低的投入水平。

当然，当企业预期需求水平较高，而企业又得不到较高的贷款时，企业不能提高投入水平，当供给增长跟不上需求增长时，企业也有可能提高价格，以获得更多的利润。但一般而言，企业制定价格不会随需求时刻变动，或者说短期内不会随需求变动。企业是以调整产量的方法来适应需求变动的。

企业调整产量，又可分长期与短期两种方式。长期方式为扩大生产规模，即增加固定资产和增加新的劳动力；短期方式为不扩大生产规模，在原有固定资产和劳动力的情况下，提高生产的节奏，加班加点，以提高产量。企业扩大生产规模的行为，我们在本章第 1 节中已做过分析。企业短期调整产量的方式，将受到固定资产的技术性能限制与劳动力身体疲劳极限的限制。因此，提高生产节奏不能无限进行下去。此外，短期调整产量还受到瓶颈部门的制约，如电力、燃料、运输、原材料等跟不上来，都会影响到生产节奏提高。

我国企业内部短期调整产量的潜力较大。主要原因是我国长期实行“一个人的饭三个人吃”的就业政策，企业内部闲散人员较多，职工工作节奏也较低。只要把职工工作节奏提高，就相当于新增加劳动力。另外，在长线部门中，固定资产闲置也较多，机器经常是开开停停，“开三停四”是相当普遍的现象。如果我们加快瓶颈部门的建设速度，那么企业的这种潜在生产力就可能充分发挥出来。

可以说，企业内部调整产量的潜力，是我国经济波动的一个物质基础。

按照凯恩斯的经济理论，西方经济中企业内部固定资产闲置来自于有效需求不足。只要刺激有效需求，固定资产闲置问题就能解决。在我国，则是在需求大于供给的情况下存在固定资产闲置问题，因此，不能靠刺激需求来解决固定资产闲置问题。我国的固定资产闲置来自于经济结构。只有进行结构调整，才能解决固定资产闲置的问题。而经济结构调整，也主要依靠新投入的生产要素倾向于瓶颈部门来解决。这更多地取决于国家的宏观经济计划政策。企业本身因存在资本流动限制，解决此类问题的能力不足。

§4.4　短期总供给函数

在短期内，调整产量不是靠扩大生产规模，而是靠提高生产节奏。在中国经济中，提高生产节奏的潜力又是较大的。那么在中国经济中，决定提高生产节奏的关键变量是什么呢？我们认为关键变量是企业能争取到的贷款水平。从宏观层次上讲，我国经济更多时间处于总需求大于总供给状态，企业有提高产量的外在条件。但是企业提高产量，受到贷款的制约，银行并不是总能满足企业的贷款要求的。在一般情况下，扩大贷款规模，也就是扩大总需求规模。因此，企业只能根据贷款的松紧决定产量的高低。

在同样的固定资产值 K 和同样的劳动力数量 L 的条件下，企业争取到的不同贷款数量，能决定生产节奏的高低，从而决定产出水平的高低。因此，短期供给函数是

$$S=f(M)$$

这里 M 是贷款额或者货币供给量，随着 M 的提高，短期内 S 也会上升。但是生产节奏不能无限上升，有一个最高限制，越过这一限制，更多贷款并不会带来短期供给增加。在本章最后一节，我们将分析约束总供给增加的几类因素，这里暂

从略。

在我国经济中，利率尚未成为调整产量水平的重要因素。因为企业的预算软约束，企业对利率缺乏弹性，也就是说，贷款利率提高后，对企业的贷款需求影响并不大，故我们没有在短期供给函数中加进利率变量。这与西方经济中利率对供给有较大影响是完全不同的。

根据上面的分析，短期总供给函数不是线性的。在假定 K 和 L 不变的情况下，随着 M 的增加，S 的增加会逐渐减慢，并最终停止增长。此时 S 达到它的增长上界，生产节奏的极限及瓶颈部门的制约决定 S 增长上界的位置，见图 4.2。

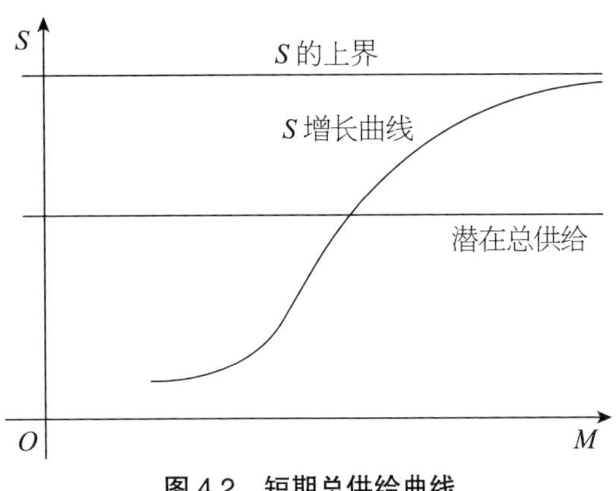

图 4.2　短期总供给曲线

图 4.2 中，当 S 处于潜在总供给下方时，由于此时生产节奏提高的潜力较大，M 对 S 的作用较大，S 上升较快；当 S 处于潜在总供给上方时，此时生产节奏提高的潜力较小，M 对 S 的作用也减弱，S 上升较慢，并随 M 的增加趋于其上界。

类似前面的总需求函数，短期总供给也与生产者的货币幻觉有关。设生产者对一个时期内的计划生产 S^*（或称预期供给）与生产者在该期的计划货币取得量 M^*（或称预期货币取得

量，它是企业认为的实际货币量）有关，则生产者的计划生产量可表示为

$$S^*=f(M^*)$$

如果生产者存在货币幻觉，即当生产者的名义货币取得量 M 大于 M^* 时（实际上因价格 P 的上升，M 等于 M^* 甚至小于 M^*），生产者把 $M-M^*$ 的差额部分视为额外的货币取得，因此他会进一步扩大供给[1]，于是有

$$S=S^*+\eta(M-M^*)$$

式中，η 为比例系数。

如果计划生产 S^* 等于潜在总供给，那么上式就表示了扩张货币与实际总供给超过潜在总供给的机理关系。从长期看，企业安排计划产量要以自己的潜在产量为依据。因此假设 S^* 等于潜在总供给是合理的。该式也表明，长期过程中，生产者通过学习，其货币幻觉消失后，S 将趋于 S^*。这说明长期搞通货膨胀政策，并不会刺激总供给的实际增加。

§4.5 长期总供给函数

长期总供给函数的决定因素与短期总供给函数不同。短期总供给函数中，贷款是决定因素，并且短期产量还受货币幻觉的影响。长期总供给函数中，货币对产量不起作用，因为在长

[1] 企业的货币幻觉尤表现在职工的货币幻觉上，只有当职工感到货币收入增加，它才会提高生产节奏（这里抽象了政治宣传鼓动因素）。当职工存在货币幻觉时，名义货币收入增加（实际上实际货币收入并未增加）时，职工也会提高生产节奏。因此资源闲置和货币幻觉是总供给曲线短期内向右方倾斜的两大关键因素，一个反映了物质因素，另一个反映了精神因素。

期内，经济行为者通过学习，会消除货币幻觉的影响。因此，长期内，决定产出水平的是技术条件，即由 K 及 L 决定产出水平。故长期总供给函数可表示为

$$S=f(K, L)$$

从这里也可看到，长期总供给函数也可视为是潜在总供给函数，它表示经济系统中由技术决定的正常的供给能力。

下面分析短期总供给函数与长期总供给函数的关系。设短期总供给函数为

$$S_S=f(M)$$

长期总供给函数为

$$S_L=f(K, L)$$

在每一个具体年份上，短期总供给函数的大小都要受到长期总供给函数的制约。短期总供给只可能在一定程度上超过长期总供给，或者说，短期总供给超过长期总供给存在一个极限，短期总供给一旦到达这一极限，不论贷款怎样提高，短期总供给都不会再提高。

从长期过程看，短期总供给围绕着长期总供给波动。一些年份短期总供给在长期总供给之上，而另一些年份短期总供给又会在长期总供给之下，这可由图 4.3 表示。

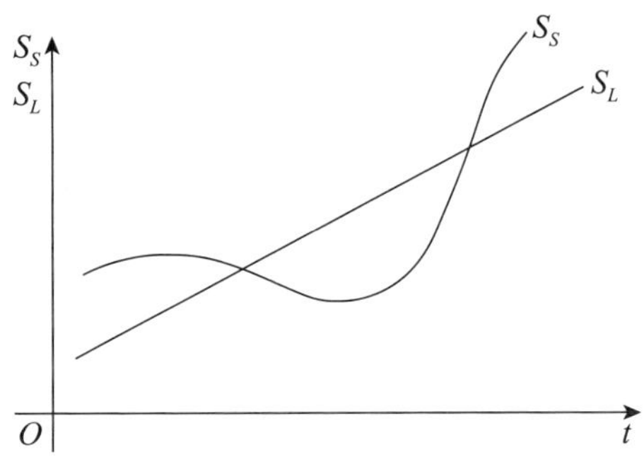

图 4.3　短期总供给围绕长期总供给波动

短期总供给偏离长期总供给的原因主要为：（1）当总需求持续大于总供给时，总需求在一段时间内引致短期总供给超过潜在总供给水平或长期总供给水平；（2）当总需求不足时，总需求会拉下短期总供给水平，使之低于潜在总供给水平或长期总供给水平；（3）预期在引致短期总供给偏离长期总供给时起到重要作用，预期的粘性性质，会使短期总供给也呈现一定的粘性，这会使政府的调控供给的政策不能立即奏效。

比较图 4.2，如果说短期总供给是一条存在上界的曲线的话，那么长期总供给在同样的坐标系中则是一条垂直于 S_L 坐标的直线（就是图 4.2 中的潜在总供给线），这说明，长期而言，货币量 M 对供给的影响是中性的，或者说是不起作用的，见图 4.4。

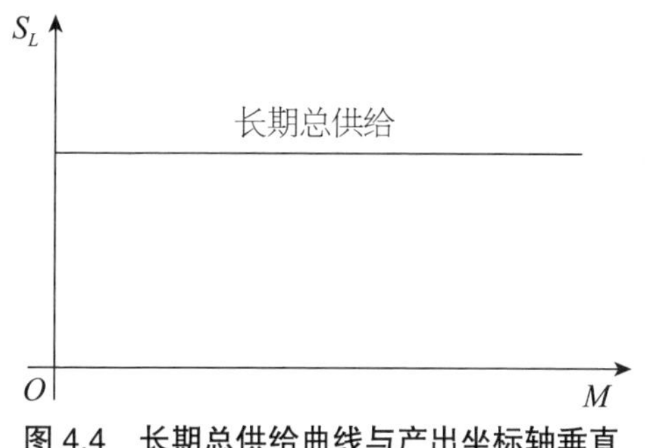

图 4.4　长期总供给曲线与产出坐标轴垂直

总供给曲线的形状如何，具有明显的政策意义：短期内总供给曲线向上方倾斜，说明需求管理政策短期内有效，可通过增加货币供给的手段刺激供给增加；长期内总供给曲线垂直，说明长期内需求管理政策失效，无论货币供给怎样增加，实际供给不会变化，只是名义供给变化，即是通货膨胀加剧。总供给曲线的这一性质，为后面的政策分析提供了理论基础。

§4.6 总供给约束

我国约束总供给增长的因素有四类：

1. 资源限制或称瓶颈部门限制。长期以来，电力、原材料、燃料、运输等基础工业部门和农业部门提供的产品难以满足国民经济中其他部门的需要。总供给增长受到瓶颈部门的严重制约。

2. 政府政策限制。当政府认为经济过热，通货膨胀加剧时，政府就会紧缩经济，限制投资，约束总供给增长，尤其是长线部门的供给增长。这可视为政策收紧下的需求不足约束供给增长，1990 年我国经济增长情况就说明了这一点。

3. 国民收入消费占的比重增加也限制总供给增长。国民收入中用于消费的部分多了，用于积累的部分就少了。长期看，总供给增长，来自于国民收入的积累。

积累与消费的确定，受多种因素影响，远不是政府轻易就能控制住的。从分配上看，居民收入增长速度快于国民收入增长速度，这有利于消费增长。但是，从部门结构上看，若消费品生产增长速度跟不上居民收入增长速度，那么居民收入也不会转化为实际消费。政府调控利率和采用配给（如住房分配）也是控制消费的手段。

从时间上看，消费与积累的比例又是一个动态优化问题。近期内积累增加，虽影响到近期消费，但这有利于长期消费增加。我国经济系统内并不存在一种机制使消费沿最佳增长曲线增长。政府部门怎样做到这一点尚为有待研究的问题。这一问题的难点不在数学手段上，数学上的动态规划及庞特雅里金极大原理均能解决这类动态优化问题，困难在于最优目标确定与政策控制上。最优目标确定本质上讲并不是一个经济理论问题，而是由政府的政治目标框定的。

4. 边际收益递减。具体可表述为：在其他投入量保持不变的情况下，当一种商品的总产量（或生产）由于某一投入量增加而增加时，在达到某一点后，总产量增加越来越小。这里总产量是增加的，递减的是总产量的增量。

通常总产量（*TP*）曲线先以递增的比率上升，然后以递减的比率达到它的最大值，过此以后就下降了，这可用图 4.5 所示。

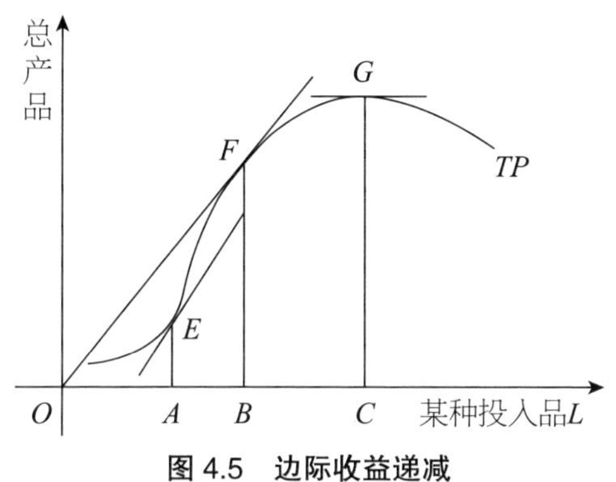

图 4.5　边际收益递减

图 4.5 中，*TP* 曲线的斜率 $\Delta TP/\Delta L$ 就是边际产量。图中显示了三个切点，*E* 点斜率最大，是边际产品（*MP*）的最大值。在 *G* 点，斜率为 0，*MP* 为 0。*F* 点，*TP* 的斜率为 *FB/OB*，但 *FB/OB* 也是投入品 *L* 为 *OB* 的平均产量，这点也是平均产量的最大点，因为能够从原点画出的切于 *TP* 最徒的直线是 *OF*。

按照微观经济理论，企业达到利润最大化的点为

边际成本 = 产品的价格

在我国，如果以考核产值为主，那么企业的最高生产约束条件在 *G* 点。总之，任何企业都不会超过 *G* 点去从事生产。

第三篇 3

通货膨胀运行机理

通货膨胀形成后如何运行，是本篇研究重点。本篇分别从商品市场、货币市场、预期变动、价格变动、短缺变动诸方面测量通货膨胀的运行轨迹，分析通货膨胀的运行机理，归纳通货膨胀运行的理论模式。

5章　通货膨胀总缺口及形成机理

通货膨胀总缺口表现为总需求大于总供给的差额。通货膨胀总缺口又可划分为两个部分，一是物价上涨部分；另一是短缺部分。本章仅分析通货膨胀总缺口的形成，下一章再探讨物价与短缺的关系。

§5.1　总需求、总供给与通货膨胀总缺口的关系

总需求与总供给的关系可以利用总需求函数和总供给函数来研究。我们首先分析总需求函数与短期总供给函数的关系。这两种函数表示如下

$$D=f(r, M) \qquad S=f(M)$$

为了便于分析，我们假设实际利率 r 不变，是常数，此时总需求函数和短期总供给函数可简记为

$$D=D(M) \qquad S=S(M)$$

现在 D 和 S 都为货币供给量 M 的函数。根据前面的分析，随着 M 的增加，D 也增加。这里假设 D 是 M 的线性函数，但是，S 不是 M 的线性函数。当 S 小于潜在总供给时，S 上升较快；当 S 大于潜在总供给时，S 上升较慢，并随 M 增加而趋近 S 的上界。D 和 S 的增长情况可用图 5.1 表示。

在图 5.1 中，M_e 为总需求等于总供给的货币供给量。当 M

小于M_e时，总供给大于总需求；当M大于M_e时，总需求大于总供给。于是有

$$当 M>M_e，D(M)-S(M)>0$$

$$当 M=M_e，D(M)-S(M)=0$$

$$当 M<M_e，D(M)-S(M)<0$$

令 $DS(M)=D(M)-S(M)$

显然，$DS(M)$就是超额总需求。当超额总需求为正时，$DS(M)$是通货膨胀的总缺口。

从上面分析可见，$DS(M)$大于零的原因在于，随着M增加，$D(M)$也随之增加，但$S(M)$增加递减，并不会超过其上界。因此，当M大于一定值（如M_e）后，$D(M)$就将大于$S(M)$。

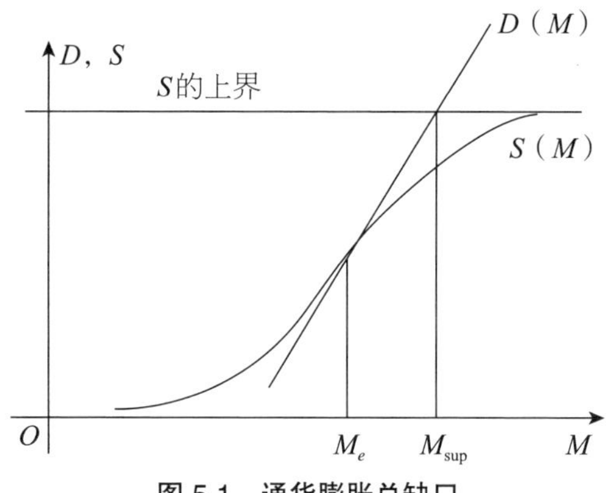

图 5.1　通货膨胀总缺口

图 5.1 中有两个基本点，一是M_e，另一个是M_{sup}。M_e是导致总需求等于总供给的货币供给量，是我们通常所说的适宜货币供给量，当实际货币供给超过M_e时，存在通货膨胀；而实际货币供给低于M_e时则表现为经济衰退。M_{sup}是导致总需求达到总供给上界的货币数量，当$M_e<M<M_{sup}$时，总需求虽大于

总供给，但 $DS(M)$ 并不算太大，可视为温和的通货膨胀；当 $M>M_{sup}$ 时，总供给增加越来越少，而总需求增加越来越多，通货膨胀趋于恶化。

需要注意的是，这里总需求与总供给都是事前的，因此 $DS(M)$ 也是事前的。这也就是说当实际购买和生产行为尚未开始时，通货膨胀的压力就已经存在了。此时的 $DS(M)$ 只是一种潜在的压力，当购买开始时，$DS(M)$ 就将转变为实际通货膨胀。那么 $DS(M)$ 能否全部转化为实际的通货膨胀缺口呢？这就需看实际总供给是否等于事前总供给，如果实际总供给等于事前总供给，则 $DS(M)$ 全部转化为实际的通货膨胀缺口；如果实际总供给大于事前总供给，则 $DS(M)$ 之中一部分转化为实际通货膨胀；如果实际总供给小于事前总供给，则 $DS(M)$ 小于实际通货膨胀。

实际总供给不一定等于事前总供给。实际总供给除取决于 K、L、M 外，还取决于其他因素，如气候、政治形势，等等。但是实际总供给应围绕事前总供给而波动，因此实际总供给函数可表示为

$$\bar{S}=S(M)+U$$

式中，S 是实际总供给；U 是随机误差项；$S(M)$ 是事前总供给。于是，实际总供给、事前总需求、实际通货膨胀的关系是

$$D=D(M) \qquad \bar{S}=S(M)+U \qquad DS=D-\bar{S}$$

这可用图表示，见图 5.2。

还有一种通货膨胀缺口可定义为总需求与潜在总供给的缺口。因为潜在总供给表示为平均的生产能力。因此理论上讲，当总供给大于潜在总供给时，就表示生产技术设备利用从

紧了，或者说经济发热了。总需求与潜在总供给的缺口为潜在通货膨胀。潜在通货膨胀虽还不是实际的通货膨胀，但是它也反映了通货膨胀的压力。由于潜在总供给反映了平均的生产能力，因此这种通货膨胀缺口也可视为平均的通货膨胀缺口。它较之实际的通货膨胀缺口和事前的通货膨胀缺口来讲，具有一定的稳定性。这是因为潜在总供给函数不受货币影响，我们只需考虑总需求的变动。因此，潜在通货膨胀缺口更易说明总需求变动对通货膨胀的影响。

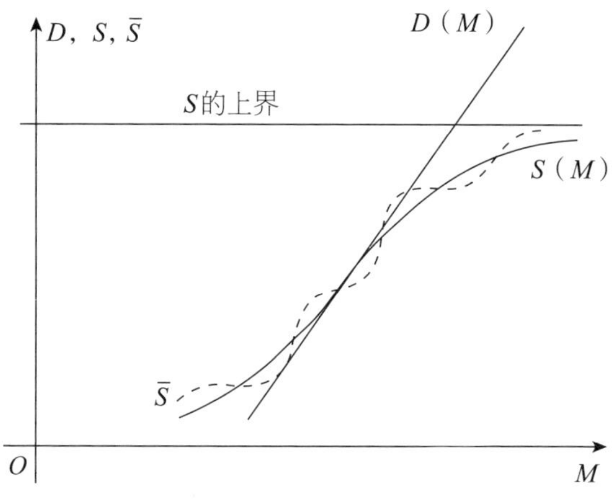

图 5.2　实际通货膨胀总缺口

当通货膨胀持续一段时期后，公众的货币幻觉会消失，总供给会回到潜在总供给水平，于是，过多地投放货币，只会产生通货膨胀。这一现象可用如下公式描述

$$D=D(M)=a+bM$$

$$S=S(M)=S^*+\eta(M-M^*)$$

通货膨胀缺口为

$$DS=D(M)-S(M)=a+bM-S^*-\eta(M-M^*)$$

我们看到，存在货币幻觉时，DS 就较小一些。当货币幻觉

消失时，DS 为

$$DS=D(M)-S(M)=a+bM-S^*$$

此时，DS 相应就要大一些。此时过度货币投放，继续使总需求上升，但货币幻觉消失后，它并没有使总供给上升，因此通货膨胀缺口进一步扩大。

以上，是我们描述通货膨胀的基本理论，下面进一步分析总缺口的具体形成机理。

§5.2 需求拉上的通货膨胀

通货膨胀总是与货币超经济发行联系在一起的。货币超经济发行是总需求膨胀的表现。因此，不论何种通货膨胀，都表现为总需求大于总供给，也就是说，总需求大于总供给是通货膨胀的表象，这如同货币超经济发行是通货膨胀的表象一样。但是在同一现象下，不同的通货膨胀的发生机理是不一样的。

需求拉上的通货膨胀首先反映在通货膨胀的初始形成阶段。在这一阶段，由于货币发行一方面促使总需求增加，另一方面也促使总供给增加。在存在货币幻觉的情况下，货币对物价的推力反映不明显。在这一阶段，生产发展，居民的名义收入提高，购销两旺，容易促使政府进一步投放货币。这一阶段持续一段时期后，居民的货币幻觉逐渐消失，货币对物价的推力越来越强，通货膨胀开始加速。当总供给增长达到或接近增长的上界时，总需求拉上通货膨胀就进入其典型阶段，这时，任何总需求增加，都直接反映为通货膨胀增加。第 3 章的总需求模型Ⅰ和总需求模型Ⅱ，都说明了支出对名义国民收入的影响。它们能反映此时通货膨胀的发生机理。

需求拉上的通货膨胀在开始阶段促使总供给增加，同时物价上涨落后于货币增长，这就导致了一种假象，认为较多的货币是经济增长的润滑剂。这种假象是通货膨胀的重要诱因，政府在经济体制中产生的内在扩张需求压力和上述诱因的拉力下，容易走上通货膨胀道路。

我国经济学界常用总需求膨胀这样一个名词，这个名词也大体反映了需求拉上的通货膨胀的基本性质。总需求膨胀又可进一步反映为消费需求膨胀和投资需求膨胀。对于1984—1988年（五年）的通货膨胀，我国有两种根本对立的看法。一种认为消费需求与投资需求同时膨胀；一种认为消费需求没有膨胀，仅投资需求膨胀。这也就是说，在确定需求拉上的通货膨胀的初步诊断结果后，对于进一步是单膨胀还是双膨胀的诊断尚未形成一致意见。根据这两种不同诊断，开出的治理膨胀处方是不一样的。

认为消费需求没有膨胀的理论的主要依据是，这五年间，国民收入积累率一直偏大，均高于30%，并大多年份接近于35%。经济理论界大多数人认为适宜积累率应在25%~30%之间。若积累率高于30%的界限，那么就是投资高了而消费少了。由此看来1984—1988年不是什么消费需求膨胀的问题，而恰恰相反，是消费需求相应萎缩。从传统理论框架内，得出这一结论应是顺理成章的。

持消费需求膨胀观点的人认为，消费需求膨胀并不是指实际的消费额，而是指居民的可支配收入。我们曾设计和测量了居民可支配收入占国民收入比重的指标，结果见第3章的表3.1。这一结果说明，居民可支配收入增长速度快于国民收入增长速度。我们认为用居民可支配收入占国民收入比重（当然，也可用居民可支配收入占国民生产总值的比重）的指标说明居民可支配收入的增加，更具有说服力。但是，居民可支配收入的增加，并不意味着消费需求膨胀。理由如下：

消费需求本身是一个函数，由前面的分析它受利率、价格和可支配收入的影响。若利率提高，价格提高，尽管可支配收入有所提高，但消费需求也可能相应提高不多，甚至还会下降。总之，消费需求不等于居民可支配收入。再者，消费需求是否膨胀，不能就消费需求而论消费需求，要与消费的供给做一比较。只有消费的需求超过消费的供给时，才能认为消费需求膨胀。因此要确定消费需求膨胀，就需计算出消费需求的大小。而消费需求是事前需求，直接计算它是困难的。但由于我国消费品市场已大体放开，少数未放开价格的消费品也存在议价，因此通过价格的波动可大致反映出事前的消费需求是多了还是少了。由于这几年消费品价格一直上涨，并越涨越烈，因此，可认为这几年确实是消费需求膨胀。

在西方国家，一般认为总需求大于总供给是投资大于储蓄（在封闭的经济系统中）的结果，不会考虑消费需求膨胀的问题。因此一些西方经济学家们对中国通货膨胀的分析，也持否定消费需求膨胀的观点。即使确实是工资过高了，那也是成本推动的通货膨胀，而不是需求拉上的通货膨胀，因此也不存在消费需求膨胀的问题。如果中国经济是市场经济，那么这样认识是有道理的。但中国经济是计划加市场调节经济，它与市场经济是不同的。从本书前几章的分析中可以看到，中国经济体制内在地推动着居民可支配收入增加，而政府在国民收入再分配中又偏向非消费品部门的投资。因此，从产业结构看，初次分配中消费比重大了，要求生产结构以轻型为主；而再分配中生产比重大了，又要求生产结构以重型为主。这两种客观要求不协调，为消费需求大于消费供给奠定了基础。并且，我国资本流动受部门限制，很大程度上取决于计划安排。于是一旦消

费品供给满足不了消费品需求，那么短期内，供给改善的余地并不大。这可视为我国经济系统中消费需求膨胀的内在机理。

在需求拉上的通货膨胀中进一步划分消费需求膨胀和投资需求膨胀，是中国经济理论自己的特色，是中国经济实践哺育出的理论成果。若照搬西方经济理论，是得不出这样的结论的。

投资需求膨胀已成为大多数人的共识，这里我们就不多做讨论。要指出的是，也有人认为国民收入积累率接近35%是含有水分的，近年来的投资中由于折旧等因素低估，导致夸大了投资数量，若扣除了这些水分，积累率并不算高。过分压缩投资，会带来不良后果。积累率中是否存在这些水分，是国民收入核算讨论的问题，这里限于资料，不准备分析这一问题。但是，这个问题确实是值得注意的。

§5.3　成本推动的通货膨胀

通货膨胀不仅仅来自于需求拉上，也可以来自于成本推进。需求拉上通货膨胀，着重从需求方面研究通货膨胀问题；成本推动通货膨胀，着重从供给方面研究通货膨胀问题；而实际发生的通货膨胀，需求拉上和成本推进都在起作用，并且互为因果，难以明确区分。但从理论上看，分清需求拉上和成本推进这两个概念很有必要，因为它代表通货膨胀形成的两种不同机理。

成本推动可有三个起因。

一是内生的成本上升。如产品成本中工资部分所占比重上升。在我国现行体制下，企业间存在互相攀比的现象。经济效益好的企业职工收入增加了，经济效益差的企业职工收入也要向之看齐，这样经济效益差的企业产品成本中工资比重就将上升。成本上升，价格也相应上升。若产品因质低价高卖不出去，企业还可以向政府转移负担，如少缴利润，拒还贷款，不缴税收等。因此，从经济体制看，由于攀比现象存在，工资成本有上升的内在推动机制。尽管我们难以统计出客观上工资成本占产品成本的比重（工资包括奖金等收入在内，而奖金这些收入是难以统计的），但是依据居民可支配收入占国民收入比重这一数据，可以近似计算工资成本占总成本比重是否存在上升趋势。我们可知从 1978—1987 年，补偿 C 占社会总产品 $C+V+M$ 之比重。注意，这里 M 表示剩余产品，即社会总产品扣除补偿和工资的剩余。不碍问题的一般性，设居民可支配收入为 V'，国民收入为 $V+M$。已知 1978 年

$$\frac{C}{C+V+M}=56\%$$

可知

$$V+M=0.44(C+V+M)$$

又因为 $\frac{V'}{V+M}=69.9\%$（见表 3.1）

可知 $V'=0.699\times0.44(C+V+M)$

又因为 $C=0.56(C+V+M)$

所以 $C+V'=0.56(C+V+M)+0.699\times0.44(C+V+M)$

所以
$$\frac{V'}{C+V'}=\frac{0.699\times0.44(C+V+M)}{0.56(C+V+M)+0.699\times0.44(C+V+M)}=\frac{0.699\times0.44}{0.56+0.699\times0.44}$$

我们用 $V'/C+V'$ 近似地代替 $V/C+V$，不难证明，近似值会偏高，若 $V'/C+V'$ 较为稳定，那么这种代替是可行的。仿

上，可计算1977—1989年各年的工资成本占总成本的比重，见表5.1。

表5.1 工资成本占总成本比重（%）（近似值）

年份	1977	1978	1979	1980	1981	1982	1983
工资成本占总成本比重	36.2	35.4	36.4	37.3	38.1	37.8	37.5
年份	1984	1985	1986	1987	1988	1989	
工资成本占总成本比重	38.2	38.2	37.4	35.9	34.0	33.7	

从我们的计算结果看，1977—1989年工资成本占总成本的比重基本上是稳定的，大致围绕35%上下波动，并且1985年后有逐年下降的趋势。

一方面，根据所有制分析，工资等收入是不断上升的；另一方面，实际数据表明工资成本占总成本的比重大致稳定。怎样解释这一现象？这可以从如下两个方面来说明。

首先，企业可以向国家转移工资成本，体现为拒缴利润、税收等。因此工资上升，国家利润收入减少，这样部分工资就可以不摊入成本。因此这种工资提高并不反映在产品成本上而是反映在国家收入减少上，是工资侵蚀利润。国家财政收入减少，为维持一定的财政开支，就被迫搞赤字财政，最终赤字靠银行发货币来弥补。因此，成本推动的通货膨胀转为需求拉上的通货膨胀。通货膨胀的这种转变机制与利润转移的企业机制命题紧密关联。

其次，企业工资成本占总成本的比重上升后，导致产品价格上升。而当所有企业产品价格全面上升后，企业的补偿C这一部分的价格也上升，C值增大抵消了工资V增大带来的工资成本占总成本比重的上升。因此，在较近的年份，工资成本占总成本的上升趋势才能明确反映出来，如1981年工资成本占总成本的比重为0.381，与1978年相比高出2.6个百分点。而1981年零售物价总指数为102.4，国民收入平减指数为101.8。考虑到1981年已实行双紧政策，那么价格上升可视为来自成本推进。而1984年来的通货膨胀，并不来自于成本推进。

我们上述测量可以说明一个问题，工资成本占总成本比重提高虽是推动通货膨胀的一个因素，但它不是首位的因素，上述第一个方面的原因削弱了它的作用。这与西方的市场经济机理不一样。在西方国家，工资收入增加，通常导致成本上升，从而导致成本推动的通货膨胀。而我们国家，工资收入增加，导致国家财政收入减少，导致银行多发货币，从而导致需求拉上的通货膨胀。我国国家财政收入占国民收入的比重从1977年的33.1%降至1988年19%，有力地说明了这一点。居民可支配收入占国民收入比重的增长速度大致上与国家财政收入占国民收入比重的下降速度相吻合。

二是外生的成本上升，具体反映在国外进口的设备材料等的价格上升上。这是从国外引进的通货膨胀。由于我国是一个大国，同时我国实行汇率管理，因此这一方面引起的成本上升，尚不构成我国通货膨胀上升的主要推动力。

三是需求拉上的通货膨胀导致各种产品涨价，这又反过来导致企业生产成本提高，而成本提高又进一步推动价格上涨。这样互为因果的关系是难以测量的。当通货膨胀发展到一定阶段，就会出现这种情况。这可称之为混合型通货膨胀，下一节将做专门研究。正是在出现混合型通货膨胀下，工资成本才出现稳定趋势。因为当C的价格上升比例与收入V的上升比例相同时，$V/C+V$的比值就不会变。

§ 5.4　预期型通货膨胀

只要通货膨胀持续一段时期，需求拉上与成本推进就互为推动，出现混合型通货膨胀。在这种通货膨胀下，居民和企业的通货膨胀预期将与通货膨胀同步，甚至超过通货膨胀。于是企业按预期通货膨胀率预先提高产品销售价格，居民按预期通货膨胀率努力争取更高的名义货币收入，甚至政府也不得不预先增发货币，以应付物价上涨带来的货币需求量增加。此时，出现通货膨胀产生通货膨胀的现象。通货膨胀将向恶性方向发展。

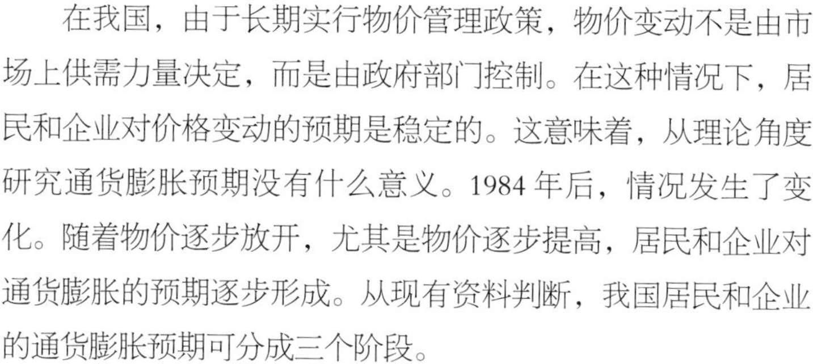

在我国，由于长期实行物价管理政策，物价变动不是由市场上供需力量决定，而是由政府部门控制。在这种情况下，居民和企业对价格变动的预期是稳定的。这意味着，从理论角度研究通货膨胀预期没有什么意义。1984 年后，情况发生了变化。随着物价逐步放开，尤其是物价逐步提高，居民和企业对通货膨胀的预期逐步形成。从现有资料判断，我国居民和企业的通货膨胀预期可分成三个阶段。

第一阶段，居民和企业的通货膨胀预期低于实际的通货膨胀。这反映为货币增长速度与国民生产总值增长速度的差额缺口没有全部转化为物价增长，而是导致货币流通速度减慢。如 1984 年，M_1 增长 49.5%，M_2 增长 34.5%，M_3 增长 27%，国民生产总值增长 14.5%。对 M_1，M_2，M_3 的定义见第 6 章第 3 节。M_3 的增长速度与国民生产总值的增长速度之差为 12.5 个百分点。但同期国民生产总值平减指数（反映了一般物价水平）仅为 4.9%，仅比上年提高 4.9 个百分点。显然，在货币增长速度超过国民生产总值增长速度的 12.5 个百分点中，4.9 个百分点转化为物价，7.6 个百分点转化为货币流通速度变慢。导致货币流通速度变慢的因素很多，其中居民和企业的通货膨胀预期是一个重要的因素。1984 年货币增长速度跃上新台阶。由于这一年我国开始搞物价改革，在这之前，物价一直较平稳，因此，公众普遍存在货币幻觉，过多的货币投放市场后，没有立即冲击物价，也没有造成短缺的加剧。相反，从那时起，我们正开始逐步放弃各种票证，如布票等。这种情况一直延续到 1987 年。这一年 M_3 增长速度为 21.6%，国民生产总值增长速度为 10.6%，而国民生产总值平减指数只有 5.6%。M_3 增长速度超过国民生产总值增长速度的 11 个百分点中，只有 5.6 个百分点转为物价上升，余下的 5.4 个百分点转为货币流通速度变慢。

第二阶段，居民和企业的通货膨胀预期同步或高于实际通货膨胀。这反映在货币增长速度超过国民生产总值增长速度的缺口，几乎全部转化为物价上涨，甚至物价上涨还要大于这一缺口。1988 年的情况反映了这一点，在这一年中，M_3 增长速度为 19.4%，国民生产总值增长速度为 11.2%，国民生产总值平减指数为 12%。M_3 增长速度超过国民生产总值增长速度的缺口为 8.2 个百分点，而同期物价上升 12 个百分点，物价上涨已经大于了这个缺口。这一情况反映了居民和企业的通货膨胀预期高于实际的通货膨胀，他们尽快地抛出货币，购买商品。当银行利率低于物价上涨率时，他们还挤兑存款。

第三阶段，居民和企业的通货膨胀预期变为负预期，即他们预期的价格低于实际价格。在这种情况下，货币增长速度超过国民生产总值增长速度的缺口不会转化为物价上升，或者只有极少部分转化为物价上升。1990 年 M_3 增长速度约为 19%（估计数），而物价增长速度为 2.1%（用零售物价指数表示）。国民生产总值增长速度为 6%，M_3 增长速度与国民生产总值增长速度的缺口为13个百分点。

从上面的分析中可以看到，当居民和企业产生了通货膨胀预期后，货币与物价之间关系将随预期的变动而变动。我们在分析总需求时就已经指出了这一点。因预期价格变动会影响到总需求的大小，短期内预期价格越高，总需求将变得越大。如果我们不注意预期因素的作用，那么我们就无法解释货币与物价关系的这种波动。用传统的经济理论是无法解释这种波动的。

从上面的分析中我们也可以看到，1988年居民和企业的通货膨胀预期的突然提高是与1984—1987年连年货币超经济发行分不开的。这些年货币超经济发行导致了居民和企业对通货膨胀预期的提高。此外，1988年大力宣传的物价改革给居民带来物价还将大涨的感觉。这也导致了公众通货膨胀预期的迅速提高，从而造成挤兑存款和抢购商品的局面。

§5.5 结构型通货膨胀

经济结构调整是一个缓慢过程，由它决定的供给结构调整也是一个缓慢过程，而总需求变动及总需求结构的变动则相应要快一些。这样不仅总需求与总供给之间短期会存在缺口，并且总需求结构与总供给结构之间也会存在不相适应的情况，从而导致结构型通货膨胀。

在经济体制改革以前，我国经济结构基本上由政府决定，经济结构的矛盾着重反映为“重重轻轻”，即重视重工业，轻视轻工业，导致重工业与轻工业不协调。经济体制改革后，我国经济结构由政府和企业这两个方面的力量决定，经济结构的矛盾着重反映在基础工业与加工工业不相适应上。

由于基础工业跟不上加工工业的发展，加工工业部门的固定资产显得相对过剩。加工工业部门的企业为追求最大利润，将以自己的固定资产正常运转所需流动资金额为依据向银行申请贷款，虽各地方银行在行政上不归于地方政府领导，但为了地方上的利益，地方银行也尽力满足这种贷款要求❶。加工工业企业货币需求满足后，基础工业部门供给不足的矛盾就立刻暴露出来，其结果便导致了基础工业产品价格上涨。

除了加工工业与基础工业的矛盾外，我国农业与工业的矛盾也很突出。我国有 11 亿多人口，而农业自然条件并不理想，可供农业使用的土地资源还有日益减少的趋势。资源限制也使我国农业发展具有较大的刚性。在我国工业化程度较低的情况下，落后的农业与工业发展的矛盾虽然存在，但尚不突出。但是随着工业的发展，对农产品的需求不断上升，农产品供需矛盾就暴露出来，结果便导致农产品价格上涨。我国对粮食产品采取财政补贴的方法，硬性压下了其价格上涨的冲力。但是对农副产品的价格则逐步放开，这些年农副产品价格上涨是很明显的。农产品价格上涨，一方面导致工业因农业原材料价格上升而相应提高工业品价格；另一方面职工极力要求增加工资收入以弥补农产品价格上升给生活带来的影响（我国居民消费中吃的比重较大，居民对农产品价格上涨是很敏感的），这样企业也会提高产品的价格。❷

结构因素导致通货膨胀不仅仅反映在供给不足上，也可反映在供给过剩上。我国部分加工工业部门的产品出现了供过于

❶ 地方银行贷款突破中央银行贷款计划，形成所谓通货膨胀的倒逼机制。它说明，通货膨胀可以通过地方层层制造出来，最终中央政府只能接受通货膨胀的既成事实。我国经济理论界对此认识颇为一致。参见参考文献一[31]、[57]。本书对此不再做专门分析。

❷ 参见参考文献一[57]。

求的情况。从时间的纵向上看，我国经济中的主要特征是需求大于供给，但这并不否定短缺与剩余并存，只是相对而言，短缺显得更突出。部分产品的剩余对我国经济也形成一定影响。前几年我国经济理论界对此已有讨论，这里不准备论及。这里仅讨论剩余与通货膨胀的关系。在市场经济中，剩余导致价格下落，因此不会存在剩余产品导致通货膨胀的问题。在我国，则存在这种可能性。

我国现行的统计制度规定，凡在一个统计时期内生产出来的产品成果不论其是否销售，都是这一统计时期的生产成果。因此，对于那些积压在仓库中的剩余（或者说滞销）产品，它们都已经按全部价值计算，最终计入国民收入。国家根据这种带水分的国民收入进行计划安排，形成了总需求和总供给。结果，一部分需求在市场上找不到对应的产品，这就加剧了供需矛盾，引发通货膨胀。

因此，在我国经济中，不仅测定短缺有意义，测定剩余也有意义。开展这方面的理论研究是有意义的。目前，国外已有这方面的研究论文，但尚不成熟[1]，国内这方面的研究则有待开展。

由上分析，结构因素与体制因素一样，也是我国通货膨胀的内在因素。结构因素和体制因素对通货膨胀的影响，是我国通货膨胀形成的内在机理。

---

[1] 参见参考文献一[22]。该篇论文同时测定了短缺与剩余，引起了经济理论界的注意。我个人认为，该文方法有两点不足，一是有一因素取值由主观因素决定；二是计算结果标准误差太大。我在斯坦福大学曾用该文方法估算了中国的短缺与剩余，终因系数的标准误差太大而放弃了计算结果。国外同行对该论文的评价可见近年的有关杂志。但该方法值得注意，若改进了不足之点，它对中国经济的实用性是很强的。我们应注意国际上对该论文的评述及该方法可能改进的情况。

6章　货币需求与供给

通货膨胀既涉及商品市场的问题，又涉及货币市场的问题。前面我们透过货币这一现象，直接从总供需缺口这一层次上分析通货膨胀，即首先分析商品市场的问题。本章我们继而分析货币市场的问题。

我国货币市场的形成远远落后于商品市场。西方国家调控货币市场的三大方法，即存款准备金、公开业务市场、再贴现率和再贷款利率的调整方法，在我国现行银行制度下，作用是有限的。目前中国人民银行（行使中央银行职能）调控货币市场的主要手段仍是数量调节，即采取货币配给、专款专用等一套办法来直接控制贷款规模。并且国家计委制定的计划盘子和财政部制定的财政支出盘子，均直接影响到贷款盘子的确定。传统的综合平衡理论，对这三个盘子的相互关系做了全面分析[1]。本章研究货币市场，将以这些分析为基础。

在马克思的经济理论体系中，货币理论可分为两个层次，第一层次是金属货币论，第二个层次是纸币论。金属货币是商品中的一个特殊类型，它具有一般等价物的功能。金属货币仍是商品，它自身的价值仍由社会必要劳动时间决定。在金属货币的经济系统里，金属货币的供给与需求会在市场上自行达到均衡状态。金属货币本身不是决定商品价格的因素。纸币是金

[1] 参见参考文献一[35]、[45]、[54]、[56]。

属货币的符号，它只具有交易功能，纸币本身是无价值的。纸币对价格有影响。纸币对价格的影响可以通过如下公式反映出来

$$MV=PQ$$

式中，M 为纸币；V 为纸币流通速度；P 为价格；Q 为市场交易量。在 V 和 Q 不变的条件下，M 越多，P 越高。

在马克思的经济理论体系中，货币及其作用与理论体系是协调的。

在现代西方经济理论中，货币理论与微观经济的效用理论不太协调，或者说货币与以效用理论为结构的微观经济理论不太协调。直到现在为止，西方经济学家尚没有找到一种把货币纳入一般均衡理论体系的令人满意的方法。在宏观经济理论上，西方经济学在货币理论研究方面取得了较大的进展，货币理论与宏观理论的协调性也较强，在 *IS—LM* 模型中，可以看到这一点。

在我国经济理论研究中，货币理论研究显得相对落后。如何在我国宏观经济理论中有效地协调地纳入货币因素，尚为待探索的工作。如研究货币增长对经济增长的关系，尚没有在一套完整的宏观经济理论框架内进行，就事论事，说服力和解释能力都受到限制。在研究通货膨胀理论中，有人开始深入分析货币理论，已有专著问世，论文质量也提高了。

在本章中，试图从货币供需角度考虑货币供给与需求对经济系统的影响。我们分长期和短期两个角度考察这一问题，将会看到，短期内由于预期粘性或货币幻觉的因素，货币不是中性的，货币作用产出的方向与供给本身所处状态又密切相联。

§6.1　货币需求函数

凯恩斯认为货币需求出于三种动机，即交易动机、预防动机和投机动机。这三种动机总起来就决定了个人对货币的需求，或者他的灵活偏好。凯恩斯的货币需求表示为

$$M^d = kPY + L(r)$$

货币需求分成两部分，第一部分是满足交易和预防动机的需要，第二部分是满足投机动机的需要。第一部分是价格 P 和收入 Y 的函数，k 为系数；第二部分是实际利率 r 的函数。

我国居民和企业对货币的需求首先出自于交易动机。交易需要货币作为中介，缺少这种中介，交易就难以进行。因此居民和企业手中必须拥有一定的货币量，以满足交易的需要。对居民而言，满足交易所需的货币是指现金和转账支付。对企业而言，满足交易所需的货币是指现金和转账结算存在银行的那部分存款。

我国居民还具有货币储蓄动机。居民货币储蓄动机存在原因较为复杂，大致可以分为如下几类：（1）为购买耐用消费品、房屋或者未来子女教育等的储蓄；（2）为应付突发事变的储蓄，如生病、灾害等；（3）为得到利息而储蓄；（4）因一时买不到适用的东西而储蓄。

我国居民的货币储蓄可视为收入和实际利率的函数。这种货币储蓄的表现形式是居民的长期存款和短期存款。

企业和政府也有银行存款，但这种存款并不是因为企业和政府有储蓄动机，而是一种制度规定，即由银行代理企业和政府管理尚未动用的货币。因此这种存款只能视为企业交易动机的需要。

于是，以 M_2（现金加企事业单位存款）表示的货币需求函数为

$$M_2^d = kPY$$

式中，P 为价格；k 为系数；Y 为市场商品交易量。通常 Y 用国民收入或者国民生产总值代替。依据现有的统计资料，我们也可把国民收入或者国民生产总值中扣除实物交易后的部分作为市场交易总量。

而以 M_3（M_2 加其他存款）表示的货币需求函数为

$$M_3^d = kPY + L(r, HR)$$

式中，L 表示居民的储蓄需求函数；r 为实际利率；HR 为居民的可支配收入。

因此，我国的货币需求可定义为满足交易所需求的货币与居民储蓄需求的货币二者之和。

为了便于理论分析，可以把上述 M_3 表示的货币需求函数予以简化。假设国民收入为交易量，并且又由于国民的可支配收入本身是国民收入的函数，因此，只需要保留国民收入变量和实际利率变量（价格的变动已反映在实际利率变动之中）。故 M_3 表示的货币需求函数可简记为

$$M_3^d = f\left(r, NI\right)$$

当该函数形式为线性时，则表示为

$$M_3^d = a_0 + a_1 r + a_2 NI$$

式中，a_0、a_1、a_2 为方程的系数，NI 为国民收入。

我们也可以用指数形式表示货币需求函数，即有

$$M_3^d = A \cdot r^{a_1} \cdot NI^{a_2}$$

式中，a_1 代表利率 r 对货币需求的弹性；a_2 代表国民收入对货币需求的弹性；A 为系数。

简要的货币需求函数的经济含义为：货币需求是国民收

入与实际利率的函数。当国民收入提高时，对货币需求增加；当实际利率提高时，对货币需求减少。虽然实际利率提高会促使居民储蓄提高，但它导致用于交易量的货币减少，同时交易过程中货币流通速度会加快（实际利率高，手持现金数量会减少）。因此总体上看，实际利率提高，货币需求量减少。

需要注意的是，货币需求量同其他商品需求量一样，是不可以直接测量的。商品的需求是以货币做约束的，对货币的需求则以供给做约束。当国民收入一定，利率一定时，对货币的需求也随之确定。因此，货币需求并不是生产者的贷款申请需求量。在我国，生产者的贷款申请只是一种欲望，这同消费者对商品的欲望一样，欲望与需求是不同的。

讨论货币需求还需注意区分根据现行购买力单位测量的名义货币，以及根据不变购买力单位测算的实际货币。名义货币与物价水平成正比。实际货币需求与物价无关，只随实际收入和利率而变化。如果 M 指名义货币，那么上述公式就应表示为

$$\frac{M}{P}=f\left(r,NI\right)$$

名义货币对经济的影响与预期密切相关。当人们预期通货膨胀率低于实际通货膨胀率时，人们并未意识到手中货币增加仅仅是名义货币的增加，而不是实际货币的增加，存在货币幻觉，这延阻了名义货币对价格的冲击。它表示出一种人们对货币需求提高的假象。不然的话，为什么货币供给增加后，价格没有上升呢？除国民收入增长因素外，另一个因素就只能是货币需求增加了。若不考虑预期因素，这种解释的说服力就很强；考虑预期因素后我们看到，货币需求只是暂时提高，一旦货币幻觉消失，货币需求就会回落。这一现象可表示为

$$M^{d}=M^{*}+\delta\left(P-P^{*}\right)$$

式中，M^* 为从长期看所需的货币量；M^d 为从短期看所需的货币量；P^* 为预期价格；P 为实际价格；δ 为大于 0 的实数。当有 $P^*<P$ 时，有 $M^*<M^d$。一旦 $P^*=P$，就有 $M^d=M^*$。

§6.2 货币流通速度

货币流通速度是影响货币需求的一个重要因素，同时也是货币需求理论中最难以掌握的因素。当货币流通速度加快时，对货币的需求量相应减少；而当货币流通速度减慢时，对货币的需求量相应增加。

分析货币需求，一个重要的理论前提是，货币流通速度是否稳定。如果货币流通速度是不稳定的，那么它存在何种变动趋势？持不同的理论前提，可得出不同的理论结论。因此对货币流通速度的测量，对于我们的理论分析具有重要意义。

在一个经济系统中，影响货币流通速度的因素是多种多样的，很难对此做全面分析。我们只能做一理论抽象，舍弃一些枝节，把注意力集中到一些重要的变量上来。

从长期看，影响货币流通速度的因素主要可分为两种，一种是制度因素，另一种是收入因素。

在传统的计划经济中，实物交换的比重比较大，这一方面导致较低的货币需求，另一方面也使货币流通保持较高速度。在一个半实物交换半货币交换的经济系统中，货币用在那些必不可少的地方，如居民购买日用消费品等环节上。在经济系统的这些环节上，货币主要作为交易中介，经手而过，流通速度较快。当农村商品经济比重逐渐增大后，货币流入农村日益增多，由于农村中经济运行速度的缓慢，货币流通速度相应减慢。于是，在传统计划经济向有计划商品经济过渡过程中，会出现货币流通速度减慢的现象，这是经济货币化过程中必然出现的现象。

再来看收入与货币流通速度的关系。改革前，我国居民收入很低，只能满足生存的基本需要，没有多大的储蓄能力。改革后，居民收入增长速度快于国民收入增长速度，居民收入中用于储蓄的部分也在提高，见表 6.1。

表 6.1　居民积累额占居民可支配收入比重（%）

年份	1977	1978	1979	1980	1981	1982
居民积累额占居民可支配收入的比重	6.09	9.12	11.02	12.21	10.71	12.96
年份	1983	1984	1985	1986	1987	
居民积累额占居民可支配收入的比重	13.52	16.76	23.3	23.35	20.96	

居民在银行的存款大部分被银行重新投入流通。同时居民手持现金增加（也是居民储蓄的一个部分），也被银行视为收入来源，并变为银行支出。但是居民手持现金的增加，导致现金流通速度的减慢，而居民存款的增加，也会使银行的存款准备基金增加，这也导致部分存款基金滞留在银行，从而导致货币流通速度减慢。

企业在银行存款的增加，也同样会导致货币流通速度减慢。

因此，目前在我国随着国民收入的增加，货币流通速度存在减慢的趋势，这将导致货币供给的增长速度快于国民收入增长速度。

我们可用货币交易方程式

$$MV=PQ$$

来测量货币流通速度。

式中，M 为货币；V 为货币流通速度；P 为物价；Q 为交易量。我们用 M_3 表示 M，用 GNP 平减指数表示 P，用 GNP 中的货币化部分（即 GNP 减去实物交易部分）表示 Q。由此，不难由

$$V=\frac{PQ}{M}$$

算出历年 V 之值，见表 6.2。

表 6.2　货币流通速度（%）

年份	1981	1982	1983	1984	1985	1986	1987
V	1.58	1.49	1.43	1.38	1.31	1.27	1.24

不难看出，V 值每年确实都在减少。用上述 V 值对时间 T 做回归，得

$$V=112.51 - 0.056T$$

$$(16.58)\ (-16.37)$$

$$R^2=0.98 \qquad DW=1.358$$

从回归方程中可看到，每年 V 值平均降低 0.056。

根据西方发达国家的实践，当国民收入增长到一定时期后，货币流通速度不会再变慢，反而会变快。根据目前我国与西方国家的差距，可以认为我国货币流通速度还会有一段下降时间。

从短期内看，影响货币流通速度的因素主要是通货膨胀预期。当居民和企业的通货膨胀预期较高时，他们会抛出货币，抢购商品，以降低通货膨胀带来的损失。这样货币流通速度就会加快。这一现象可表示为

$$V=V^{*}+\delta(P^{*}-P)+u$$

式中，V^{*} 是从长期看应有的货币流通速度，它由制度因素和收入规模决定；V 是短期内货币流通速度，它偏离 V^{*} 的程度，由预期价格偏离实际价格的程度决定；u 为随机误差；δ 是大于 0 的实数。

当 $P^{*}>P$ 时，$V>V^{*}$，于是由 MV 表示的货币购买力增加，当 Q 没增加时，只能是 P 提高。可见由较高的通货膨胀预期，可带来较高的通货膨胀。

当 $P^{*}<P$ 时，$V<V^{*}$，于是由 MV 表示的货币购买力减低，当 Q 不变时，只能是 P 降低。当预期粘在较低水平上时，M 的供给增加，将被较低的 P^{*} 吸收。这是预期陷阱效应，我们在本章第 5 节详细解释预期陷阱概念。

§6.3 货币供给的决定

我们先给货币供给下一较宽的定义：货币供给量等于国家银行总支出量。

$$\text{国家银行总支出量}(M)=\text{各项贷款}(D)+\text{黄金、外汇占款}(GF)+\text{在国际金融机构资产}(IM)+\text{财政借款}(FM)+\text{其他支出}(EZ)$$

我们定义的较宽口径的货币供给量就是国家银行借贷资金平衡表上的资金运用总量。由于资金运用等于资金来源，因此也有：货币供给量等于国家银行总收入量。

$$\text{国家银行总收入量}(M)=\text{各项存款}(Z)+\text{对国际金融机构负债}(IZ)+\text{流通中货币}(M_1)+\text{银行自有资金}(BM)+\text{当年结益}(BR)+\text{其他}(ER)$$

通常定义的三种货币供给为

M_1= 流通中货币

M_2=M_1+ 企事业单位存款（EM）

M_3=M_2+ 其他存款（HM）=M_1+ 各项存款（Z）

从上面的定义可看到，我们定义的三种货币都是从国家银行的资金来源的角度定义的。

国家银行的货币供给，是从贷款开始的。如果只考虑贷款、存款、流通中的货币这三个项目，不考虑国家银行借贷资金的其他收支项目（假设它们收支正好相等），那么有

贷款 − 存款 = 流通中货币

从政府角度看，控制货币供给量，实际上是要控制贷款量。而贷款量是一存量，因此控制货币供给量，就是要控制新增的贷款量。这是为什么我们首先从银行的资金支出一方来定义货币供给量。根据前面的等式，有

贷款 = 流通中货币 + 存款 =M_3

可见，M_3 实际上就是贷款。而分析 M_3 的变动，也可从贷款这一角度进行。

下面分析银行贷款是怎样形成的。

首先从国家计委的职能开始。不论是传统的职能还是新的职能，其中重要的一项是投资。国家计委定下投资盘子，要考虑物资平衡和资金平衡两个问题。如果说，物资平衡是硬平衡的话，那么资金平衡则是软平衡，它是具有一定伸缩性的。

财政部确定的财政支出盘子，一方面要考虑到财政的收入量，要量入为出；另一方面也要考虑到计委的投资盘子，重点项目的建设必须得到保证。当财政支出大于收入时，财政便向银行借款。

银行在确定货币收支盘子时，计委投资盘子和财政收支

盘子都需考虑，银行不能去改变这两个盘子的格局。银行在尽力满足这两个盘子的同时，还需要满足企业的流动资金贷款要求。确定流动资金贷款总额，是银行控制货币供给量的主要闸门。当银行贷款大于存款时，银行通过发行现金来弥补贷存缺口。现金只是银行维持收支平衡的筹码。

对政府而言，要控制新增贷款规模即控制货币供给，首先得控制住国家计委的投资盘子；其次要控制住财政的支出盘子；然后控制住银行的流动资金贷款盘子。

从我国现行经济体制看，企业靠内部积累来投资的积极性不大，但企业靠国家资金来投资的积极性则很大。企业的这种投资冲动，政府很难依靠提高贷款利率的微调手段来抑制，最终只能采取硬性砍投资盘子的方式（包括使已在建设的项目下马），来抑制住投资贷款及由投资派生的其他贷款，从而控制住货币供给量。

上面我们是从控制货币供给的可操作性角度来说明货币供给形成的，或者说是从货币供给的权力分配角度来说明的。下面我们分析货币供给与经济系统的内在关系。

短期货币供给可视为

$$M_t^s = \text{上年贷款总额} + \text{新增贷款总额}$$

或者记为

$$M_t^s = M_{t-1}^s + \Delta M_t^s$$

式中，新增贷款总额可视为外生变量，它由政府给定。

短期的货币供给与需求的平衡，则是短期货币需求函数与供给函数的交点，即为

$$\begin{cases} M_t^s = M_{t-1}^s + \Delta M_t^s \\ M_t^d = a_0 + a_1 r + a_2 NI \end{cases}$$

上面这一联立方程式中，若 NI、r 已定，可由此计算出所需货币供给量；反过来，若 M_t^s 已定，r 已定，则可由此决定预期的 NI，或总供给量。但是，现在问题的关键是，M_t^s 是已知的，而 M_t^d 是未知的，上式只有在假定 $M_t^s=M_t^d$ 的情况下才能进行回归，确定 a_0、a_1、a_2 这三个参数。解决这个问题的出路是把我们的货币供需函数与前面的总供给、总需求函数有机联系起来，构成一个整体。具体说就是，在总供给总需求分析中，我们曾假设

$$D_t=D(M_t^s) \qquad S_t=S(M_t^s)$$

只要确定了 M_t^s，就确定了 D_t 和 S_t（注意是在假定 r、K、L 不变的基础上进行分析的）。反过来，M_t^s 是 D_t 和 S_t 的反函数，即有

$$M_t^s=S^{-1}(NI)$$

这里设 NI 为总供给。这也就是说，只要确定了 NI，也就可以相应确定适宜的货币供给量 M_t^s。一般说来，存在货币幻觉时，货币供给增加，商品供给也增加，因之货币需求也相应增加，不存在货币供给超过货币需求的问题。不存在货币幻觉时，或者供给已达上界时，货币供给增加，商品供给不增加，对货币的需求也不会增加，这就存在货币供给超过货币需求的问题。

由 $D_t=D(M_t^s)$ 和 $S_t=S(M_t^s)$ 的交点确定的 M_e（见第5章第1节图5.1），即为适宜的货币供给量，或称货币供给与需求的均衡点。在这一点上，商品市场与货币市场同时达到均衡。因此，我们可从商品市场上来寻找货币市场上的均衡点。这大大降低了问题处理的技术难度。问题转化为是先决定 NI，从而确定 M_t^s 呢？还是先决定 M_t^s，从而确定 NI？

从我国政府历年的计划安排上看，我们是先从决定 *NI* 的增长速度开始的（即从确定国民收入增长率开始）。先确定了国民收入增长速度，然后再为保证这一速度来安排货币供给量。从传统的计划经济来看，这样做是合理的。先从物资平衡出发，确定增长速度，然后再来安排资金平衡。物资平衡是基础，是硬的平衡。资金平衡是软的，是可调整的。资金平衡应保证物资平衡的需要。这可称之为速度决定论。

如果我们试图实行以指导性为主的计划，那么上述过程就正好反过来，政府先决定货币供给量，然后才能由此确定经济增长速度。这可称之为货币决定论。在这一过程中，政府只能靠资金平衡来引导物资平衡，因为政府已不能直接干预物资生产过程。这里，政府直接决定货币供给量，仍是一种数量调节手段，是一种直接的手段。当资金市场真正建立起来后，货币的供给与需求，将由利率等间接因素决定。政府通过调控利率等间接因素来决定货币供给与需求，从而决定经济增长速度，这才是迈向间接控制手段第一步。

当然，我们也可从调控 M_t^s 和 *NI* 这两个方向上着手来调控产出水平和物价水平。本书第 8 章还将进一步讨论这一问题。本章有关商品市场和货币市场关系的内容，构成第 8 章的理论基础。

§ 6.4 货币交易方程式

货币交易方程式的常用形式是

$$MV=PQ$$

式中，M 为货币量；V 为货币流通速度；P 为价格；Q 为交易量。这是一个恒等式。另一常用形式是

$$M=kPQ$$

式中，$k=1/V$。同样这也是恒等式。

所谓古典货币学派，是在这一恒等式基础上做了某些假设，如在 $MV=PQ$ 的基础上假定短期内 V 不变，Q 亦不变，则 M 增加必带来 P 增加，或者 M 的增长率便是 P 的增长率。可证明如下

首先，对 $MV=PQ$ 两边取对数，有

$$\ln M+\ln V=\ln P+\ln Q$$

再对上式两边求导，有

$$\frac{M'}{M}+\frac{V'}{V}=\frac{P'}{P}+\frac{Q'}{Q}$$

由于假定 V 和 Q 为常量，故 $V'=0$，$Q'=0$，于是有

$$\frac{M'}{M}=\frac{P'}{P}$$

近似记为

$$\frac{\Delta M}{M}=\frac{\Delta P}{P}$$

故有 M 的增长速度等于 P 的增长速度。

如果假定短期内 Q 可变，但仍假定 V 不变，则有

$$\frac{\Delta P}{P}=\frac{\Delta M}{M}-\frac{\Delta Q}{Q}$$

即 M 增长速度与 Q 增长速度之差，就是 P 的增长速度。

$M=kPQ$ 常称之为剑桥方程式，从这一恒等式出发所作假定为，经济单位在通常情况下所持有的货币量或现金余额，与国民收入保持一固定或稳定的关系。因此，k 称之为货币持有率。从这一假定出发，得到的结论与前面的完全相同。

西方现代货币理论，始出于凯恩斯。在凯恩斯货币理论中，物价水平不与货币量做同一比例的变动。V 及 k 都不是常数，货币需求对利率变动至为敏感。如果当利率降低至某一无可再降的低点之后，货币需求会无限增大。因为此时无人愿意持有公债或债券，每人只愿持有货币。这就是所谓流动性陷阱。在低利率下，货币增加会被流动性陷阱吸收而不对物价产生影响。流动性陷阱存在，是因为人们对未来经济预期的不确定性所致。由于难以准确地预期未来，货币较之其他资产而言，更具有安全性。因此，持有货币不仅是交易动机之需要，还是资产动机之需要。因此凯恩斯将货币需求分为两个部分，交易需求由交易量（或国民收入）所决定，而资产需求由利率所决定。

凯恩斯学派的经济学家在凯恩斯货币理论基础上，进一步研究发现，货币交易需求虽与交易量依同一方向变动，但其增长率低于交易量的增长率。所谓平方根定律就是试图解释这一现象的，平方根定律阐明了即使纯粹作为交易工具的货币，也对利率或机会成本相当敏感，并对交易量呈现规模节约的性质。但是作为平方根定律的数学公式之结论，现在西方经济学家已不常用。

弗里德曼的货币理论，一方面采纳了凯恩斯视货币为资产的核心思想；另一方面又基本上肯定了古典货币数量论的基本结论，即货币量的变动反映在物价变动之上。弗里德曼虽然否定 V 为常数，认为 V 为函数，但该函数是稳定可测的函数。弗里德曼还认为货币需求受利率影响较小。弗里德曼提出的货币需求函数，不仅较之古典的 $MV=PQ$，也较之凯恩斯的货币理论更为复杂，这里不做具体介绍。

今天，我国经济学家们引用货币交易方程式时，基本上是

直接利用 $MV=PQ$ 这一恒等式来解释中国经济中的货币与物价问题的。这里至少有两点在我国经济学家的大多数人中达到共识，（1）V 速度呈现下降趋势；（2）Q 是外生的。我们是在 Q 已定的情况下，来讨论当 V 值已知（或给一估计值）时，M 变动对 P 变动之影响。

考虑到中国经济现在面临的问题，有必要就如下问题做深入讨论。

1. 货币仅是交易工具，是否还具有资产的作用。这里所说的货币并不是指马克思的金属货币，而是指人民币。

2.V 值下降之原因探讨。

3. 货币与 Q 之关系。作为完整的货币理论，不仅要讨论 M 与 P 之关系，还应讨论 M 与 Q 之关系。是 Q 增长促使 M 增长呢？还是反过来，是 M 的增长促使 Q 增长。

只有明确回答上述问题，才能深入分析通货膨胀问题。正因如此，本书中分析通货膨胀，不是从 $MV=PQ$ 这一大家熟知的公式着手，而是从总供给、总需求函数着手。只有在总供给、总需求函数的基础上，才能回答上述问题。只有回答了上述三个问题，才能深入分析 M 与 P 和 M 与 Q 之间的关系，如果只使用 $MV=PQ$ 这一恒等式，是说明不了多少理论问题的。也就是说，仅利用 $MV=PQ$ 这一恒等式作为理论支柱，将不能支撑起分析通货膨胀的理论大厦。

在前面的理论分析中，已逐步给出了上述三个问题的答案。

1. 货币不仅仅只是交易工具，还具有资产的作用。从我国居民的角度看，货币不仅仅具有交易功能，而且货币本身也是财富的代表。正因为居民视货币为财富，当货币贬值时才会去挤兑存款，将货币财富转化为实物财富。正因为居民视货币为财富，也才会当货币值稳定时，把货币存入银行。对企事业单位而言，货币同样也是一种财富，所以才会有争贷款、争投资的问题。

正因为我们视货币不仅具有交易功能，而且还具有代表财富的功能，才将货币需求划分为两个部分，一是交易需求，二是财富需求。一般对企事业单位而言，货币作为财富，是要使用的，不存在储蓄动机的问题。企事业单位将货币存入银行，是现行制度规定的结果。居民将货币作为财富，是存在储蓄动机的。至于居民愿意将自己总财富中的多大部分作为实物财富保存或消费，多大部分作为货币财富存入银行，这还是有待研究的问题。

只要政府尚能控制住经济，通货膨胀不向恶性方向发展，居民就有理由认为纸币随时能换成实物，因之而把纸币视为财富的代表。但是纸币毕竟不是金属货币，若通货膨胀朝恶性方向发展，或政府控制不住经济，居民就不再视纸币为财富的代表，从而挤兑存款，购买实物储存。❶

2. 分析了导致 V 下降的两种原因，一是制度原因，二是收入原因。制度原因大致是大家的共识；收入原因则需讨论。这就是说，我们的货币的机会成本并不高，因之不能形成规模节约的原动力。机会成本不高又取决于两个方面，（1）货币的投向唯一，只能存入银行。股票、债券占的比重还很低，居民对

❶ 一般说来，只要实际利率大于零，纸币在一定程度上也具有“蓄水池”的功能，但这一功能不及金属货币贮藏的“蓄水池”功能大。只有当实际利率远低于零时，纸币的“蓄水池”功能才会消失。当实际利率稍低于零时，仍会有部分纸币转化为存款，这由持有纸币的机会成本所决定。我们对这种机会成本的认识尚不深入，从短期看，居民的通货膨胀预期是影响这种机会成本的重要因素；从长期看，居民的储蓄倾向是影响这种机会成本的重要因素。

货币投向的选择余地很小，这导致机会成本降低。（2）实际利率低。我们的实际利率长期在零附近徘徊，居民手持现金带来的损失并不大，而由于交易的方便或对未来预期的不确定性，随着收入增加，手持现金也在增加。V值下降，导致了货币增长速度超过国民收入增长速度。

3. 不仅分析M与P的关系，也分析M与Q的关系。在讨论总供给总需求时，我们指出了短期内随着M增加，Q随之增加，当Q达到上界后，M增加则导致通货膨胀增加。我们对这一问题的分析可以归结为如下几点：

（1）随着M增加，需求也增加，需求增加不会遇到上界。

（2）当总供给小于潜在总供给时，随着M的增加，总供给增加，而且此时M增加全部作用在Q上，不作用在P上。

（3）当总供给大于潜在总供给时，随着M增加，总供给也增加，但增加速度越来越慢，此时M增加越来越少作用在Q上，而越来越多作用在P上。

（4）当总供给达到上界时，随着M增加，总供给不增加，此时M增加，全部作用在P上。

在以上理论分析基础上，可以利用$MV=PQ$这一恒等式来分析通货膨胀问题。这其实是对上述理论的简化分析。

如果采取速度决定论。那么在确定Q之后，确定P不变，估计出V值后，便可确定相应的货币供给量。这里要特别指出的是，P值与总供给在潜在总供给下还是在潜在总供给上有关系。只有当总供给在潜在总供给下，才能确定P值不变。若总供给在潜在总供给之上，就不能做此规定，除非硬性冻结物价。但此时由Q决定M就没有什么意义了。

如果采取货币决定论。那么在确定M之后，估计出V值，算出MV，这就是总需求，由此可计算出Q之值。这时，尤要

注意 Q 变动的潜力，如果 Q 已达到上界，那么 M 之变动，就全部作用在 P 上了；如果 Q 在潜在总供给之下，那么 M 之作用，就全部作用在 Q 之上；如果 Q 在上界与潜在总供给之间，那么 M 之作用，将一部分作用在 P 上，另一部分作用在 Q 上。M 作用之划分，取决于 Q 在潜在总供给与上界之间的位置。

从短期看，由于预期的不确定性，V 值的变动难以估计准确；但从长期看，由于预期不起作用，V 值下降之趋势又可以测定，即可以估计，因此，利用 $MV=PQ$ 做长期分析，有一定作用，做短期分析，其结论的可靠性并不大。

特别是存在预期情况下，M 对 P 与 Q 的作用关系更为复杂。1990 年 M 增长率约为 19%，Q 的增长率约为 6%，而 P 的增长率较低，为 2.1%。分析其原因，在于居民对通货膨胀预期太低，于是居民倾向于保持货币财富，这导致市场疲软。企业由此而库存增多，积压了大量流动资金。这反映为 V 值大幅度下降。而 1988 年情况正好相反。这一情况前面已有分析这里不再赘述。因此，在存在预期的情况下，利用 $MV=PQ$，作用就十分有限，不宜将其作为分析通货膨胀的主要工具。

当然，中国经济理论从传统的现金与库存商品之比的经验数据上升到分析 $MV=PQ$，进而分析 V 值变动之原因，这已是一个大的理论进展，可视为传统经济理论向实证经济理论过渡的一个转折点。但是，不能以此为满足，新的形势、新的问题等待我们去探讨，旧的问题也待用新的理论去解决。寻找更深入更广泛的理论框架，便成为我们的任务。

§6.5 货币的传导机制

如果仅仅从 $MV=PQ$ 出发，不存在货币的传导机制问题。

因为 M 与 Q 没有关系，要研究的只是 M 与 P 的关系。也就是说，货币供大于求的部分，将被价格上升所吸收。从这里看不出货币对 Q 的影响。而研究货币的传导机制，就是要研究货币的供给将会对 Q 产生什么影响。在研究 M 对 Q 的影响之后，才在此基础上研究 M 对 P 的影响。因此，此时 M 对 P 的作用并不是直接的，而是通过 M 对 Q 的作用迂回曲折地表现出来。

在西方国家，利率是货币传导机制理论的重点研究对象。在我国利率虽然也起作用，但其作用远不如西方国家的利率作用大。因此，研究我国的货币传导机制，必须从本国经济运行机制的实际情况入手。

在传统的计划经济中，是计委定投资盘子，银行根据这个盘子发票子，因此货币对经济的影响较小。改革后，传统的计划产品型经济过渡到有计划商品型经济，货币的作用大大加强。货币可通过如下传导途径对总供给产生影响。

1. 财富组合效应。财富组合效应是货币量影响供给的一条重要传导途径。由于货币是财富的代表，或者说货币可以转化为财富，因此，货币具有双重功能，一方面它可以用来购买商品；另一方面它也可带来利息。由于我国货币的机会成本较低，货币带来利息的作用对经济系统的影响不太显著。货币作为一般购买力的资产，则对经济发生较大作用。居民把收入划分为两个部分，一是货币财富，二是实物财富。由前面的分析中我们看到，随着收入的增加，货币财富占收入的比重也逐渐提高，从 1977 年的 6.09% 上升到 1987 年的 20.96%（见表 6.1）。而居民货币财富的不断增长（即结余购买力不断提高），本身就对经济形成一种潜在的压力（经济学家们把结余购买力称之为笼中虎）。由于货币供给增加，一般导致居民的名义收入增加，在存在货币幻觉的情况下，这导致货币财富的增加。货币财富增加的一个直接影响是，积累率增加而消费额下降。通常，高的积累带来高的供给。若居民存在较高的通货膨胀预期，则货币供给增加，将导致居民名义收入增加，但居民此时将较多的货币收入转化为实物财富，这一方面导致供小于求（在总供给没有达到上界时，可起到刺激供给的作用），另一方面将直接导致价格上升。因此，在预期作用下，居民对货币收入所做货币财富与实物财富的不同组合，将对经济产生影响。

对企业单位而言，在较高的通货膨胀预期驱使下，它们也会囤积物资，将货币财富转化为实物财富。这与居民的财富组合效应是相同的。

2. 配给效应。在我国，当货币需求大于货币供给时，银行依靠提高利率方式来抑制需求增加的能力有限。此时只能采取配给方式来限制需求。由于加工工业部门利润较高，贷款回收期也较短，配给将倾向于加工企业，加工部门企业的贷款需求较易得到满足。那些利润低、贷款回收期长的企业，其贷款需求较难得到满足。

3. 预期效应。在不同预期下，货币供给增加，将会对财富组合产生影响；反过来，货币供给增加或减少，也会对预期产生影响。当居民感到自己的名义收入增长率赶不上通货膨胀率时，他们的通货膨胀预期会越来越高。而预期的变动，将带来经济系统一系列深刻的变动。当居民的通货膨胀预期很低时，会产生预期陷阱。此时，货币供给增加，多被预期陷阱所吸收，它既不会促使物价上升，也不会促使供给增加。1990 年市场疲软，可视为预期陷阱的一种典型情况。1990 年先后几次投入货币启动经济都未奏效，其原因是投入的货币多被预期陷阱所吸收，变成库存资金积压起来，并没有作用到供给和价格上来。如果不存在预期陷阱的话，那么，在总供给低于潜在总供给时，货币供给量增加，是会带来供给增加的。由此我们也可以看到，预期对经济活动的影响有多大。

4. 阶段效应。由前面的分析可见，货币供给增加对总供给增加的影响可以分为三个阶段，即总供给低于潜在总供给时，货币供给增加完全作用于总供给；当总供给处于潜在总供给与上界之间时，货币供给部分作用于价格，部分作用于总供给；当总供给处于上界时，货币供给全部作用于价格。

在古典货币数量论那里，假定 Q 不变，M 完全作用在 P 上。

在凯恩斯那里，在未达到充分就业前，假定 P 不变，M 完全作用在 Q 上。

在弗里德曼那里，引进了预期因素，使分析领域大大扩展，但其最终结论，仍是 M 完全作用在 P 上。

我们引进的货币传导的阶段效应，既包括了古典货币数量论的结论，也包括了凯恩斯的结论。然而我们的结论并不是单纯为了把这两种结论合二而一，而完全是依据中国经济的实际情况逐步分析出来的。只是在分析结果出来后，才与这些西方经济理论做一比较。

§6.6　利率理论

利率理论涉及两个方面的问题，一是利息，一是利息率。利息理论着重研究利息的本质及来源，是定性分析理论。利息率理论着重研究利息率水平的变动及其决定因素，是定量分析。

在马克思经济理论中，利息是剩余价值的一个组成部分，或者是剩余价值的转化形态。因此，利息的产生是在生产领域中决定的，而利息率则是在流通领域中决定的。利息率是由货币供给与需求的两方共同在市场上决定的，它的上界是平均利润率。当利息率大于平均利润率时，便不会有人借货币资本，对货币资本需求减少。同时，由于利息率高于平均利润率，导致货币储蓄增加，从而可贷的货币资本增加，这一增一减，将使利息率水平下降。

凯恩斯也认为货币的供求决定利息率水平。凯恩斯认为，利息是使用货币的代价或放弃货币流动性的报酬。

在社会主义经济中，仍可视利息是在生产领域中产生的，是剩余劳动创造价值的转化形态。而利息率的决定，则是由国家银行视货币供需状况及其他因素而外生地决定的。国家银行制定的利息率又称之为名义利率，而名义利率与预期通货膨胀率之差称之为实际利率。我们通常使用实际利率这一概念。我国经济理论界通常把利息率划分为存款利率和贷款利率，而研究重点则在存款利率上。

在我国，利率虽是调节投资的工具，但更是调节储蓄的工具。按照前面的分析，企业缺乏自身积累的动力，但企业具有争取国家投资的积极性。这是因为企业可以向国家转移投资成本。于是，银行贷款利率提高，虽增加企业投资成本，在一定程度上影响企业的投资数量，但靠它不足以解决我国的投资饥饿症问题。只有当企业承包真正做到自负盈亏后，才有可能利用贷款利率来调节投资。要注意的是，当企业经营普遍处于极端困难的条件下，企业争取贷款的积极性不高。如 1990 年企业争取贷款的积极性并不高。这不仅仅是利率带来的投资成本问题，而是由于库存产品积压，扩大生产规模只能使局面进一步恶化。在此种情况下，即使企业能向国家转移一部分负担，扩大投资带来的问题也终归还得企业自己消化。这就影响到投资积极性。我国存款利率对居民储蓄的影响则较明显。我国居民将货币视为一种财富，货币本身便具有机会成本。是将货币存入银行，还是将货币转化为实物财富，就有赖于货币的机会成本。而存款利率则反映了货币的机会成本，因此当实际利率提高时，居民便有多储蓄的倾向。居民储蓄增加，就意味着投资的相应增加。因此存款利率提高间接地起到了刺激投资的作用。但是存款利率太高，相应将提高贷款利率，这又将增加企业投资成本。然而两相比较，存款利率提高对投资的间接刺激作用还是大于贷款利率提高对投资的压抑作用。正因为如此，我国近年来调整利率，其着眼点是调整存款利率，贷款利率的提高是随存款利率的提高而变动的。

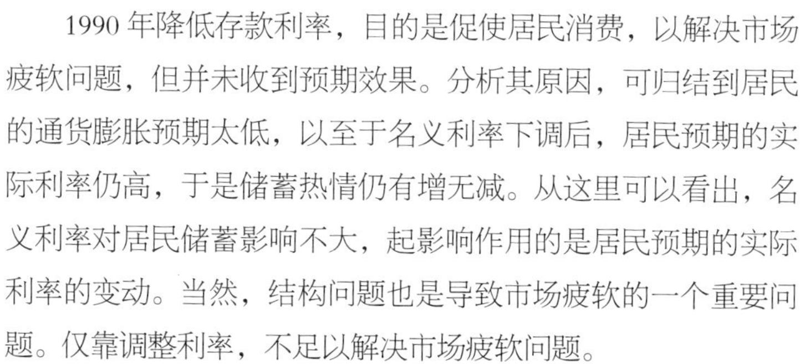

1990 年降低存款利率，目的是促使居民消费，以解决市场疲软问题，但并未收到预期效果。分析其原因，可归结到居民的通货膨胀预期太低，以至于名义利率下调后，居民预期的实际利率仍高，于是储蓄热情仍有增无减。从这里可以看出，名义利率对居民储蓄影响不大，起影响作用的是居民预期的实际利率的变动。当然，结构问题也是导致市场疲软的一个重要问题。仅靠调整利率，不足以解决市场疲软问题。

居民储蓄动机是多种多样的，这并不意味着居民没有货币的机会成本概念。若居民没有货币机会成本概念，就不会发生 1988 年居民挤兑存款，抢购实物的事了。

总的看来，随着商品市场的建立，居民对货币机会成本的意识会加强，从而调节存款利率，对居民储蓄影响也会加大。今后随着金融市场逐步建立，调节贷款利率也会对投资发生影响。但只有最终解决企业依赖国家的问题，才有可能建立起真正的金融市场，从而依靠调节贷款利率来调节投资。

从目前来看，我国调节宏观经济的主要手段仍是货币数量调节（调节货币供给）和指标配给调节（如专控商品，直接规定地区、部门、企业的投资数量，规定物价上涨量）。所谓指令性计划，就是依靠这两种调节手段执行的。利率调节只能起到一种辅助作用，尽管现在利率调节较过去的作用有所增强，但仍不能依靠它解决总供给与总需求的平衡问题。现在市场调节的比重在不断加大，但市场调节终究不能完全解决宏观调控的问题。当新的宏观调控手段尚未建立起来时，数量调节的两种手段还不能放弃。不过两相比较，我们应更多依靠货币数量调节的手段。配给调节虽然见效快，但其带来的损失也较大，不宜过多使用。

我国现在利率理论基本上未展开研究，这与利率完全外生有关。当利率变为经济系统的内生变量后，对其研究就更有理论意义，也更具有现实意义。从目前来看，连一些基本的问题都未展开研究，如怎样选择一组利率指标；如何加总这一组利率指标以得到总的利率指标，经济理论界尚未有一致意见，通常的简便做法是，取一年期利率指标代表存款利率指标。当银行开展三年保值储蓄的业务后，大量存款转为三年保值储蓄的形式，此时取一年期利率指标代表存款利率指标的代表性就存在问题了。此外，又如存款利率的适宜性或最优性问题，也是值得讨论的；还有存款利率结构和贷款利率结构各自的适宜性及两者之间配合的适宜性，等等，均是值得研究的。

7 章　通货膨胀双缺口模式

在我国经济中，通货膨胀以两种形式出现。一种形式是价格上涨，表现为国民收入平减指数上升和社会零售物价总指数上升。另一种形式表现为有钱买不到要买的东西，这部分货币形成强迫储蓄。因此，仅用均衡理论来分析我国的通货膨胀是不适宜的，因为这种分析难以反映短缺问题。本书中我们一直采用非均衡分析方法来分析我国的通货膨胀问题，在第 3 章讨论总需求时，我们看到制度因素对总需求扩张的刺激作用，它表现了我们的非均衡理论中制度结构、利益结构、分配结构的相互关系及运行机理；在第 4 章讨论总供给时，我们看到总需求扩张对总供给的刺激作用，总供给如何在资源瓶颈约束下停滞下来，它表述了我们的非均衡理论总供给行为机制；在第 5 章讨论通货膨胀总缺口时，我们看到总需求与总供给在市场上相遇后的非均衡状态；在第 6 章我们讨论了货币市场上的非均衡机制；在本章中，我们进一步讨论价格缺口和短缺缺口各自的形成机理及其相互间的关系，形成通货膨胀双缺口模式理论。

非均衡理论研究方式可以分为两类，一类是市场非均衡，这是在均衡理论的基础上，加上价格刚性的限制，考察总供给、总需求的行为机理；另一类是制度非均衡，它着重从制度因素出发，分析利益机制和约束条件，导出总需求、总供给在计划体制下的行为机理。本书着重采用后一类非均衡分析方法。本章分析短缺缺口形成机理时，尤把注意力放在配给约束这一因素上。我国经济中除价格刚性导致短缺外，配给约束也是导致短缺的重要因素。在商品市场上，我们看到大多数商品价格已经放开，配给约束是强制储蓄的主要因素。在货币市场上，由于利率机制还未起到决定作用，价格刚性（即利率刚性）和配给约束共同起作用。

§7.1 通货膨胀双缺口模式的基本框架

为了便于分析，我们假定经济系统中总需求与总供给都已确定，并用图 7.1 表示出来。

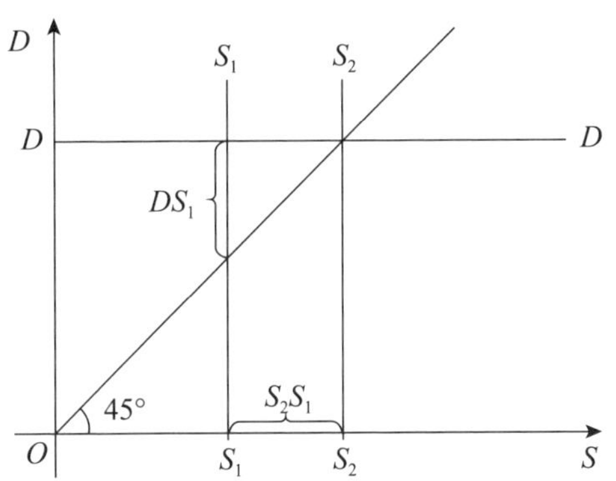

图 7.1 极端情况下的短缺缺口或价格缺口

在图 7.1 中，DD 线代表总需求；S_1S_1 代表总供给。从图 7.1 中可以看到，总需求 D 大于总供给 S_1。总需求大于总供给的缺口为 DS_1。如果价格完全刚性，即价格不随 DS_1 变动的话，那么：DS_1 就代表短缺缺口。此时通货膨胀总缺口完全等于短缺缺口。如果价格完全弹性，即价格变动无限制的话，那么总供给 S_1 的名义值将发生变动，总供给 S_1 将移动到总供给名义值 S_2，此时

S_2与S_1之差S_2S_1代表物价上涨缺口。此时，通货膨胀总缺口完全等于物价上涨缺口。

在我国，上述两种情况都只是极端情况。实际情况介于这两者之间，见图 7.2。

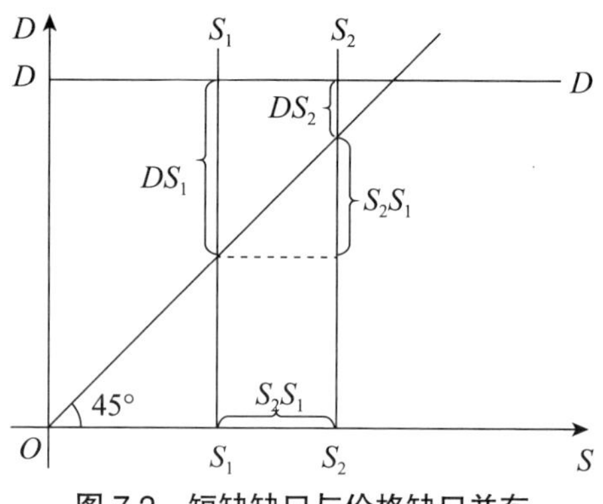

图 7.2　短缺缺口与价格缺口并存

在图 7.2 中，总需求D大于总供给S_1，通货膨胀总缺口为DS_1。但是价格部分刚性，即价格并没有完全固定（完全刚性），但也没有完全放开（完全弹性）。于是，总供给S_1移动到总供给名义值S_2，此时物价上涨缺口为S_2S_1，短缺缺口为DS_2。通货膨胀总缺口DS_1等于物价上涨缺口S_2S_1与短缺缺口DS_2之和，即有

$$DS_1=S_2S_1+DS_2$$

不难看出，在总需求大于总供给的条件下，如果总供给S_1确定，而总需求D变动（变大或变小），通货膨胀总缺口DS_1也变动（变大或变小），S_2S_1与DS_2也会发生相应变动，但上述关系式仍然成立；反过来，D确定，S_1变动，DS_1、S_2S_1、DS_2都会发生相应变动。上述关系式也仍然成立。这表明，不论D与S_1怎样变动，只要有$D>S_1$，上述关系式均成立。

需注意的是，在S_1大于D的情况下，DS_1代表的就不是通

货膨胀总缺口，而是剩余，见图 7.3。在我国现行经济体制下，当政府实行紧缩经济政策时，也会导致剩余的情况出现，如 1990 年的市场疲软，就反映了这种情况。1990 年的全面市场疲软，不仅说明了中央政府仍有较强的调控能力，也说明了经过前段时期的体制改革，企业内部正在逐渐形成某种自约束的机制。尽管这种自约束机制还较弱小，但它已导致企业对市场价格、市场需求做出反应，同时也导致企业对贷款利率做出某种反应。这是我们应注意的一种新因素。图 7.3 中 DS_1 代表总供给大于总需求的缺口。

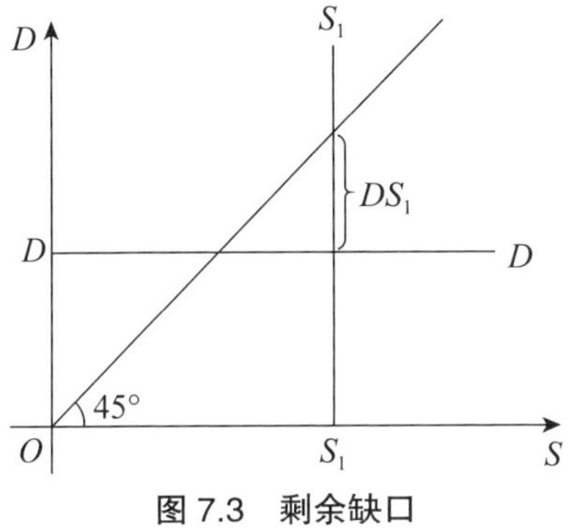

图 7.3　剩余缺口

现在我们再看复杂一点的情况，设总需求为 $D(M)$，总供给为 $S(M)$，见图 7.4。

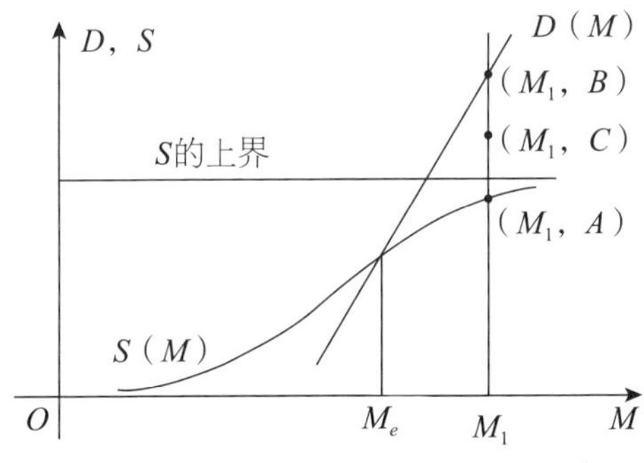

图 7.4　复杂情况下的短缺缺口与价格缺口

在图 7.4 中，当货币量给定为 M_1，此时 $S(M_1)$ 等于 A；$D(M_1)$ 等于 B；通货膨胀总缺口等于 $D(M_1)-S(M_1)$，即等于 $B-A$。如果价格部分刚性，那么总供给 $S(M_1)$ 移到总供给名义值点（M_1，C），即总供给名义值 $S(M_1)$ 等于 C。于是物价上涨缺口为 CA，短缺缺口为 BC，有：

$$B-A=CA+BC$$

可见，仍有通货膨胀总缺口等于物价上涨缺口与短缺缺口之和。

当通货膨胀总缺口确定后，物价上涨缺口与短缺缺口表现为此消彼长的关系。物价上涨多了，短缺就相应少了。物价上涨缺口与短缺缺口的这种基本关系，是我们分析双缺口问题的基本框架。下面逐步分析是什么变量（或什么因素）将通货膨胀总缺口划分为这两个子缺口的，或者说，确定这两个子缺口的因素是什么。

§7.2　两种短缺缺口的区分

导致短缺缺口的因素主要有两类，一是价格刚性，二是配给约束。配给约束指政府规定了生产者、居民和社会集团只能购买什么商品，只能购买多少商品。因此，尽管这些商品价格完全放开，但由于存在这些商品的配给约束，还是有钱不能花，形成强迫储蓄，从而转为短缺。

在我国现行的宏观经济调控体系中，配给约束起的作用还很大。除社会集团购买商品实行指标配给外，银行贷款也是实行指标配给的方式，层层确定贷款指标，每层的贷款指标均不能突破。1991 年中国银行确定的贷款原则仍然是如此。又如投资，也是层层确定投资指标，每一层均不能突破投资的规定数量。

配给指标造成的短缺与物价上涨缺口及价格刚性造成的短缺是存在内在联系的。在价格完全放开后，由于配给指标的限制，一部分购买力不能实现。市场上感觉不到这部分购买力所造成的压力。此时市场上供需力量决定的价格可视为准均衡价格。取消配给指标后，这一部分购买力转变为市场上可感觉到的购买力，于是原来的准均衡价格被破坏，新的准均衡价格将大于原来的准均衡价格。此时的物价上涨缺口，就是指配给造成的短缺。这种关系如图 7.5 所示。

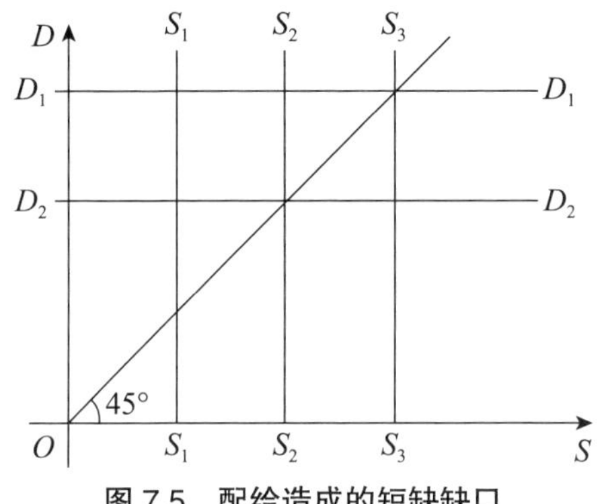

图 7.5　配给造成的短缺缺口

在图 7.5 中，有货币支付能力的对商品和劳务的总需求为 D_1，由于实行指标配给限制，部分货币不能转为购买力，于是市场上真正感受到的总需求为 D_2。若此时总供给为 S_1，并假设价格完全放开，于是总供给 S_1 移到总供给名义值 S_2。若从 D_2 的角度看，已不存在短缺缺口，只存在价格上涨缺口 S_2S_1。但是 D_1D_2 这部分需求因配给指标的限制转为强迫储蓄，它已形成短缺缺口。如果我们取消指标配给限制，那么现在市场上感受到的总需求是 D_1，于是总供给 S_1 将移到总供给名义值 S_3。从图 7.5 中可以看到，有

$$S_3S_1=S_2S_1+S_3S_2=S_2S_1+D_1D_2$$

即有 $S_3S_2=D_1D_2$

这表明，通货膨胀总缺口 S_3S_1 等于物价上涨缺口 S_2S_1 加因指标配给限制造成的短缺缺口 D_1D_2。若取消指标配给，则通货膨胀总缺口全部表现为物价上涨缺口 S_3S_1。图 7.5 完整体现了 S_3S_1、S_3S_2、S_2S_1 及 D_1D_2 之间的关系。

如果价格不完全放开，仍然存在部分刚性，并且配给指标也同时使用，那么短缺缺口就可以分为两块，一块是价格刚性造成的，另一块是配给指标造成的，见图 7.6。

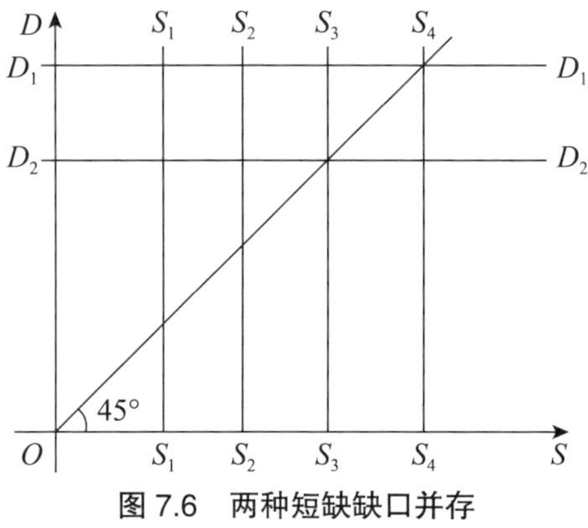

图 7.6　两种短缺缺口并存

从图 7.6 中可以看到，通货膨胀总缺口为 S_4S_1，物价上涨缺口为 S_2S_1，价格刚性造成的短缺缺口为 S_3S_2，因指标配给限制带来的短缺缺口为 D_1D_2，D_1D_2 又等于 S_4S_3。因此短缺缺口为 S_4S_2，它是 S_3S_2 与 S_4S_2 两个短缺缺口之和。

§ 7.3　配给造成的短缺缺口的形成机理

经济体制改革后，国家对具体产品的指令性计划逐步减少，如 1985 年后，农业生产指令性计划基本取消，主要农产品产量分别实行了指导性计划和市场调节。工业生产方面，1978年国家计委管理的指令性计划产品120种，占全国工业总产值的比重为40%，1987年缩减到60种，占工业总产值的比重下降到17%左右。各部门管理的工业生产指令性产品，由1984年的1900多种减少到1988年的380种左右。国家指令性计划的逐渐缩小，虽然对增加企业活力起到了积极作用，但却给宏观经济调控带来了新问题。

前面分析指出，企业靠内部积累投资的积极性不高，但靠国家积累投资的积极性则很高。因此，决定企业投资的关键性因素，是企业争取到的贷款。市场需求虽然也影响到企业投资，但仍是次要因素。只有当市场需求严重不足时，它才成为影响投资的主要因素。前面分析也已经指出，初次分配所形成的格局及再分配所形成的格局，将迫使银行多发货币，而企业一旦有了货币，就要进行投资。这样一方面投资需求将随货币增发而增加；另一方面投资的供给又有限，这样，就促使投资品价格上涨。在传统计划经济下，我们采取双重手段来促使投资品的供需平衡，一方面限制投资的价格上涨；另一方面对投资品实行配给约束，规定地方、企业只能用多少。体制改革后，我国逐步放弃了对各种投资品的配给约束，同时也放松了对投资品价格的限制，这样如何控制投资需求，就成为一个新问题。我们目前的方法大致是，实行投资总量的分层配给方法，即由国家计委确定投资的总盘子，然后分层制定指标，每一层的投资数量都不能突破指标规定的数量限制，由原来的具体投资品配给约束改为对各层总量的配给约束。在这种体制下，尽管投资品的价格限制已放松，但投资品价格的上升已被总量配给的大盘子所框定。如果总量配给很紧的话，可造成一种实际上的供大于求的局面，它促使投资品价格下降。尽管此时企业口袋里有用于投资的钱，但这笔钱因配给限制而用不出去，终于转为强迫储蓄，形成了配给造成的短缺缺口。

价格放开与总量配给同时使用是经济体制改革中已经实际形成的一种做法，这一做法还有待于上升到理论的高度上进行总结与分析。一方面，它使价格成为调整总需求与总供给的主要变量，具有引致资源最佳配置的功能；另一方面，它又使多发的货币转变为强制储蓄。现阶段我们还不能有效地控制货币供给，采用配给约束的方法就成为控制总需求的一种手段。虽然这种方法也造成短缺，但这种短缺不在市场上体现出来，它不会导致市场上的排队现象。这不同于价格刚性造成的短缺直接表现为商店里没东西可买。配给限制造成的短缺不会造成这种局面。

采用总量配给的方法，主要是针对预算软约束的企业、地方、部门，以解决货币投放过多而带来的问题。对居民而言，由于不存在预算软约束的问题，改革中采取了逐步减少配给限制的做法。

配给限制造成的短缺缺口，等于原来的总需求与因配给限制后的实际总需求之差额。

§7.4　价格刚性造成的短缺缺口的形成机理

价格完全刚性与价格完全弹性均是两个极端例子，在现实经济生活中（不论东方还是西方）都不多见。我国目前情况下，价格是部分刚性的或者说是粘性的。价格的部分刚性能够弥补总需求与总供给之间的部分缺口，余下的未能弥补的缺口称之为短缺缺口。这一短缺缺口中由配给限制所造成的部分已在上节研究，本节则着重研究这一短缺缺口中由价格刚性所造成的部分。

这里首先要涉及的一个概念是经济行为者对短缺缺口的预期，尤其是对因价格刚性而造成的短缺的预期，简称之为短缺预期。对短缺的预期如同其他预期一样，同样影响到经济行为者的行为。

设经济行为者已知价格是部分刚性的，经济行为者还知道在当前价格下他的购买需求不能得到满足，那么他将对未来的短缺进行预期，如果认为未来短缺将有扩大的趋势，他就会把未满足的结余购买力转向其他商品，尽管其他商品对他的效用并不如这种商品的效用大，这就是所谓强迫替代。其实非均衡理论中常用溢出效应❶（spillover）来描述这一过程。这一过程不是消费者在收入约束下追求效用最大化，而是消费者在收入约束下追求效用次大化。这同样是消费者的理性选择。

强迫替代的结果，因价格刚性所造成的短缺缺口被缩小；同时，经济的效率降低，表现为消费者的效用损失，由强迫替代所造成的供需之间的均衡并不是柏拉图的最优均衡❷。

生产者购买投资品时也面临强迫替代的问题。如果生产者对短缺的预期增加，那么他也会转而购买其他投资品。这样生产者在成本约束下追求利润最大化就转为追求利润的次大化。于是短缺缺口被强迫替代所弥补，而这种弥补是以生产者牺牲利润为代价的。

如果消费者转而购买其他商品时其效用最大化不受影响，

❶ 溢出效应是多市场非均衡分析的一个核心内容，也是非均衡模型设计中遇到的一个主要困难。它使模型的估计变得复杂化。研究这一问题，可参见参考文献一[13]。在本书§2.8中，也讨论了这一问题。

❷ 柏拉图最优指当经济系统处于均衡状态时，消费者的效用达到最大化，生产者的利润达到最大化，资源达到最佳配置。

生产者购买其他投资品时其利润最大化也不受影响，那么这种选择其他替代商品的方法，就不能称之为强迫替代。

如果消费者或生产者对短缺的预期持乐观态度，他们认为短缺不会扩大，或者扩大不多，不会影响到他们的未来购买，那么他们就会持币待购，把现在的购买留待将来。

当经济形势较好时，经济行为者对短缺的预期是乐观的，持币待购较多；当经济形势较差时，经济行为者对短缺的预期是悲观的，强迫替代就较多。

需注意的是，对生产者而言，持币待购的机会成本损失较大，从而便倾向于强迫替代。

于是，在价格部分刚性的情况下，供需之间形成的非均衡状态将带来效用的损失或者利润的降低，它破坏了资源的最佳配置。取消价格的部分刚性，应是我国物价改革的一个目标。

在市场经济中，当一种商品的需求大于供给时，该种商品的价格会上升。这一方面使需求降低，另一方面使供给增加，从而使该种商品的供需达到均衡，可用图 7.7 表示。

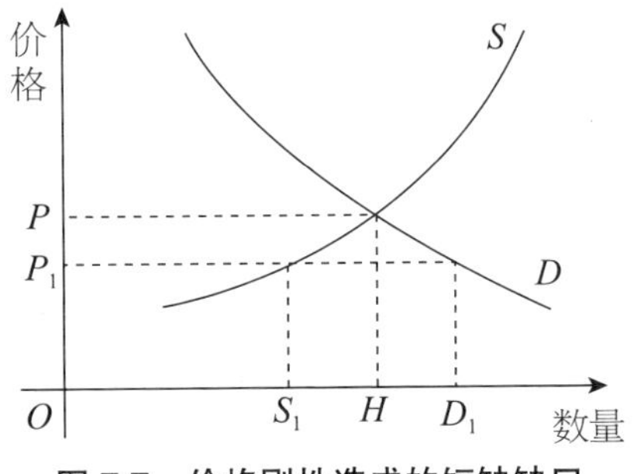

图 7.7　价格刚性造成的短缺缺口

图 7.7 中，若价格为 P_1 时，需求为 D_1，供给为 S_1，存在供需缺口 D_1S_1。这一缺口导致价格上升至 P，在 P 点供需达到均

衡。此时需求降到 H，而供给增加到 H。如果价格为刚性，那么需求不会减少，而供给也不会增加，供需缺口 D_1S_1 就长期存在。这表现为商店里商品供不应求，只要商品一上架，很快就被抢购一空，并且购买时还会排成长队；或者表现为订货后，需要等待较长时间才能得到所要购买的商品。

§7.5　价格缺口的形成机理

如果价格为完全弹性，那么由图 7.7 所示的机理表示了价格缺口的形成机理。然而，价格具有粘性，或者价格是由成本加价构成的，从长期看，价格波动应围绕成本加平均利润这一价格进行。成本加平均利润形成的价格 ❶，即马克思所说的生产价格，反映了企业、部门间利润平均化的结果。

通货膨胀导致的物价上涨，从开始阶段上看，是需求拉上物价，即需求大于供给。由物价上涨来弥补供需之间的缺口。如果需求持续大于供给，那么物价上涨的结果导致产品成本的增加，这又转为成本推动物价上涨。成本推动物价上涨并不起弥补供需缺口的作用。

在我国，物价为部分刚性，因此在通货膨胀的开始阶段，它能缓解需求对价格的拉上。但是，一旦需求持续大于供给，形成成本推动的物价上涨后，物价刚性就显得很脆弱。企业要求涨价的呼声很高，或者企业将采取变相涨价的方法来转移成本上升的负担。

我国现在的价格，大多数不再由政府制定，已是一个分散决策过程。现在市场发育还不成熟，价格不会对供需之间的波

❶ 在西方经济学中，平均利润是资本的成本，计入成本因素。

动立即做出反应。就是在现代西方国家，也只有在股票市场、拍卖市场这样的地方，由拍卖人根据供需双方的报价立即制定成交价格，在其他情况下，价格也不会对供需波动立即做出反应。

企业制定价格的基本准则，仍是以成本为最低界限。成本上加价部分的确定，企业并不是完全根据现在的供需情况做出决定，企业还要预期未来的经济发展，预期未来市场上的供需数量，来确定适宜的成本加价。一旦成本加价部分确定，若无特殊情况，短期内企业制定的出厂价格不会随时改变，它具有一定的粘性。对一些大企业而言，其产品价格粘性是明显的。这也反映了大企业的信誉度。

然而当通货膨胀加剧时，情况就发生了变化。此时企业会在原来的价格基础上，加上一项预期的通货膨胀造成的成本上升部分。在这种情况下，价格的变动就显得较快，它不再粘在某一水平上。但是，若扣掉预期成本上升的加价，其核心的价格仍是大致稳定的。

§7.6 通货膨胀双缺口的测定

物价上涨缺口的测定可由统计数据得到。我国计算物价上涨率的基本统计指标是社会零售商品物价总指标，它主要反映消费品物价变动情况（其中极少部分反映生产资料物价的变动）。此外，我们还使用国民收入平减指数或 GDP 平减指数来测量一般商品的价格变动情况。

国民收入平减指数是指按当年价格计算的国民收入总额对按固定价格计算的国民收入总额的比率。依据我国的统计资料，我们不仅能计算出国民收入平减指数，还能计算出五大物质生产部门的国民收入平减指数。这就有助于分析价格的部门构成。

相对物价上涨缺口的测量来说，短缺缺口的测量就要困难得多。依据前面的理论分析，我们可以采用如下方法来测定短缺缺口❶。首先，我们列出总供给总需求函数如下

$$D = a_0 + a_1 r + a_2 M + U_1$$

$$S = b_0 + b_1 K + b_2 L + U_2$$

式中，D 为总需求；r 为实际利率；M 为广义货币（现金加所有存款）；U_1 为随机误差项；S 为总供给；K 为固定资产值；L 为劳动力人数；U_2 为随机误差项。

由于 D 和 S 不可直接观测，于是我们依据非均衡理论中的短边原则，有

$$Q=\min(D, S)$$

式中，Q 为实际观察的市场交换总量，我们用国民收入生产额表示。

依据非均衡的 M—N 估算方法❷，可确定上述两个方程的待定参数，就可计算出 D 和 S。再设

$$DS=D-S$$

式中，DS 是超额总需求，即总需求与总供给的缺口，也就是我们定义的通货膨胀总缺口。但是这一总缺口中既有物价上涨缺口，又有短缺缺口，怎样分离出短缺缺口来呢？

我们通常使用的方法是，M、K、Q 均采用某一基期的不变价，M 作为货币不存在不变价，但可以按国民收入平减指数

❶ 这里的计算结果是我在斯坦福大学做访问学者期间，和刘遵义（Lawrence J.Lau）教授合作研究的成果。

❷ 具体估算方法见参考文献一[5]、[13]、[21]。其中，参考文献一[13]中的估算方法介绍较易理解。

折算它的不变价购买力。这样再用 M—N 方法估算出总供给方程和总需求方程后，所得出的 *D* 和 *S* 均是按基期的不变价计算的，因此它们均不包含物价因素在内，这样计算的 *DS* 就只是短缺缺口了。

我们用这种方法测定了我国从 1965—1988 年这 24 年的总需求、总供给及短缺缺口。因为缺全社会固定资产额，我们在估定 1952 年的全社会固定资产值后，以后各年依据每年的国民收入积累率和折旧率计算固定资产值。基期定在 1952 年而不是 1965 年，是因为我们计算固定资产的序列值时，前几年计算值误差较大，越往后则越准确。从 1952 年开始计算固定资产序列值，到 1965 年便有把握说我们计算的固定资产值较为准确了。计算的参数结果见表 7.1，总需求、总供给及超额总需求的结果见表 7.2。

表 7.1　系数估计 *

	普通最小二乘估计		非均衡估计	
a_0	1.3	(0.139)	1.5	(0.130)
a_1	0.89	(0.045)	0.85	(0.069)
a_2	−0.065	(0.024)	−0.044	(0.045)
σ_1	0.21		0.105	(0.037)
b_0	−0.47	(0.630)	−1.29	(0.520)
b_1	0.57	(0.076)	0.49	(0.066)
b_2	0.24	(0.228)	0.56	(0.190)
σ_2	0.17		0.096	(0.029)

* 括号内数值为标准差，σ_1 和 σ_2 分别是随机误差项 u_1、u_2 的方差。

表 7.2　总供给、总需求、总供需缺口数值 *

单位：千亿元

年份	DEM	SUP	DS	DSS（%）
1965	1.617982	1.072821	0.545161	50.8157
1966	1.798861	1.186264	0.612597	51.6409
1967	1.801322	1.265394	0.535928	42.3526
1968	1.871620	1.336440	0.535180	40.0452
1969	1.857007	1.430093	0.426914	29.8522
1970	1.954226	1.557972	0.396254	25.4339
1971	2.016727	1.688741	0.327985	19.4219
1972	2.058571	1.778056	0.280514	15.7765
1973	2.169015	1.927888	0.241126	12.5073
1974	2.195933	2.070678	0.125254	6.0490
1975	2.259939	2.230664	0.029274	1.3124
1976	2.286999	2.371638	−0.084639	−3.5688
1977	2.410778	2.539580	−0.128803	−5.0718
1978	2.406369	2.745024	−0.338655	−12.3371
1979	2.581101	2.998948	−0.417847	−13.9331
1980	2.935457	3.263258	−0.327802	−10.0452
1981	3.037349	3.526582	−0.489232	−13.8727
1982	3.264805	3.760185	−0.495379	−13.1743
1983	3.575955	3.995263	−0.419308	−10.4951
1984	4.207605	4.299072	−0.091467	−2.1276
1985	4.692343	4.665565	0.026779	0.5740

续表

年份	DEM	SUP	DS	DSS（%）
1986	5.177917	5.152446	0.025470	0.4943
1987	5.722526	5.622292	0.100234	1.7828
1988	6.249609	6.127944	0.121664	1.9854

* 表中数字均以 1952 年不变价格计算。
表中 DS=DEM−SUP，DEM 为总需求；
DSS=（DS/SUP）×100%，SUP 为总供给。

我们计算的总供给函数是潜在总供给函数，这样更便于做理论分析。

从我们的计算结果看，约有近 1/3 的年份是总供给大于总需求，约有近 2/3 的年份是总需求大于总供给。“文化大革命”初期，短缺缺口占总供给的比值较大，以后逐年缩小。其关键原因，是“文化大革命”中执行工资、物价双冻结的政策。1988 年物价上升很大，但短缺缺口并不大，这表明物价上升已吸收了绝大部分的通货膨胀。这一现象说明我国的物价大部分已经放开了。我们的测量结论与科尔内的短缺理论不那么协调。其实，只要回顾改革十来年的情况，1981 年和 1982 年的市场疲软（当时称为买方市场）及 1989 年后期和 1990 年的市场疲软，便能证实在中央计划经济条件下总供给大于总需求的情况也是有可能出现的。看来，科尔内的短缺理论对我国的经济理论建设虽有积极作用，但对我国的经济实际情况的解释能力是有限的，根据波笛斯的测量结果，对其他社会主义国家的经济实际情况的解释能力也是有限的。

8 章　通货膨胀的理论总模式

通货膨胀的理论总模式包括三个方面的内容：（1）商品市场模型；（2）货币市场模型；（3）调控规则（或称政策规则）。前面诸章中，已分别讨论了商品市场的供给需求及货币市场的供给需求，讨论了商品市场与货币市场的统一均衡问题。本章中，我们将以调控规则为纽带，把商品市场调控与货币市场调控结合起来，形成一个统一的理论体系和调控体系，构造通货膨胀理论总模式。

应指出，用非均衡分析方法建立多市场模型，目前尚为探索中的课题，无论理论上还是方法上都欠成熟。本书在这方面的研究结果只是初步的，一些工作特别是模型的计量工作还有待于今后研究。❶

在通货膨胀的理论总模式中，调控系统占据重要地位。调控系统包括调控对象、调控主体、调控信号、调控规则、调控目标、调控对象的行为等部分。理论总模式的任务，是分析调控对象与调控行为的相互作用，从而分析通货膨胀的运行过程。通货膨胀的产生、发展、衰退不仅与经济系统的内在机制有关，也与调控行为有关，实际的通货膨胀是内在机制与调控行为两

❶　对多市场非均衡模型感兴趣的读者，建议参阅参考文献一[5]、[13]、[16]。这些文献对多市场非均衡模型建立及存在问题与改进方向均有系统介绍。

股力量作用的结果，因此，通货膨胀理论不仅需包括经济系统产生通货膨胀的内在机制分析，也要包括调控行为的分析。作为通货膨胀的理论总模式，则不仅要包括调控对象的行为模式（表现为需求方程、供给方程），也要包括调控规则的行为模式（表现为调控目标、调控信号与调控行为的数量关系）。

§8.1　总模式的表述

在这一节中，逐步介绍理论的总模式。

商品市场由计划系统进行调整，其调控的目标函数是

$$J_1 = \min\left(Q_t^* - Q_t\right)^2$$

这也就是说，计划系统要使实际产量 Q_t 尽量靠近计划产量 Q_t^*。如果实际产量过高或过低于计划产量，计划系统就会调整计划产量或者调控经济系统，使实际产量靠近计划产量。

商品市场的总需求、总供给函数如下

$$D_t = D\left[r_t, M_t^s, \left(Q_t^* - Q_t\right)/Q_t\right]$$

$$S_t = S\left[M_t^s, \left(Q_t^* - Q_t\right)/Q_t\right]$$

我们把实际产量与计划产量的靠近程度作为总需求、总供给函数的外生变量。这实质上是计划系统通过计划产量 Q_t^* 来调控总需求 D_t 和总供给 S_t [1]。这里，M_t^s 是货币供给量，r_t 是实际利率。

由非均衡理论中的短边规则，实际产量等于总需求、总供给中较小的一方。于是

---

[1] 总供给、总需求函数中的变量 $\left(Q_t^* - Q_t\right)/Q_t$ 反映了计划系统中各种配额对总供给、总需求的影响。由于配额的具体变量难于表示出来，故我们采用 $\left(Q_t^* - Q_t\right)/Q_t$ 这一形式，见本章后面的详细解释。

$$Q_t = \min\left(D_t, S_t\right)$$

货币市场由银行系统控制，其调控的目标函数是

$$J_2 = \min\left(M_t^s - M_t^d\right)^2$$

式中，M_t^s 为第 t 期货币供给量；M_t^d 则为第 t 期货币需求量。这也就是说，银行系统需要尽量使货币的供给接近货币的需求。

货币的总供给、总需求函数如下

$$M_t^d = M^d\left(r_t, S_t\right)$$

$$M_t^s = M_{t-1}^s + \Delta M_t^s$$

式中，r_t 为实际利率；S_t 为总供给；ΔM_t^s 为银行系统新增的货币供给量。货币市场上货币的数量，等于货币的供给，而不由短边规则决定。由于我们在第 5 章和第 6 章已解决了商品市场和货币市场的统一均衡问题，故这里可以采用这一简单的货币供给与货币需求函数。

政府的控制目标函数是

$$J = \min\left(D_t - S_t\right)^2$$

这就是说，对政府而言，它试图使总供给与总需求的缺口尽量小。由于总需求与总供给实际上观察不到，政府是通过如下的调控信号（或调控指示器）来判断总供需缺口的大小的：

价格信号，表示为

$$\Delta P1_t = \lambda\left(D_t - S_t\right)$$

总需求越大于总供给，则价格上升也越大。λ 表示总缺口中价格缺口所占的比重，$\Delta P1_t$ 表示价格缺口的部分。

短缺信号，表示为

$$\Delta P2_t = \left(1-\lambda\right)\left(D_t - S_t\right)$$

式中，$\Delta P2_t$ 表示短缺缺口。注意，$\Delta P2_t$ 对政府而言并不

是一个统计指标，但政府能感觉到它的存在和变化，或者说能估计它的大小和变化。（1- λ）表示总缺口中短缺缺口所占的比重，$\Delta P2_t$ 表示短缺缺口的部分。

速度信号，表示为

$$\omega_t = \frac{\bar{Q}_t - Q_t}{Q_t}$$

式中，$\bar{Q}_t$ 是政府认为的产出上界。实际产量 Q_t 与 $\bar{Q}_t$ 越接近，政府认为经济过热程度越高。

§8.2　调控规则与经济预期

一个理性的政府，其调控行为是有规则可循的。纵观中国经济发展 40 年，政府调控经济的非理性行为大致发生在 1959—1960 年这两年。而且，政府从这两年的实践中也吸收了经验教训，以后没有再发生此类不可思议的事情。在其余年份，政府调控经济行为大致依据速度高了就调低，低了就调高的原则进行控制。尽管不同时期政府对速度的高低判断标准不一样，但再也不曾认为速度越高越好。当然，这并不意味着 40 年间其余年份政府就没有调控上的失误。

政府的基本调控规则是：若价格上升过高，政府认为总需求大于总供给，于是要求计划系统和银行系统从紧控制。此时，计划系统将降低计划产量 Q_t^*，而银行系统将降低新增货币供给量 ΔM_t^s。同样，若政府认为增长速度过高，或者认为短缺缺口过大，也会要求计划系统和银行系统从紧控制经济，以缩小总需求与总供给的缺口。

反过来，若政府认为增长速度过低，则要求计划系统和银行系统从松控制，于是计划系统将提高计划产量 Q_t^*，银行系统将增加新增货币供给量 ΔM_t^s。

由于在不同时期，政府对价格高低，及经济增长速度高低的判断标准不一致，导致不同时期调控从松或从紧的力度不一样。这实际上反映出政府的相机决策，是要更高增长速度，从而容忍较高通货膨胀，还是要较低增长速度，从而保持较低通货膨胀或者没有通货膨胀。不同时期，政府采取的相机决策的着重点也不同，在 1984—1988 年这段时期，政府是在保持较高增长速度从而容忍较高通货膨胀的基调上调控经济的；而从 1989 年到现在，政府则把降低通货膨胀放在优先地位上，不惜牺牲增长速度，也要拉下通货膨胀。

现在的问题是，经济增长速度与通货膨胀增长速度之间的关系能用数学公式描述出来吗？更简单点说，根据历史数据，采用回归分析方法，估计如下方程

$$P = \alpha_0 + \alpha_1 \mathrm{SNI} + \alpha_2 \mathrm{SM}$$

式中，P 为物价增长速度；SNI 为国民收入增长速度；SM 为货币增长速度；α_0、α_1、α_2 为待估计的参数。

如果这个方程的估计效果较好，那么政府的相机决策就有一定的数量界限可以遵循。

依据本书的理论分析，在出现经济预期后，短期内经济增长速度与通货膨胀之间的关系具有不确定性。当通货膨胀预期较低时，较高增长速度也能与较低通货膨胀并存，如 1984—1987 年。而通货膨胀预期较高时，物价增长速度将明显高于经济增长速度，如 1988 年。由于我们对经济预期的理论分析不深入，对其认识不够，预期对我们而言表现为具有一定程度的不确定性，因此，我们很难在模型中把预期作为一个独立变量。于是，要确定物价与经济增长速度的数量关系是很困难的，这有待于预期理论的发展。因此，政府的相机决策，还只能是摸着石头过河，在确定可以容忍的通货膨胀的上界后，逐步调控经济，使之保持相应的增长速度。可以说，经济预期出现，导致了经济调控困难增加。若依据传统理论或者经验来调控经济，就有可能出现事与愿违的情况。如 1988 年，我们没有预料到通货膨胀会那么高；而 1990 年，我们又没有预料到通货膨胀会这样低。

如果我们认为在不存在经济预期的假设下，通货膨胀与经济增长的关系如图 8.1 所示。

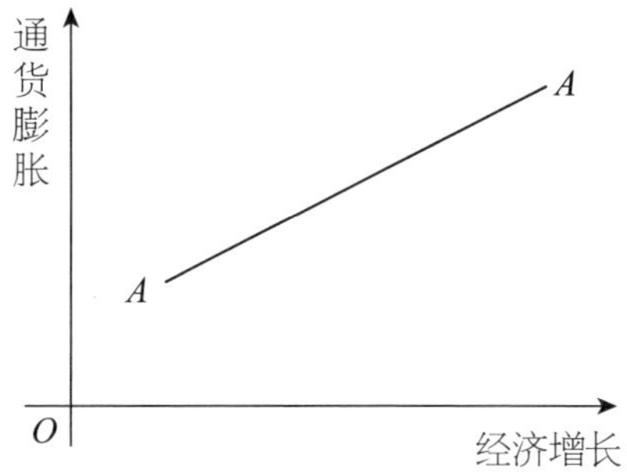

图 8.1　不存在预期下通货膨胀与经济增长的关系

那么，在出现通货膨胀预期后，经济增长与通货膨胀的关系就发生了变化，这变化可表现为图 8.2。

在图 8.2 中，*AA* 直线代表无经济预期的通货膨胀与经济增长之间的关系。而 *BB* 直线则代表在经济预期下，*AA* 直线围绕点（P_1，g_1）旋转到达的位置，它代表新的通货膨胀与经济增长的关系，它大致反映出，经济预期对通货膨胀有一种加速或减速的作用，但是，*BB* 线不一定是直线，它可能如图 8.3 中所示图形。

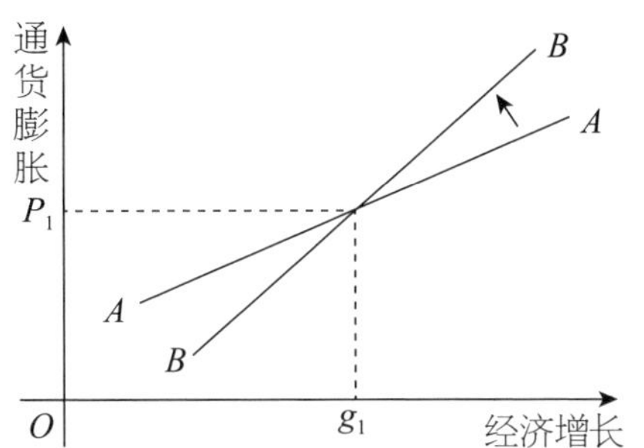

图 8.2　存在预期下通货膨胀与经济增长的关系

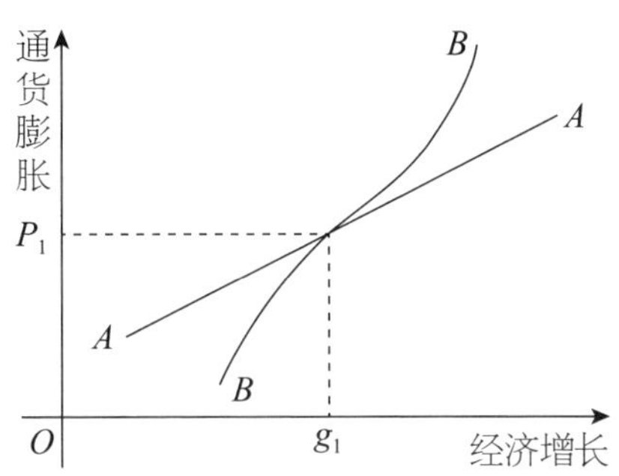

图 8.3　存在预期下通货膨胀与经济增长的曲线关系

总之，由于我们对预期研究是如此薄弱，因此，我们对 *BB* 线的描述能力是十分有限的，这导致建立的经济模型对短期经济行为模拟与分析的困难增加。现在，我国经济学家们越来越重视计量经济模型，然而我们不能忽视不确定性和预期对经济系统的影响。如果我们目前尚不能有效地在模型中纳入不确定性和预期，那么在模型分析中考虑到不确定性和预期的影响则是十分必要的。

§8.3　计划调控

计划系统依据两方面的信号对经济进行调控，一方面是政府的指令，当政府认为国民经济增长速度过大时，要求计划系统调低计划产量 Q_t^*，当政府认为国民经济增长速度过低，就要

求计划系统增加计划产量 Q_t^*；另一方面，计划系统本身也会根据通货膨胀、经济增长速度等调整计划产量，以缩小计划产量 Q_t^* 与实际产量的距离。

计划系统调控经济的主要手段是调整计划产量 Q_t^*，那么计划系统怎样才能保证实际产量 Q_t 靠近计划产量 Q_t^* 呢？计划系统可以从总需求、总供给两个方面着手来做到这一点。

在总需求方面，计划系统可采取配给手段，控制总需求中的投资需求，同时也能在一定程度上约束政府消费和居民消费的增长。从目前来看，计划系统抑制总需求的主要手段是配给。配给可直接使一部分货币失去购买力，可以使在建的工程项目下马，使准备开工上马的项目缓建。

在总供给方面，计划系统也可以采取关停并转的方式，使一部分企业的生产停顿下来，或者采取限制原材料的方法，使企业生产速度降下来。

计划系统采取收紧措施后，总需求 D_t 和总供给 S_t 均会下降。一般而言，D_t 比 S_t 下降更快。这将使实际产量由 D_t 决定，通过 D_t 的下降而降低 Q_t，使 Q_t 接近 Q_t^*。

计划系统降低 Q_t^* 后，通过 D_t 和 S_t 的减少，特别是 D_t 比 S_t 减少更快，将有效地减少通货膨胀总缺口（D_t-S_t）。通货膨胀总缺口减少后，物价也将相应降下来。我们在前面还指出，物价只是通货膨胀总缺口的一个组成部分。通货膨胀总缺口缩小后，短缺缺口也会相应缩小。但此时要注意到配给手段强制使一部分货币转化为强迫储蓄。在经济收紧时，我们常看到，一方面是价格下降；另一方面是银行存款大幅度增加。我们可以认为当价格下降时，居民存款的增加是自愿储蓄的增加，而企事业单位存款的增加，则主要是强迫储蓄的增加。

如果计划系统试图调高 Q_t^*，它采取什么手段能保证做到这一点呢？一方面，计划系统的计划产量本身就是给企业的一个刺激信号。当企业看到计划产量 Q_t^* 上升后，那么它们会意识到对经济的控制会放松，需求会增加，因此企业也会积极扩张生产。前面分析指出，在当前体制下，企业有着内在的扩张动力，不需采取过多的刺激手段，企业的生产就会回升；另一方面，计划系统也会减少配给限制，使原来下马的项目重新上马。再者，计划系统还会计划一些新的建设项目，由投资增加带动经济增长。投资的乘数效应在总供给低于潜在总供给时会明显表示出来。

上述计划系统包括国家计委、财政及各部门的计划机关，是一个广泛的概念，这主要是相对于调控商品市场而言的。实际上银行系统也要做计划，但它是相对于货币市场而言的，故我们对此另当别论。计划系统中，财政部门的作用又有相当的特殊性，财政部门也是管钱的部门。计划管项目，财政管钱。财政管钱与银行管钱不同之处是，财政与计划联系较为密切，尽管财政与计委为同级部门，而银行管钱相对独立，与计委关系就疏远一些。有一句顺口溜，计划留口子，财政出赤字，银行印票子，反映这三家之间的关系。其实，货币超经济发行，三家都有份，不能归根于计划留口子上。至于财政收支安排对通货膨胀的影响，国内专家对此研究颇多，❶这里就无须再加以分析了。

§ 8.4 货币调控

货币调控由银行系统进行。银行主要由三个方面的信号对

❶ 参见参考文献一[35]、[54]。

货币进行调控，一是政府的指令，当政府要求控制总需求时，银行就要收紧银根，控制货币供给量；当政府要求刺激供给时，银行就放松银根，从而增加货币供给量。二是计划系统的影响，计划系统确定投资的总盘子后，银行就得提供相应的货币。另外，政府消费也可视为计划系统的安排，这也需银行提供相应的货币供给量。这两个方面的货币供给，不由银行内部决定，而由计划系统（计委与财政）外部确定。三是银行视货币的供需情况自己做出的调整，如银行要稳住币值（也就是要稳住价格），就需控制货币供给，缩小货币需求与货币供给的缺口。

银行调控货币的关键是控制新增贷款部分。现金发行事实上由存贷差额决定，银行调控余地极小。此外，调整准备金率，也可以起到控制各职能银行贷款规模。因为中央银行的计划贷款，是通过各职能银行贷放出去的。

银行系统除了控制货币供给来影响经济外，通过调整名义利率也能影响经济。名义利率提高速度快于通货膨胀时，实际利率 r 也就提高，从而将减少总需求，同时又能起到减少货币需求的作用。

§8.5　综合调控

计划系统和银行系统各自独立，但它们的调控则是互相影响、互相制约的。如果计划调控与银行调控不协调，那么经济就容易出乱子。因此，政府应该负责计划和银行调控的协调，使之互相适应。[1]

---

[1] 细分起来，宏观经济调控可分为四家，一是计委，二是财政，三是经委，四是银行。也可再加一家物价部门。这几个部门之间政策的协调，对调控宏观经济是重要的。这几个部门的协调，在理论上尚需研究。综合平衡理论在这方面的研究，是值得继承的。

稳住物价，是政府、计划、银行的共同目标，因此围绕稳住物价来协调计划与银行的调控，是较易实行的。但是稳住物价不是调控经济的唯一目标，适当的经济增长速度也是政府追求的目标。计划和银行的调控也都能影响到经济增长速度。计划从投资角度影响经济增长速度，而银行从流动资金角度影响经济增长速度。这二者要协调并不是一件容易的事。

在现实经济生活中，银行往往指责计划的盘子太大，银行不得不多发票子。而计划也指责银行的票子发得太多，计划不得不增加配给限制。其实，依据前面的分析，计划影响到银行，银行也影响到计划。宏观经济中的通货膨胀，计划系统（不是单独指国家计委）与银行系统（也不是单独指人民银行总行）都应共同承担责任。

如果把计划产量 Q_t^* 与银行的货币供给量 M_t^s 联系起来，统一确定 Q_t^* 与 M_t^s，那么经济的发展就会协调些，就能减少一些矛盾。现在的问题是，计划产量 Q_t^* 与货币供给量 M_t^s 各自由一些不同的部门所决定，因此它们之间要协调是困难的，这就需要政府出面进行协调。如何操纵经济系统的两个主要控制器 Q_t^* 和 M_t^s，是宏观经济理论应予研究的重点。

在现在的经济生活中，由于预期作用，对货币需求呈现不确定性，这就导致 Q_t^* 与 M_t^s 关系的复杂化。如通货膨胀预期较高时，一定的 Q_t^* 需要较多的 M_t^s 来配套，而当通货膨胀预期较低时，一定的 Q_t^* 又只需要较少的 M_t^s 来配套。因此，在预期作用下，商品市场与货币市场的均衡并不是稳定的，随着预期的变动，这种均衡也会变动。预期对商品市场与资金市场均衡的影响，可由图 8.4 表示。

在图 8.4 中，假设在不存在预期作用下货币供给量 M_t^s 与

计划产量 Q_t^* 的均衡由直线 AA 表示，在预期作用下，货币供给量 M_t^s 与计划产量 Q_t^* 的新的均衡由曲线 BB 表示。它表明，当计划产量 Q_t^* 超过一定点时，或货币供给量 M_t^s 超过一定点时，预期提高将会使一定的 Q_t^* 需要更多的货币供给量 M_t^s 来配套；而当计划产量 Q_t^* 低于一定点时，或货币供给量 M_t^s 低于一定点时，预期降低将使一定的 Q_t^* 只需要较少货币供给量 M_t^s 来配套。但是，由于预期的不确定性，要准确描述 BB 线是困难的，这就导致 M_t^s 与 Q_t^* 关系的不确定性。我们将在第 10 章分析减少 M_t^s 与 Q_t^* 不确定性的具体措施。

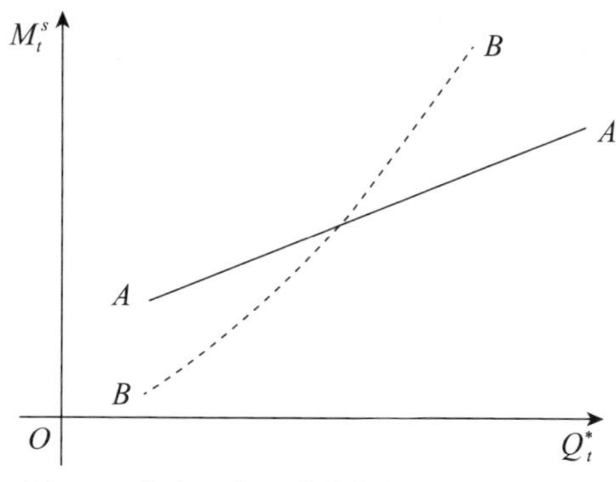

图 8.4　存在预期下产量与货币需求的关系

值得注意的是，当通货膨胀预期特别高和通货膨胀预期特别低时，M_t^s 与 Q_t 之间的关系均表现为一条垂直于 Q_t 轴的直线，见图 8.5。

在图 8.5 中，当 Q_t 的值为 Q_t^1 时，由于实际产量远低于潜在供给量，此时通货膨胀预期很低，Q_t^1 对应的货币量为无穷大。这就是前面分析的预期陷阱，即 M_t^s 增加，对 Q_t 无影响，M_t^s 均被这种低的预期所吸收，转变为库存产品资金积压起来；当 Q_t 的值为 Q_t^2 时，由于实际产量已达到供给上界，同时通货膨胀预期又很高，那么会出现预期脉冲，即 Q_t^2 所需的货币为无穷大，这是恶性通货膨胀时所出现的情况。❶ 这时，M_t^s 增加对 Q_t 也没有影响。

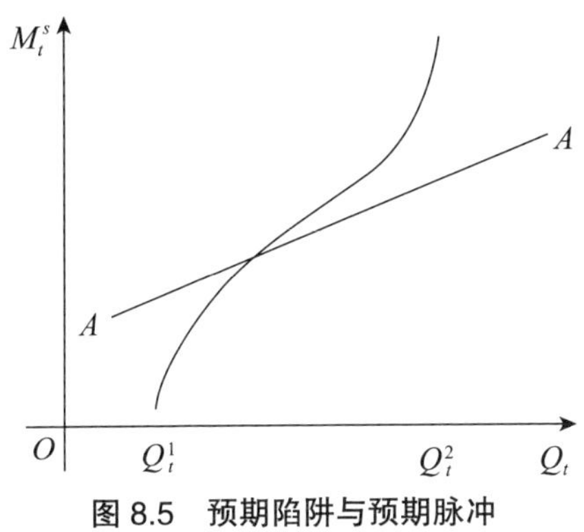

图 8.5 预期陷阱与预期脉冲

§8.6 产出水平的决定

在总模式中，短期内实际产出水平由总供给与总需求中最小的一方决定，而总需求受三个变量的影响，实际利率 r_t、货币供给 M_t^s、计划变量 $\left(Q_t^* - Q_t\right)/Q_t$；总供给则只受两个变量的影响，货币供给 M_t^s 与计划变量 $\left(Q_t^* - Q_t\right)/Q_t$。

因此，当总供给大于总需求时，实际产出水平由影响总需求的三个因素决定；当总需求大于总供给时，实际产出水平则由影响总供给的两个因素所决定。由于利率对实际产出水平影

❶ 预期脉冲是一种理论抽象，或者说是一种假设的极端情况。当预期趋向于预期脉冲时，一方面货币流通速度加快；另一方面价格高涨带来货币需求增加，这两种情况的交织作用会使通货膨胀进一步恶化，M_t^s增加全被通货膨胀所吸收。

响不大，因此不论是总需求大于总供给，还是总供给大于总需求，实际产出水平主要由货币供给 M_t^s 与计划变量 $\left(Q_t^* - Q_t\right)/Q_t$ 所决定。同时，要注意的是，短期内实际产出的增加有一个上界，不可能越过这一上界。

从表面上看，短期内实际产出水平主要取决于计划系统的计划产量，实际上，短期内实际产出水平由计划系统和银行系统两家共同决定。在经济极度扩张时期，由于配给限制的减弱，实际产出水平更多地由货币供给量决定。这就是前面介绍的简化的非均衡模型。

$$D_t=D(M_t^s)$$

$$S_t=S(M_t^s)$$

$$Q_t=\min(D_t, S_t)$$

当经济处于极度收紧的时期，短期的实际产出水平更多由配给水平所确定。即有

$$D_t = D\left(\frac{Q_t^* - Q_t}{Q_t}\right)$$

$$S_t = S\left(\frac{Q_t^* - Q_t}{Q_t}\right)$$

$$Q_t = \min\left(D_t, S_t\right)$$

从我们的总模式中，实际产出水平与货币供给 M_t^s 并不是单链条，不仅仅由 M_t^s 决定 Q_t，反过来，Q_t 又影响到货币需求 M_t^d，这也会在一定程度上影响到货币供给 M_t^s。

从现在的经济发展看，货币供给对实际产出水平的影响越来越大，而配给所起作用则在逐步缩小。但这并不排除在某一时期，或者针对某一行业，配给作用增大的可能性。

因此我们的理论在一定程度上说是货币供给决定产出的理

论，这一理论的适用性是假设实际产出水平在潜在总供给水平附近波动。如果实际产出水平达到或接近供给上界，货币供给对 Q_t 就不起作用。

货币供给决定产出并不是仅指银行系统一家决定产出，因为货币供给中有一块是由计划系统的盘子所确定的。但是从最终调控看，银行在确定计划盘子所需的货币供给量后，自己还是有权再追加一部分货币供给量的。随着人民银行总行的独立性增加，货币供给决定产出的作用还将增加。

§ 8.7　通货膨胀的决定

通货膨胀总缺口的形成过程已在第 5 章分析，通货膨胀总缺口的内部结构已在第 7 章分析。本节中，我们依据总模式把第 5 章与第 7 章的内容作一概括。

由于通货膨胀的总缺口由（D_t-S_t）所决定，所以，决定 D_t 与 S_t 的因素均决定通货膨胀的总缺口。但是，当 S_t 已达到上界时，M_t^s 对通货膨胀总缺口的决定作用特别大。配给作用本质上不能减小通货膨胀的总缺口，但是计划产量 Q_t^* 的高低能影响到企业预期的高低，从而也能影响到总需求 D_t 的大小，因此由计划产量所决定的配给水平通过影响 D_t 和 S_t 来影响通货膨胀的总缺口。当这总缺口形成后，配给限制对总缺口就不再起作用，配给的增加只会起到减少物价上涨缺口但等量增加短缺缺口的作用。

经济体制改革后，M_t^s 对经济系统的影响越来越大。因此，我们的通货膨胀总缺口的决定理论也可视为货币供给决定论。而货币供给决定论又分为三个阶段：（1）当总供给低于潜在总供给时，M_t^s 增加导致 Q_t 增加，M_t^s 增加不会导致通货膨胀总缺口增加；（2）当总供给高于潜在总供给而低于总供给上界时，M_t^s 增加，导致总供给增加，也导致通货膨胀总缺口增加，且随着 M_t^s 增加，通货膨胀总缺口增加越来越快；（3）当总供给已达到上界时，M_t^s 增加全部作用到通货膨胀总缺口增加上。因此，我们的通货膨胀总缺口与产出水平是密切相联的，脱离了产出水平便不可能分析货币供给与通货膨胀的关系。正因为如此，分析通货膨胀不能只分析货币供给，还要分析总需求、总供给，要结合商品市场与货币市场来分析。

通货膨胀总缺口的内部结构不由货币供给来说明，而要由价格刚性和配给来说明。在现在的经济生活中，配给起的作用已大于价格刚性所起的作用，短缺具有了新的特点。关于这一点，我们已在第 7 章做了详细分析，这里不再涉及。

§ 8.8　政策规则的形式

计划产量 Q_t^* 和计划货币供给量 M_t^s 一般视为外生变量。在本章中，由于纳入了政策规则，Q_t^* 与 M_t^s 的变化将依据这些规则行事，因此，这样 Q_t^* 和 M_t^s 便成为内生变量，它们由经济系统内部的其他变量所决定。

简而言之，理论上可以认为，有

$$Q_t^* = f_1(D_t - S_t)$$

$$M_t^s = f_2(D_t - S_t)$$

当

$D_t - S_t > 0$，Q_t^* 将下降，

$D_t - S_t < 0$，Q_t^* 将上升；

$D_t - S_t > 0$，M_t^s将下降，

$D_t - S_t < 0$，M_t^s将上升。

在实际决定时，由于 D_t 与 S_t 不可测，转而由如下规则确定 Q_t^* 与 M_t^s

$$Q_t^* = f_1(P_t) \qquad M_t^s = f_2(P_t)$$

当

P_t 上升时，Q_t^* 下降，

P_t 下降时，Q_t^* 上升；

P_t 上升时，M_t^s 下降，

P_t 下降时，M_t^s 上升。

在政策规则中，仅分析了 Q_t^* 与 M_t^s 依据什么信号朝什么方向上变化，但并未分析变化的具体数量大小及变化的时间长短。

在总模型中纳入政策规则是有用的，它反映了模型自我调节的能力。尤其当经济系统中不确定的因素增加与预期作用增大的情况下，政府依靠政策规则行事可有效地减少不确定性因素的影响。这也就是说政府的政策制定，必须“按牌理出牌”。

政策规则把政策变量看作是内生变量，而不像传统观点那样把它们当作外生变量处理。政策规则注重的是政策的长期效果，而不仅仅是一次性政策变动的影响。

我们已指出，我们的政府是一个理性的政府。在 40 余年的经济调控中基本是按政策规则行事的。但这并不排除政府在不同时期，在通货膨胀与经济增长的选择中有不同的偏好，在一个时期偏向经济增长优先而容忍较高的通货膨胀，而在另一个时期偏向控制通货膨胀优先而容忍较低的经济增长速度。

政府这种相机决策时的偏好不一致，并不能说明政府违反政策规则，更不能说政府是无理性的。政府相机决策时的偏好不同，只能说明政府依据政策规则制定政策时的力度不一样。在政策目标和政策工具的配套上，政府仍然是依据政策规则行事的。政策目标和政策规则的配套，是后面要分析的反通货膨胀政策的理论基础。

§8.9　经济周期与通货膨胀

我们研究的总模式，给出了经济周期的理论分析基础，也给出了通货膨胀与经济周期之间的内在关系。依据我们的理论，经济发展的总趋势是当总需求大于总供给时，将导致实际总供给高于潜在总供给，此时，通货膨胀上升。当通货膨胀上升一段时间后，政府的政策规则会制造拉下总需求从而抑制通货膨胀的政策，这又将导致总供给下降。当总供给下降到潜在总供给水平以下时，通货膨胀也会下降。当通货膨胀下降一段时间后，政策规则又将启动经济，刺激经济增长。至此，完成了经济波动的一个周期。这个周期的转折点是政府的政策规则。究竟通货膨胀持续多久政策规则才会起作用，使通货膨胀掉下来，这是不确定的，它更多地受到经济系统外部因素的影响。然而，当实际总供给已经达到其上界后，总需求持续上升不再导致实际供给增加，而全部转为通货膨胀上升时，此时政府就将面对公众要求拉下通货膨胀的压力，政策规则就将起作用。我们的这一周期理论，可以用图表示出来，见图 8.6。

现在，我们似乎从理论上圆满地解释了经济波动的原因。然而，指出一种理论在原则上能解释波动和指出它能解释实际的波动完全是两回事。原则上，这个理论解释了总需求变动导致总供给变动和通货膨胀变动，指出了波动的内在原因和内在机制。然而，实际经济波动是复杂的，要受到许多因素影响，我们的理论只不过是一种高度抽象，它不可能准确地解释实际的经济波动的振幅和时间长短。若能解释出实际经济波动的变化趋势，那么我们的理论也就经受住了实际考验。事实上，由于价格粘性和预期粘性，通货膨胀会滞后于实际经济增长，而这种滞后是不确定的，这就导致了问题的复杂性，使我们的理论解释变得模糊起来。理论解释并不是给现实“照相”，理论解释只有透过现象看本质才具有意义，而本质与现象之间是存在差距的，但本质决定了现象的变动。如实际总供给下降后，由于预期粘性影响，通货膨胀还会上升一段时间，不会立即随实际总供给下降而下降。

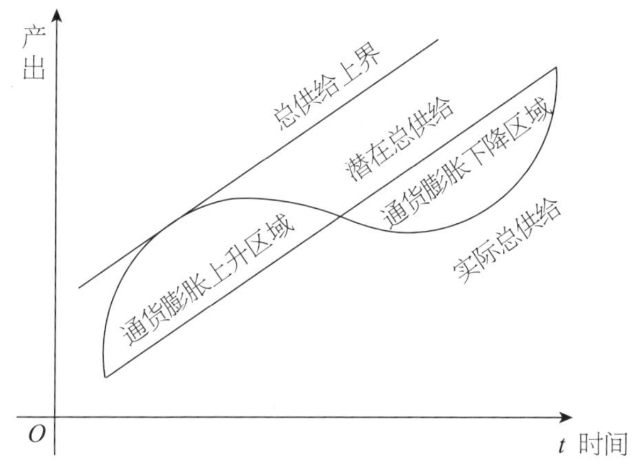

图 8.6　经济周期与通货膨胀

为了便于在同一张图上和价格（零售价格）比较，我们用国民收入的增长速度代替总供给量，并取 1984—1990 年这一段时间（它包含了一个完整的周期），看看是否近似存在上面的那种周期关系。我们依据实际数据做了图 8.7。

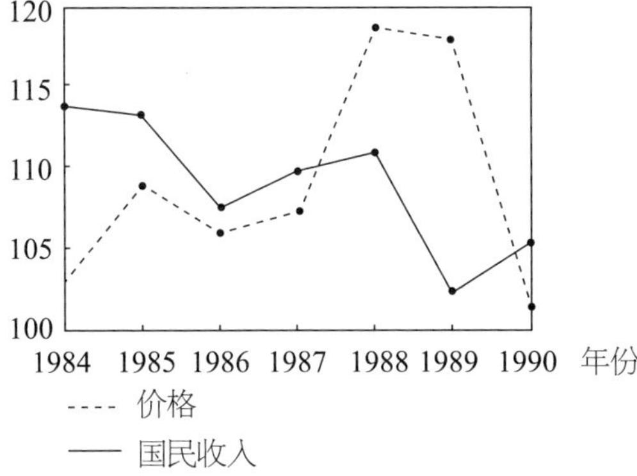

图 8.7　价格与国民收入增长速度的关系

从图 8.7 中可以看到，1985—1990 年可视为一个周期。从 1985—1988 年经济增长经历了一个从下降到上升的过程，而同期价格也经历了一个从下降到上升的过程。然而经济于 1989 年进入谷底，并于 1990 年开始回升时，价格在 1990 年仍是下降的。从整个周期看，价格与供给的实际关系，与我们前面的理论关系是相符合的。

9 章　粘性预期理论

在前面各章中，反复强调了预期对经济系统的作用，利用预期解释了一些传统经济理论难以解释的经济现象。预期在本书中使用得如此广泛，以至在分析每一个重要概念、解释每一个重要问题时，都得借助于它的帮助。然而，在前面各章中，我们并没有系统地介绍预期本身是如何形成的，预期又是怎样变化的。由于我们强调预期的不确定性，因此，预期似乎是独立于经济系统之外的一个幽灵，它对经济系统的影响是巨大的，而它的出现则又是神秘莫测的。

在本章中，我们将对预期的形成及其变动做系统的分析，力图揭下预期的那层神秘面纱。我们将提出一套预期的行为规则，从而将预期作为经济系统的内生变量处理，尽量减少预期的不确定性。

经济体制改革后，经济理论取得了很大进展，新的实践、新的问题促使经济学家们不断更新自己的理论，以图更好地解释实践中的问题。预期理论作为我国经济学界的一个新课题，标志着我国经济理论正在朝一个更深层次上发展。预期对我国经济理论发展的影响有多大目前还是难以估量的。可以认为，对预期的研究将在我国经济理论界引发一场震荡，经济学家们将对传统的理论、方法和论据进行彻底的重新估计，并逐渐形成一套新的理论和方法。

§9.1　预期的信息基础

预期是对与目前决策有关的经济变量的未来值的预测。预期从本质上来说是主观的。但是人们做出预期并不是凭空想象，他们将根据过去、现在及将来的各种信息，并对其进行综合分析，才对未来做出判断。判断的正确与否，取决于重要信息是否已经掌握，还取决于对信息的综合分析方法是否正确。

预期首先由某个特定的个人做出。把这些个人的预期汇总起来，就得到一个总的预期。如把各个消费者对未来价格的预期汇总起来，就形成消费者对价格的预期。然而，每个消费者对未来的预期都有区别，因为每个消费者收集的信息不尽相同，而且每个消费者分析信息的能力也不尽相同。怎样把这些不同的预期汇总起来，形成一个总预期，是我们首先要解决的问题。

进行汇总的方法多种多样，如取算术平均值，或取几何平均值等。这里，我们从概率分布角度出发，把经济行为者对未来的预期作为一种分布，然后把该分布的数学期望作为经济行为者的总预期。我们有理由认为，预期的分布近似服从于正态分布，因为对大多数人而言，他们掌握的信息及其分析信息的方法差别不大。

此外，对每一个独立的个人而言，他对未来变量值（如价格）的预测并不局限于一个特定值，他的预测值也可视为一个分布，如价格上升5%的可能性为多少，价格上升10%的可能性为多少。我们把这一分布的期望作为他对未来变量预测的预测值。

现在国外流行一种直接从居民和企业中收集预期数据的方

法。该方法十分简单，只要求居民做选择回答，如认为价格上升则填是，否则填否，然后汇总居民的回答；或者只要求居民自己给出一个物价上升的可能数，然后汇总，算出数学期望。这一方法起源于 20 世纪 40 年代末期，从 20 世纪 50 年代起，逐渐流行于西方各国。该方法收集的预期数据，为经济理论界对预期研究提供了有力支持，也为政策决策提供了帮助。

如果我们把每个居民的对未来变量取值的估计视为一个试验，那么在试验之前（即他回答之前）无法肯定其估计值的大小。这可视为随机试验的不确定性。如果随机试验重复进行，它的分布趋于稳定，那么我们就能测量这种随机试验不确定性的大小；如果随机试验重复进行，它的分布不趋于稳定，那么我们就不能测量这种随机试验不确定性的大小。因此，具有两种不确定性，一种是可测的，它具有稳定的分布；另一种是不可测的，它的分布不稳定。经济理论上讲的不确定性，是指后一种即其分布不稳定的随机试验所具有的不确定性。

对于可测量的不确定性，如果我们设随机试验 a 只有有限个不相容的结果 A_1，A_2，…，A_n，它们相应的概率为 $P(A_1)$，$P(A_2)$，…，$P(A_n)$，满足 $\sum_{i=1}^{n}P(A_i)=1$，则

$$H=-C\sum_{i=1}^{n}P(A_i)\ln P(A_i)$$

表示不确定性的具体数值。该公式称之为申农（Shannon）公式。H 又称之为随机试验 a 的熵。公式中的系数 C 可以根据方便选择，它取决于度量单位。常用的度量单位有二进制单位及十进制单位，前者对数的底取为 2，后者用常用对数。

对熵的进一步研究，是信息论的内容，这里不再涉及。可以预料，由于信息对预期的重要性，未来经济理论发展中，将会越来越多地吸收信息论中的有关内容。

§9.2　预期的假设条件

对未来的预期与目前的决策有关，经济行为者将力图正确地预期未来，从而减少目前决策的损失。这是经济行为者理性的表现。因此，经济行为者的理性假设，是预期的首要假设条件。除此假设条件外，经济行为者做预期还具有其他假设条件，这些假设条件为：

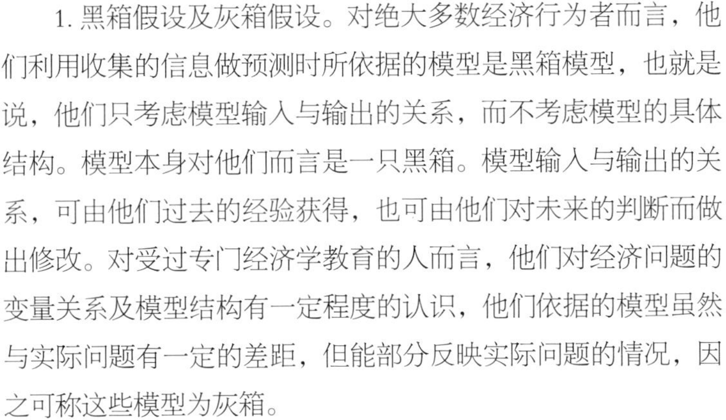

1. 黑箱假设及灰箱假设。对绝大多数经济行为者而言，他们利用收集的信息做预测时所依据的模型是黑箱模型，也就是说，他们只考虑模型输入与输出的关系，而不考虑模型的具体结构。模型本身对他们而言是一只黑箱。模型输入与输出的关系，可由他们过去的经验获得，也可由他们对未来的判断而做出修改。对受过专门经济学教育的人而言，他们对经济问题的变量关系及模型结构有一定程度的认识，他们依据的模型虽然与实际问题有一定的差距，但能部分反映实际问题的情况，因之可称这些模型为灰箱。

相对于黑箱假设与灰箱假设，理性预期依据的是白箱假设。理性预期假定市场上的经济行为者都了解模型结构，并且是正确的模型结构。然而现实的情况是，经济学家们自己还在对什么是能真实反映客观世界的理论模型争论不休，对一般居民而言，就更谈不上对模型结构的了解了。因此，理性预期的白箱假定，是太理想化了，它具有太多的理想色彩而脱离了并不那么理想的现实世界。

我们确定的黑箱假设，较为符合一般人的预测能力。输入的一端是现在他所掌握的信息，输出的一端是他的预测值。他可能依据过去的经验来确定输入与输出的关系。并不断在实践中调整这种关系，他也可以根据新的情况调整这个关系。至于这种关系是依据什么道理，他也说不清楚。因此，即使是一个文盲，他也会依据已有的信息做出自己的预测。

2. 信息的边际成本等于决策的边际收益。经济行为者收集信息要付出代价，如时间、金钱等，这些代价就是成本，即获取信息的成本。信息收集得越多，对预期的准确性帮助也就越大。但是收集信息的成本也随收集信息的增加而增加，如果收集信息的成本大于正确决策所带来的利润，那么这就得不偿失。一个理性的经济行为者在收集信息达到一定程度后必然会放弃进一步收集信息的努力。

设信息量为 q，$R(q)$ 表示因这些信息量所做决策带来的收益函数；$C(q)$ 表示收集这些信息的成本函数；$\pi(q)$ 则表示这些信息所带来的利润函数，那么有

$$\pi(q)=R(q)-C(q)$$

理性的经济行为者将追求利润的最大化，有

$$\frac{\mathrm{d}\pi(q)}{\mathrm{d}q}=\frac{\mathrm{d}R(q)}{\mathrm{d}q}-\frac{\mathrm{d}C(q)}{\mathrm{d}q}=0$$

即有 $$\frac{\mathrm{d}R(q)}{\mathrm{d}q}=\frac{\mathrm{d}C(q)}{\mathrm{d}q}$$

故获取信息的边际成本等于决策的边际收益。因此，我们这一条假设是在经济行为者理性假设的基础上得到的。这一假设要求

$$\frac{\mathrm{d}^2R(q)}{\mathrm{d}q^2}-\frac{\mathrm{d}^2C(q)}{\mathrm{d}q^2}<0$$

或 $$\frac{\mathrm{d}^2R(q)}{\mathrm{d}q^2}<\frac{\mathrm{d}^2C(q)}{\mathrm{d}q^2}$$

这说明，当利润最大时，信息边际成本增加比决策边际收益的增加快得多。

因此，依据我们的这一假设，经济行为者不会去追求全部信息。这就带来一个问题，如果经济行为者遗漏了某些重要信息，那么他们的预测就可能出现系统误差。这与理性预期的结果是背道而驰的。

这里，信息的获取不是由外部条件给定，它与其他经济变量一样，也是由经济系统内部的变量所决定的。

3. 预期的学习假设。经济行为者会学习他人预期的结果，这也就是说，少数人的预期有可能变为多数人的预期。如居民的抢购就具有这一特征，少数居民的抢购行为会带动其他居民也加入抢购行列，从而形成一股抢购风潮。当甲地的居民听说乙地的居民在抢购某商品时，甲地居民也会抢购该种商品。预期学习假设在地理分布上有这样一种特征，农村向城市看齐，小城市向大城市看齐，内地向沿海看齐。这一特征也表明了经济行为者的理性，他们认为沿海、大城市经济行为者的预期一般要比内地、小城市、农村的经济行为者的预期要准确，因此乐于向他们学习。这可以以较少的成本获取较多的收益。

由于预期的这种学习功能，预期的分布呈现正态分布的可能性就增大，而且这种正态分布中的方差会因为学习功能而变小，这将改善预期的性能。较大的期望与较小的方差相结合，更能说明分布集中性。

同时预期的这种学习功能也会促使灰箱假设预期结果逐渐被大家接受，成为公众的普遍预期。少数人较为正确的预期通过学习功能传播将成为大多数人的共识。

4. 错误预期不能持久假设。经济行为者不仅向他人学习，也向实践学习。当经济行为者一旦发现自己的预期错了，便会修改预期，使之符合实际情况。因此，一种错误预期不会持久存在。经济行为者关于预期的试错法，将使他们的预期围绕正确预期波动。因此，从长期看预期与实际是一致的。这是为什么我们做长期分析时不考虑预期作用；但从短期看，预期与实际是有可能偏离的。

§ 9.3　预期形成过程

预期本身是一种心理现象，对此难以直接度量。但预期这种心理现象并不是凭空产生的，也不是先验的，而是客观世界的反映。因此预期形成过程也是一种客观过程。我们正是试图由这种可测量的客观过程来把握难以测量的预期心理。

1941 年梅茨勒（Metzler）提出了外推预期的观点。如果 P_{t-1} 代表在 t-1 时期的价格，P_{t-2} 表示 t-2 时期的价格，则对时期 t 的价格的外推预期为

$$P_t^* = P_{t-1} + \varepsilon\left(P_{t-1} - P_{t-2}\right)$$

式中，ε 为预期系数。如果 ε 大于 0，则以前的趋势会保持下去；如果 ε 小于 0，则以前的趋势将向相反方向发展；如果 $\varepsilon=0$，则本期的预期价格等于上期的实际价格。ε 取值的选择取决于模型所立足的经济结构。在蛛网模型中，负值的 ε 更为适宜。高价刺激了生产，从而在下一个季度增加了产品的供给，并又导致价格下降，即价格的走向是向反方向变化，而不是一年年保持下去。

然而经济行为者会不断从过去的经验中学习，会用过去的误差来修正本期的预期。卡根（Cagan）在 1956 年依此提出了适应性预期观点。用上述同样的符号，适应性预期为

$$P_t^* = P_{t-1}^* + \eta\left(P_{t-1} - P_{t-1}^*\right)$$

式中，η 为适应系数，它决定了预期对过去的误差进行调整的速度。

由于 P_{t-1}^* 又可以写为

$$P_{t-1}^* = P_{t-2}^* + \eta\left(P_{t-2} - P_{t-2}^*\right)$$

因此

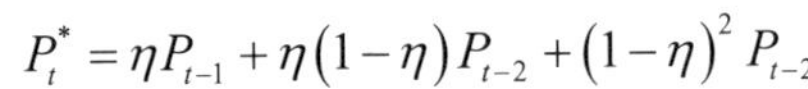

$$P_t^* = \eta P_{t-1} + \eta\left(1-\eta\right)P_{t-2} + \left(1-\eta\right)^2 P_{t-2}$$

如果不断用后期的预期代入前期的预期计算公式，那么有

$$P_t^* = \eta P_{t-1} + \eta\left(1-\eta\right)P_{t-2} + \eta\left(1-\eta\right)^2 P_{t-3} + \eta\left(1-\eta\right)^3 P_{t-4} + \eta\left(1-\eta\right)^4 P_{t-5} + \eta\left(1-\eta\right)^5 P_{t-6} + \cdots$$

又可简记为

$$P_t^* = \eta\sum^{\infty}\left(1-\eta\right)^{K-1} P_{t-k}$$

这是一个无穷级数之和，当 $0<\eta<1$ 时，该级数收敛，故我们假设 η 的取值为 $0<\eta<1$。

如果说，外推预期仅仅是以前两个时期的实际值中所包含的信息为基础的，而适应性预期则是以这一数列包含的以往的全部信息为基础的。但是外推预期也好，适应性预期也好，它们都只使用过去有关的特定信息，如过去的价格和价格预期。而实际上经济行为者做预期时，除使用过去的特定信息外，还使用现在所能取得的其他信息。如做价格预期时，不仅使用过去价格及过去价格预期的信息，还会使用其他信息，如政府的经济政策信息等。因为政府的经济政策对未来的价格变动影响极大。而政府的经济政策信息并不完全包含在过去价格及过去预期价格信号之中。可见外推预期和适应性预期均只是使用了可供利用的信息资源中的一部分。如果把信息也作为一种商品，那么外推预期和适应性预期就没有做到资源的最佳配置。

针对外推预期和适应性预期的这一严重弱点，1961 年穆斯（Muth）提出了理性预期观点。到 70 年代，理性预期的观点被引入宏观经济学，导致了宏观经济学研究的一次新浪潮，或称宏观经济理论的一次革命。

理性预期可表示为

$$P_t^* = E_{t-1}\left[P_t / I_{t-1}\right]$$

这是一个条件数学期望，I_{t-1} 表示第 $t-1$ 期所能获得的信息。

理性预期的一些基本特点为：

1. 经济行为者在形成预期时利用了一切有关的、可以获得的信息。

2. 客观概率分布的期望值与主观概率分布的期望值一致。但是这并不意味着消费者或生产者的预期总是正确的。经济行为者将从失误中学习，这将会消除预期中的系统误差。

3. 只有未料到的政策才能对经济系统起到影响。换言之，政府的政策是无效的。这是理性预期理论的一个重要结论。

综前面各章所述，预期行为已对我国经济活动产生了重大影响，如何研究我国的预期形成过程，具有重要的理论意义和现实意义。

笔者认为，外推性预期与适应性预期过于简单，它们解释不了 1988 年为什么物价突然跃上一个新的台阶这样的事实，而我国目前的经济环境，又难以使生产者和消费者做理性的预期。这一方面是经济行为者掌握的信息不足以进行理性预期，二是经济行为者理性分析信息的能力也不够。本书试图寻找一种处于适应性预期与理性预期之间的预期理论。

本书的粘性预期理论建立在上节关于预期的几个假设之上，那几个假设实际上已构成了粘性预期理论的基础与框架，现在只需要在其中补充粘性预期形成过程的内容，就可以构成一个完整的预期理论体系。

粘性预期形成过程为：经济行为者利用他在成本约束下所能获得的信息对经济变量的未来值进行预期，预期由经济行为者的几个方面活动重叠而成，（1）依照过去的经验；（2）根据现有的新情况；（3）向别人学习也从自己过去的失误中学习。

根据前面的假设预期形成过程，粘性预期理论具有如下几个特点：

1. 短期内预期可能会出现误差。首先，经济行为者做预期时使用的黑箱模型，有可能导致失误；其次，由于信息的成本约束，经济行为者可能会遗漏一些重要信息，这同样可能使预期出现误差。这些误差既有可能是随机误差，也有可能在短期内（如几年内）是系统误差。如我国居民 1984—1987 年这几年间，存在货币幻觉现象，居民预期的通货膨胀低于实际的通货膨胀。

2. 长期内预期是基本正确的，不会出现系统误差，只会出现随机误差。由预期的学习假设及错误预期不能持久假设，不难得出这一结论。

3. 预期具有粘性，短期内预期不会很快改变。由于我国的信息成本较大，特别是信息发表滞后，导致经济行为者在获取足够新信息方面所需时间较长。这导致短期内经济行为者做预期时所依据的信息改变不大，因此预期也不会有大的变化。

粘性预期理论从长期看，基本上是一种理性预期的理论，但从短期看，它又是非理性预期的。这对应于粘性价格理论，短期内价格是粘性的，长期内价格是弹性的。因此，本书中理论模型可称之为双粘模型。

前面各章分析预期对经济系统的影响时，就是依据的这种粘性预期理论。

粘性预期理论与适应性预期与理性预期相比，具有一定的差别。理性预期认为，预期完全随经济变量的变动而变动，并且与经济变量的实际变动保持一致；适应性预期则认为，预期由过去的经验所决定，只要人们对过去的经验进行总结，不断纠正预期与经济变量变动的偏差，那么，人们的预期变动大体上仍与经济变量的变动保持一致。总之，不论理性预期还是适应性预期，都把预期具有粘性的这一性质排除在外。

若灰箱假设预期的结果被多数人所接受时，那么粘性预期形成的公式描述也可表示为

$$P^* = E_{t-1}\left[P_t\right]$$

只是这里 P^* 不一定与实际情况相符合，短期内可能存在系统误差，这是与理性预期不一致的地方。从长期看，使用这一公式取得的结果与理性预期所取得的结果是一致的。

§ 9.4　预期粘性的实证分析

预期作为人们的心理活动，不能直接进行测量。我们在本节中，借助于预期、货币、物价之间的关系，间接地测量预期的变动，从而证实预期是否具有粘性性质。

依据第 6 章的分析，我们知道，由货币流通公式

$$MV=PQ$$

可得到 $$\frac{\Delta M}{M}+\frac{\Delta V}{V}=\frac{\Delta P}{P}+\frac{\Delta Q}{Q}$$

在上两式中，我们只看到了货币、货币流通速度、物价、商品交易量等之间的关系，并未直接看到预期与货币、物价之

间的关系。预期对货币、物价之间的关系，隐含在货币流通速度这一变量的变动之中。

预期是一种心理活动，必须通过一定的传导途径才能对经济产生影响。传导途径之一，表现在消费者对已有货币财富的保值行为上。当消费者预期的通货膨胀率较高于银行存款利率时，消费者将把货币财富转化为物质财富，以避免因通货膨胀而造成的损失。消费者挤兑存款后，将在市场上抢购，抛出货币而购进实物。传导途径之二，是生产者为避免损失所采取的各种行为。当生产者预期通货膨胀上升时，会考虑到职工增加工资的压力，也会考虑到原材料价格上涨的压力，从而会按预期的通货膨胀率来提高其生产产品的价格。并且，当银行贷款利率低于生产者的通货膨胀预期时，生产者便争取贷款，抢购原材料。因此，当生产者和消费者的通货膨胀预期较高时，他们都会尽快抛出货币、抢购实物，以避免货币贬值所带来的损失，这会加快货币流通速度。正因为如此，可以通过货币流通速度的变动来间接测量预期的变动。要指出的是，影响货币流通速度的因素很多，这些在前面曾分析过，但这些因素的变动相对预期变动而言，较为缓慢也较为稳定，不会导致货币流通速度的突然加速或减速。因此，可以从货币流通速度所出现的阶跃，来间接测量预期的变动。这为本书的预期实证分析提供了一个可行的基础。

下面，把 $\Delta M/M$，$\Delta V/V$，$\Delta P/P$，$\Delta Q/Q$ 的历年数据列入表 9.1。这里 $\Delta Q/Q$ 实际上是指 ΔGDP/GDP。而 M 则是指前面定义的 M_3。为了论述方便，我们将货币增长速度（M_3 的年增长率）与 GDP 年增长率（按可比价计算）的差值也在表 9.1 中列出来。另外，由于用 GDP 代替了 Q，所以我们用 GDP 的平减指数代替了 P，这样就保证了指标之间的口径一致。

表 9.1　间接测量预期波动（%）

年份 指标	$\frac{\Delta M}{M}$	$\frac{\Delta V}{V}$	$\frac{\Delta P}{P}$	$\frac{\Delta GDP}{GDP}$	（1）—（4）
	（1）	（2）	（3）	（4）	（5）
1982	15.4	−6.6	0.0	8.8	6.6
1983	17.3	−5.7	1.4	10.2	7.1
1984	27.0	−7.6	4.9	14.5	12.5
1985	25.9	−3.9	9.0	13.0	12.9
1986	25.5	−12.4	4.8	8.3	17.2
1987	21.6	−5.4	5.6	10.6	11.0
1988	19.4	3.8	12.0	11.2	8.2

从表 9.1 中可以看到，1982—1987 年 $\Delta V/V$ 的值是负数，这表明货币流通速度是逐年下降的，并且货币流通速度减慢起到了吸收货币的作用，使货币增长率对物价增长率的冲击力减弱。但是这些年中，各年 $\Delta V/V$ 值不相同，分布在 −3.9~−12.4 这个区间内。其中 1985 年 $\Delta V/V$ 值最大，为 −3.9；1986 年 $\Delta V/V$ 值最小，为 −12.4。这一现象可以这样解释，即 1984 年经济过热物价出现较大上升后，1985 年人们的通货膨胀预期有所加强，故货币流通速度也有所加快。而 1986 年经济正面临紧缩的局面，GDP 增长率已经回落到 8.3% 的水平，人们的通货膨胀预期有所减弱，故货币流通速度减慢。因此，从 $\Delta V/V$ 值的波动中，间接地推测了通货膨胀预期的波动。从表 9.1 中还看到，1988 年情况出现了根本的变化，$\Delta V/V$ 值由历年的负值取为正值。这表明 1988 年货币流通速度大大加快，它不但不再起到吸收货币的作用，反而强化了货币增长率对物价的冲击作用。与

前几年相比，1988 年货币供应增长与 GDP 增长的差额（仅为 8.2 个百分点）为最小，而其导致的物价水平上升却最大。显然，这是 1988 年通货膨胀预期大大增强了的结果。可从 1988 年通货膨胀预期加剧驱使的抢购所导致零售物价急剧上升的情况，从另一角度证实这一点，见表 9.2。

表 9.2　月度零售物价

月份	1	2	3	4	5	6
零售物价指数	109.5	111.2	111.6	112.6	114.9	116.5
月份	7	8	9	10	11	12
零售物价指数	119.3	123.2	125.4	126.1	126.0	126.0

资料来源：《中国统计月报》1989 年第 1 期。

从表 9.2 可以看到，1988 年 7 月、8 月、9 月抢购风潮达到了高潮，零售物价指数从 7 月份的 119.3 上升到 9 月份的 125.4，三个月上升 6.1 个百分点，每个月约上升 2 个百分点。

结合表 9.1 和表 9.2，我们可以看到，近几年中我国通货膨胀预期虽然有所波动，但 1988 年以前，这种波动并不大，直到 1988 年通货膨胀预期才出现较大阶跃，这表明 1984—1987 年，尽管每年货币增长速度都过快，超过 GDP 增长速度 11 个百分点以上，但因存在货币幻觉，通货膨胀预期没有随着货币增长速度加快而不断加快；相反，它变动速度要落后于货币增长速度，粘在一个较低水平上。正是通货膨胀预期的这种粘性，导致了通货膨胀初步阶段，物价增长速度落后于货币增长速度的情况。但是这种错误的预期没有无限制地持续下去，过了一段时期后，预期的粘性就失效了，预期出现较大上升，又粘在一个较高水平上。此时，若想把预期拉下来，又会面临预期粘性的阻力。此时，尽管货币增长速度已经降低，但是较强的通货膨胀预期仍能推动物价上升，传统的货币与物价的关系将会遭到破坏。从表 9.2 中我们可以看到，尽管 1988 年下半年我们已采取了较为严厉的紧缩政策，但是物价增长率仍粘在一个较高水平下，并没有随着经济的紧缩而降下来。直到 1989 年，零售物价总指数仍为 18%。在这一阶段，物价的增长同步于货币的增长甚至快于货币的增长。这是通货膨胀预期粘在一个较高水平上的结果。而到 1990 年，通货膨胀预期又迅速降下来，粘在一个较低水平上。这年货币增长速度比上年并没有明显降低，而零售物价指数则急剧下降，落到 2.1%。尽管 1990 年我们再次试图启动经济，但收效并不理想。可见预期粘性作用之大。

通常所说货币对物价影响的滞后，其中主要原因是预期粘性，是预期粘在一个较低水平上（即预期的物价低于实际的物价）。当预期粘在较高水平上时，货币对物价影响的滞后就会消失。此时，物价增长速度就同步甚至快于货币增长速度。

凯恩斯经济学派和货币学派对预期粘性均是有所认识的。如货币学派就认为在货币增长率变动之后，预期通货膨胀率向实际通货膨胀率的调整需要一段时间，在此过渡时期，追加的货币供应量会影响真实利率的变动；但就长期而言，预期通货膨胀率对名义利率的影响终将使真实利率回到原有的高水平。因此，当局企图以增发货币来维持低利率的做法是没有道理的，在长期内是无效的。但是，西方经济学家们并没有明确提出预期粘性这一命题，他们只是不自觉地使用到这一概念。

§ 9.5 预期的不确定性

预期具有粘性，这是它稳定的一面，但预期也具有不确定性，这是它不稳定的一面。目前，我们还难于掌握什么时候、什么条件下预期粘性会被打破，从而出现较大变化。

预期的不确定性来自现实世界的不确定性。对人类认识而言，现实世界中未知王国的天地还是十分广大的，我们所认识的已知世界所占的比重还很小。对那些尚未认识的东西，我们就不能掌握它的变化规律，它的变动对我们而言是不确定的，不能解释的。

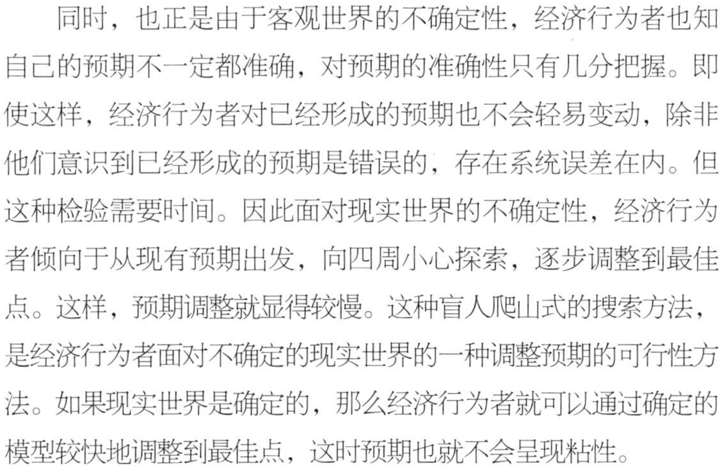

同时，也正是由于客观世界的不确定性，经济行为者也知自己的预期不一定都准确，对预期的准确性只有几分把握。即使这样，经济行为者对已经形成的预期也不会轻易变动，除非他们意识到已经形成的预期是错误的，存在系统误差在内。但这种检验需要时间。因此面对现实世界的不确定性，经济行为者倾向于从现有预期出发，向四周小心探索，逐步调整到最佳点。这样，预期调整就显得较慢。这种盲人爬山式的搜索方法，是经济行为者面对不确定的现实世界的一种调整预期的可行性方法。如果现实世界是确定的，那么经济行为者就可以通过确定的模型较快地调整到最佳点，这时预期也就不会呈现粘性。

现实世界的不确定性对经济的冲击与预期不确定性对经济的冲击，是造成经济波动的两大原因。如果这两个原因加在一起，对经济的影响会很大。如 1988 年的物价闯关过险口号促使人们的通货膨胀预期急剧上升，预期这一突然变化，是不确定的，事前难以预测的。而预期突变对 1988 年经济影响则是较大的。

预期的不确定性是对经济理论解释现实经济现象的一大挑战。由于预期的不确定性及现实世界的不确定性，依据经济理论制造的经济模型对未来的预测能力就受到怀疑。如世界石油价格受中东的政治、军事因素影响。由于难以估计中东政治、军事因素的变动，如伊拉克出兵科威特，利用经济模型来估计世界石油价格的能力就将大打折扣。也正因为如此，我们才说制造经济模型以及利用它来进行预测，既是一门科学也是一门艺术。

在一定程度上说，经济政策的制定虽以理论作为指导，在具体数量调整上，还只能采取试错法，我们仍是摸着石头过河。经济理论的作用在于把经济系统内原来不确定的未认识的因素变为确定的已认识的因素，从而减少不确定因素对经济的影响。但是我们的认识能力又是有限的，不确定性因素总是存在的。

§9.6　预期的效应

预期对经济活动产生多方面影响，这里我们仅分析预期对通货膨胀的几种主要效应。

1. 预期是诱导通货膨胀的重要因素。由于预期的粘性性质，在通货膨胀的初始阶段，货币增长对物价增长的冲击迟缓下来，出现一种市场繁荣、购销两旺、经济增长、人民收入增加的虚假繁荣局面。正因为这样，当经济步入通货膨胀轨道时，政府看到的是经济蒸蒸日上的景气现象，此时政府并不急于制止通货膨胀。消费者和生产者此时存在货币幻觉，把名义收入增加当作实际收入增加，因此也安居乐业，没有怨言。于是，预期的粘性性质起到了一种粉饰通货膨胀的效应。这种效应使治理通货膨胀付出代价相对较小的阶段从政府手中悄悄滑了过去。我国上一轮通货膨胀可视为从 1984 年开始，1984—1987 年，我国货币增长速度在 20% 左右，而物价增长速度大多在 5% 左右，仅 1985 年达到 9%。由于我国长期实行了冻结物价的政策，在物价初步放开后，人们仍习惯于物价不变，故这段时期预期粘性较大，人们在长达四年的时间内，都保持着一种较低的通货膨胀预期。如果在那一段时期下决心治理通货膨胀，以后经济上所遇到的困难就相对要少一些。

2. 在通货膨胀发展一段时期后，预期将会粘在较高的水平上，它又起到阻止通货膨胀下降，并对通货膨胀上升起到推波助澜的作用。预期的这一作用，具有诱发滞胀的效应。当经济已经紧缩，货币增长速度已经降低时，由于预期一时下不来，物价不但不随货币减少而下降，反而会继续上扬一段时间。如果经济因严厉紧缩而出现衰退，而通货膨胀预期又居高不下，那么经济就会出现滞胀现象。1989 年我国经济就经历了这么一段时期。

3. 当经济进入谷底，预期也终于被拉下后，又会出现预期陷阱效应。此时，政府试图启动经济，增加货币投放，但多投入的货币都被预期陷阱所吸收，变为库存资金积压起来。消费者因较低的通货膨胀预期而倾向于增加储蓄，或持币待购，出现市场疲软。我国 1990 年经济就面临这样一种局面。

4. 预期又是导致需求拉上转为需求拉上与成本推进相结合的混合型通货膨胀的重要因素。只要消费者、生产者的通货膨胀预期粘在较高的水平上，那么消费者就会要求增加名义收入，生产者也就会按预期通货膨胀率提高产品价格，这两者都会导致成本上升，出现成本推动物价的现象。同时消费者增加收入的压力也使需求较难拉下来，从而出现需求拉上与成本推进相结合的通货膨胀。

§ 9.7　预期作用下的政策成效

我国经济界流行“你有政策，我有对策”这一妙语。政府的政策在地方、企业、消费者的对策作用下，其效力大打折扣，甚至适得其反。如政府想靠多发货币来增加政府收入，这一设想只有当生产者和消费者存在货币幻觉的情况下才会有效，一旦生产者、消费者发现他们的预期错了，他们就会提高通货膨胀预期。此时消费者会要求增加收入，而生产者会提高产品价格，于是多发的货币将不会给政府带来额外的收入。政府除非投入更多的货币，使实际通货膨胀超过生产者和消费者预期的通货膨胀，政府才能继续靠增发货币而增加收入。这也就说明，政府只有出奇才能制胜，但这种方法可能带来恶性的通货膨胀，因而是不可取的。

前面已经分析过，当经济进入谷底时，预期陷阱效应也会严重削弱政府启动经济政策的效力。这时政府面临两难局面，货币投放少了，启动不了经济；货币投放多了，又怕触发新一轮通货膨胀。

然而，在我国预期存在并不一定会使政府的政策失效。如政府制定的反通货膨胀政策最终还是把通货膨胀拉了下来，也把通货膨胀预期拉了下来。问题关键在于，政府政策不要与公众对抗，试图欺骗公众，从公众手中变相取走一部分财富。政府可以欺骗公众于一时，但不能欺骗公众于长久。公众会从过去的错误中学习，从而采取反措施，抵消政府政策的影响。

我国决定实行有计划商品经济，政策对经济还起着极大的指导作用和制约作用。但是政府制定政策时一定要注意到公众的预期，不要低估了公众预期对政策效力的影响。需指出的是，政府代表着全局利益，而地方、企业只代表局部利益，这两种利益会发生冲突。如政府要地方下马基本建设项目，而地方预期政府还会大干快上，眼下下马只是暂时的，那么地方就不会急于下马建设项目。如果政府坚持紧缩政策，树立信用，今后地方就不再会存在这样的预期，从而会相应下马建设项目。因为在紧缩经济中，继续上马项目将无利可图。总而言之，政府政策的信用度、持续性是削弱预期影响的两个重要因素。如果政策的信用不高，政策反复无常，那么政策在预期作用下效力就不会大。因此，在预期作用增大的情况下，政府的政策规则显得很重要，只有按照政策规则操作经济，才会减少预期对政策效力的不利影响。

只要政府按牌理出牌，坚定不移地按照政策规则办事，那么有理性的企业就会顺着政府的意图去寻求自己的最大化利益。如果政府举棋不定，或者不按牌理出牌，企业感到无所适从时，政府政策效力的作用就受到影响。几十年来，我国政府虽然形成了一套政府政策的操作规则，但这套规则还有些模糊，制定政策时的伸缩性也较大，这对政策的执行是不利的。现在到了认认真真研究政策规则的时候了。预期的出现，将促使我们改变政府制定政策的传统方式。

第四篇

4

治理通货膨胀的政策理论

本篇着重研究治理通货膨胀的政策理论，即归纳政策的理论依据，分析政策的目的，研究政策的有效性，总结政策制定的基本规则，比较政策的成本与效应。本篇试图为具体的反通货膨胀政策的制定提供理论基础。

10 章　反通货膨胀的政策制定

政策制定要以理论为依据，理论也要为政策制定服务。这要求理论必须面对经济现实，客观分析实践中存在的问题，寻找解决问题的方案，而不是回避矛盾。经济理论工作者要看到经济工作的成绩，更要看到经济工作中的问题，以解决问题为己任。

本书从上述立场出发分析了我国通货膨胀的产生机理，研究了通货膨胀诸因素的数量关系，试图为反通货膨胀的政策制定奠定理论基础。

§10.1　制定政策的理论基础

本书前面关于通货膨胀的机理分析，为制定反通货膨胀政策提供了理论依据。本节先将前面有关理论分析的主要结论概括如下：

1. 制度理论。企业追求平均留利水平和职工平均收入水平的机制，在企业预算约束软化的条件下，会导致职工收入增长速度快于企业利润增长速度，在宏观层次上反映为居民收入占国民收入比重不断提高，居民新增储蓄占国民收入积累的比重不断提高，国家财政收入占国民收入比重不断下降。这表明储蓄与投资由不同的经济行为者承担，政府和生产者决定投资水平，而居民则在很大程度上决定储蓄水平。因此，储蓄与投资有内在不协调的可能性，成为导致经济不稳定的一个根源。

2. 需求理论。总需求函数为 $D=f(M,r)$。M 增加时，D 增加；r 增加时，D 减少。短期总需求 D^* 不仅由 M 和 r 决定，还受到预期的影响，短期总需求 D^* 与长期总需求 D 的关系为

$$D^*=D+\delta(P^*-P)+U$$

短期内预期价格 P^* 粘在较高水平上时（即 $P^*>P$），D^* 将大于 D；P^* 粘在较低水平时（即 $P^*<P$），D^* 将小于 D。长期看，P^* 趋向于 P，因此有 $D^*=D$。

3. 供给理论。短期总供给函数为 $S=f(M)$，它表现为一条向右方向倾斜并存在上界的曲线（见第 4 章图 4.2）。预期对短期供给产生重要影响。若企业认为实际货币量 M^* 下有产量 S^*，即有 $S^*=f(M^*)$；当企业存在货币幻觉时，即企业将名义货币 M 大于实际货币 M^* 视为货币的实际增加（实际上因价格 P 上升，M/P 等于 M^* 甚至小于 M^*），因此会进一步扩大生产，于是短期供给 S 大于 S^*，其关系为

$$S=S^*+\eta(M-M^*)$$

在长期内，货币幻觉会消失，因此有 $S=S^*$。短期供给增加的弹性除取决于预期粘性外，还取决于企业固定资产设备闲置及劳动力闲置的情况。短期总供给增长上界由瓶颈部门供给限制、生产节奏提高限制及规模效益递减限制等因素决定。

长期总供给函数为 $S=f(K,L)$。长期总供给对 M 无弹性，表现为一条垂直线，见第 4 章图 4.4。

4. 货币理论。我们视货币为资产，它不仅仅具有交易功能，还具有财富功能。在短期内货币供给不仅影响到价格，还

会影响到产出水平；在长期内，货币供给只会作用于价格，对产出没有影响。因此，从长期看，货币作用是中性的。

5. 预期理论。预期粘性是导致短期内经济波动的一个重要因素，预期粘性的不确定性模糊了诸变量间的数量关系，特别是模糊了通货膨胀与货币、产出之间的数量关系。这导致了政策制定与政策效用分析的困难。

6. 调控理论。价格呈现粘性，微观上企业对需求变动反映在调节产量上而不是调节价格上。宏观上政府对需求变动反映在配给数量调节和货币数量调节上，利率调节只起辅助作用。数量调节是我国经济调控的主要手段，数量调节可有效地调控总需求和总供给，从而制约通货膨胀的发展，但它不能根治通货膨胀，且还会导致资源浪费。对货币供给的调节则可导致商品市场和货币市场同时达到均衡状态。

我们的理论表明，在中国经济系统中，存在导致总需求大于总供给的内在机制，政府采用数量调节手段可以抑制总需求，但它会导致资源非最佳配置。因此，长期内经济体制改革是根治通货膨胀的主要手段，而近中期内，数量调节和结构调整则是治理通货膨胀的主要手段。

§10.2 政策有效还是无效

理性预期理论以政策规则为手段，以预期的正确性为依据，推出了政策无效性的理论结论。在西方经济学界，理性预期这一结论一石击起千重浪，引起了极大反响。我们这里引用一个简单的模型来说明理性预期理论是如何得出这一结论的。

设有下述模型

$$Y_t = \alpha X_t - \beta P_t \text{（需求方程）} \tag{10.1}$$

$$Y_t = Y + \delta\left(P_t - P_t^*\right) + U_t \text{（供给方程）} \quad (10.2)$$

$$P_t^* = E_{t-1}\left[P_t\right] \text{（预期形成方程）} \quad (10.3)$$

模型中，Y_t为需求和供给（这里隐含供给等于需求这一均衡条件）；X_t为政府控制需求的控制变量；P_t为价格；P_t^*为预期价格；Y为自然产出率，即潜在供给水平；U_t为随机误差；α、β、δ为方程组的参数。

由均衡条件，有

$$\alpha X_t - \beta P_t = Y + \delta\left(P_t - P_t^*\right) + U_t$$

整理上式，得

$$-\beta P_t - \delta P_t = Y - \delta P_t^* - \alpha X_t + U_t$$

于是，有

$$P_t = \frac{\delta P_t^* + \alpha X_t - Y - U_t}{\beta + \delta} \quad (10.4)$$

由 $P_t^* = E_{t-1}\left(P_t\right)$

有

$$\begin{aligned} P_t^* &= E_{t-1}\left(P_t\right) \\ &= E_{t-1}\left(\frac{\delta P_t^* + \alpha X_t - Y - U_t}{\beta + \delta}\right) \\ &= \frac{\delta E\left[P_t^*\right] + \alpha E\left[X_t\right] - E\left[Y\right] - E\left[U_t\right]}{\beta + \delta} \end{aligned}$$

由于

$$E\left(P_t^*\right) = P_t^*,\quad E\left(Y\right) = Y,\quad E\left(U_t\right) = 0$$

因此

$$P_t^* = \frac{\delta P_t^* + \alpha E\left[X_t\right] - Y}{\beta + \delta}$$

再整理上式，得

$$P_t^* = \frac{\alpha E[X_t] - Y}{\beta} \quad (10.5)$$

该式表明价格水平的理性预期仅仅取决于“自然”产出率和预期的政策。

我们把方程（10.5）代入方程（10.4）中，即得

$$P_t = \frac{\alpha\beta X_t + \alpha\delta E[X_t] - (\beta+\delta)Y - \beta U_t}{\beta(\beta+\delta)} \quad (10.6)$$

然后，把方程（10.6）与方程（10.5）相减，得

$$P_t - P_t^* = \frac{\alpha(X_t - E[X_t]) - U_t}{\beta+\delta} \quad (10.7)$$

这是价格预期误差的表达式，误差来源为两个，一是随机误差 U_t，二是实际政策 X_t 不等于预期政策 $E[X_t]$。

把方程（10.7）代入方程（10.2），就得到总产量水平的表达式，有

$$Y_t = Y + \delta\left(\frac{\alpha X_t - \alpha E[X_t] - U_t}{\beta+\delta}\right) + U_t$$

即有

$$Y_t - Y = \frac{\alpha\delta X_t - \alpha\delta E[X_t] + \beta U_t}{\beta+\delta} \quad (10.8)$$

注意，由于预期价格是以均衡价格即式（10.4）为依据作出的，故这里实际产出量 Y_t 就是均衡产出量，即

Y_t = 需求 = 供给。

方程（10.8）表示，实际产量偏离于潜在产量（或自然产出率）的原因有两个，一是供给中的随机误差项 U_t，二是实际的政府政策与预期的政策之间的偏离 $(X_t - E[X_t])$。

理性预期理论认为，由于政府的政策规则是可知的，因此由理性预期的性质，有 $E[X_t]=X_t$，充其量 $E[X_t]$ 与 X_t 之间只会存在随机误差，而不会存在系统误差。因此，理性预期的结论是，对这一模型而言，任何一类政策规则（不同理论导致不同的政策规则）都不会影响到产出量 Y_t 偏离其自然产出水平 Y，因此，任何政策都不能系统地影响到产出水平，政策是无效的。

政策是否有效，其关键点在于预期的政策 $E[X_t]$ 与实际政策 X_t 是否一致，如果依据我们的粘性预期理论，那么短期内预期的政策水平不会等于实际的政策水平，而且还存在系统误差（这是粘性预期的要点），那么，实际产出 Y_t 与自然产出 Y 之间就会存在系统误差。因之政策将会发生影响，这是完全依据理性预期理论的模型得出的结论。从这一结论也可以看出，只要我国经济行为者的预期仍具有粘性，那么政府的政策就会对经济产生影响，这种影响来自于未预期的政策变动。

需指出的是，这一模型本身是理性预期理论为说明其政策无效结论而假设的，实际经济过程远非这样简单，特别在我国，非均衡现象短期内是明显的，也不可能从均衡价格出发去做预期。因此，我们不能照搬理性预期理论关于政策无效性的结论，理性预期提出的这一命题则值得我们高度重视。我们应该根据中国经济的实际，从自己的理论出发，来分析这一命题对中国经济的实用性。

根据我们前面的理论分析，短期内因存在货币幻觉，货币供给增加会刺激实际产量的增长，使之超过潜在供给水平。但长期内，货币供给增加只会起到增加通货膨胀的作用，因为长期内货币幻觉会消失。当企业和居民的通货膨胀预期与实际通货膨胀同步时，以往所采用的刺激供给的通货膨胀政策会失效，供给会逐步回到潜在总供给水平上来。要刺激总供给继续增长政府采取的通货膨胀政策必须出乎公众的意料之外，也就是说，要使公众的通货膨胀预期低于新一轮更高的通货膨胀，这样做将使通货膨胀趋于恶化。因此，通货膨胀刺激供给的政策在短期内可以是有效的，但在长期内是无效的。

当实际供给低于潜在供给水平时，若预期粘在较低的水平上，会出现预期陷阱，此时货币供给增加也不会带来产出增加。1990 年中国经济实践说明了这一点。但是货币供给增加一段时期后，特别是用于投资的货币增加后，由于投资的乘数作用，经济扩张会带来预期的变化，此时货币政策的作用就会表现出来。

因此，我们关于政策有效还是无效取决于以下因素，这些因素的不同组合可得出不同的结论。

1. 技术因素。如实际供给是否达到其上界，实际供给是在潜在供给之下还是在潜在供给之上，等等。

2. 预期因素。预期是粘在较高水平上还是粘在较低水平上。

3. 政策规则。政策制定是按一定规则还是随意制定。

政策是否有效，主要受两个因素影响，一是技术因素，政策变动不可能导致实际供给突破资源、技术等的限制水平，这是硬性约束；二是预期因素，这相对而言是软约束，预期短期内虽是粘性的，但它终归是会变动的，并不是刚性的。政策要有效，就要求预期方向与政策目标方向一致，当方向不一致时，政策的效力就会削弱，甚至失效。要使预期变动方向与政策目标方向一致，就要求一套明确的政策规则。

本书的理论也表明，尽管中国经济体制中包含有引致通货膨胀的内在机制，但政府的政策对抑制这种机制的作用是存在的。通货膨胀并不是不可避免的。我们的政策能在经济增长与通货膨胀之间做出选择，或者说是相机决策。一个时期以内，特别是科尔内的《短缺经济学》一书传入我国后，我们对政府政策的调节功能的研究显得不够，而对产生短缺的机制的兴趣倍增。在目前情况下，有必要注意政策调节功能的有效性问题。

§10.3 政策的目标与手段

宏观经济政策制定时要考虑许多目标：抑制通货膨胀，促进经济增长，维持国际收支平衡，提高经济效益，调整产业结构，等等。这些政策目标并不都是相容的，如抑制通货膨胀和促进经济增长之间就存在矛盾，短期内要促进经济增长就必然会带来较高的通货膨胀，而抑制通货膨胀又将导致经济增长速度回落。我们前面的理论分析已指出了这两种目标的不相容性。

制定政策纲领，要兼顾不相容的政策目标。制定反通货膨胀的政策，必须同时考虑维持经济的必要增长速度。在一段时间内，政策的着重点有所不同。要治理通货膨胀，就必须以牺牲经济增长速度为代价，但是若在治理通货膨胀时导致经济崩溃，也是不可取的。

确定政策目标后，要考虑实现目标的政策手段，手段没有选择好，目标不但不能实现，甚至还会收到适得其反的结果。同时，也要考虑到运用政策实现目标时会带来的副作用，得不偿失的情况也是可能发生的，应当极力避免。

确定政策目标，应考虑到可行性。制定过高的政策目标，必然会带来经济的短期化行为，从而影响到经济发展的长远利益。我国政府制定政策目标时，受多种因素影响，易偏向追求较快的增长速度目标。欲速则不达，历史的教训是沉重的。

政策目标一旦确定，应相对稳定，稳定可行的政策目标，能使公众的预期也相对稳定，从而减少经济中不确定性因素的影响，有利于经济的稳定增长。若不时更换经济目标，将使公众无所适从，导致经济系统的混乱。

确定政策目标与实施手段，是一个庞大的系统工程。一般而言，综合政策效果比单一政策效果要好。综合政策可分散政策的成本，减少政策的风险，提高实现目标的保险系数。

基于上述认识，并以本书的理论分析为依据，我们认为制定反通货膨胀政策时，宜以降低通货膨胀与维持必要经济增长速度为目标，这是两个不相容的但又应兼顾的目标。如我们可以确定通货膨胀率为 5%，经济增长率为 5%~7%，作为我们制定经济纲领的两个主要目标。并且，近中期内不要改动这两个目标，维持目标的稳定性。由于经济系统的不确定性和预期的粘性，实现目标时会存在误差，但只要目标不变，这些误差将会是随机的。为实现这两个目标，宏观经济政策要协调配套，计划政策、物价政策、财政政策、金融政策均应协调起来，尽量减少政策手段之间的不相容性。

我们的理论分析已经指出，我国经济系统内存在内在的经济扩张机制，我们确定的上述两个目标，只是人为地画出两条线，经济扩张并不会自行在这两条线面前停下来，这就需要采取政策手段压抑住经济扩张。依照本书的理论，总需求扩张、经济过热、通货膨胀抬头时，宜采取财政、信贷双紧政策，必要时还要采取计划配给政策，以压下总需求；当总需求不足时，可采取放松配给和增加货币供给的政策；当出现预期陷阱时，则应采取财政政策。一般而言，金融政策对抑制总需求更为有效，而财政政策对刺激总供给更为有效。

由于经济系统的不确定性及预期的粘性，政策实施时，不要急于求成，应走一步看一步，分多个阶段，让政策分步到位。治理通货膨胀，也可分为多个阶段，一步一步把通货膨胀拉下来。由于预期粘性，开始阶段可下力猛一点，有利于拉下公众的较高通货膨胀预期，但随后用力就要均匀，逐步拉下通货膨胀。刺激总供给时，也同样如此，均应分步进行，政策分步到位。这样做有利于经济稳定发展。今天大上，明天大下，导致经济波动加剧，是不可取的。中华人民共和国成立 40 年来，经济生活中反复出现大上后大下的现象，是值得我们深思的。经济扩张后收缩，收缩后扩张的现象，既是经济系统的内在机制在起作用，也有政策实施的急于求成的因素在起作用。

§10.4　政策信息传递与政策规则

公众的预期是受政府政策影响的，一个反通货膨胀的政策有助于降低公众的通货膨胀预期。问题的关键是，政府怎样才能让公众知道政府目标及其实现目标的手段，并且政府怎样才能让公众相信政府有决心也有能力实现该项目标，而不是半途而废。

多年来，我国经济计划有偏高的倾向。虽然，国家计划机关的计划力求稳重，然而，政府追求高指标的倾向在我国经济生活中三番五次地出现，这也是事实。在这种趋势下，政府制定的反通货膨胀政策就有可能半途而废。政府就有可能改变初衷。也就是说，为了刺激经济，政府有可能被诱使去做不同于它原先已经许诺的事。1986 年的“软着陆”（即逐步降下通货膨胀计划的代名词）就是一例。结果经济稍为收缩后又大为扩张，终于导致1989年的全面紧缩，才得以刹住通货膨胀上升的趋势。由于政府制定政策和执行政策的摇摆性，向公众传递的信息就显得混杂，公众预期的形成就会受到影响，捉摸不定的政策也会使公众预期捉摸不定，这就加大了经济系统的不确定性因素。

如果政府按照一套公开的政策规则办事，并且坚定不移地执行这套规则，那么政策规则本身就向公众提供了较多的政府政策制定的信息，这有利于减少公众预期的不确定性因素，也可以防止政策制定者改变初衷的打算，提高政策的可信度。应该说，40年来中国经济的实践证明中国政府是有一套政策规则的，只是还没有条理化，随意性还较大。

政策规则将使政策变量取值由外生转向内生，从一定程度上说，这加强了经济模型模拟经济的技术难度，而从另一方面看，这又可导致理论分析的便利。这对经济转折点上的分析，或称经济的突变行为，是有帮助的。

政策规则可大致分为有反馈的和无反馈的两种，这类似于控制论中的闭环系统和开环系统。有反馈的政策规则将依据政策的执行情况和执行结果不断调整政策的力度，使政策的目标得以实现。无反馈的政策规则依据一成不变的方法行事。政策一旦制定出来，若没有十分特殊的情况就不做修改，以减少公众的不放心心理，以稳定公众的预期。如弗里德曼强调的货币供给增长速率稳定不变的规则。又如我国政府近期宣布的国民收入增长速度保持为6%的政策规则。

一项好的政策规则，应该是起到稳定经济的作用，而不是起到导致经济波动的作用。由于不确定性因素的影响及政策发生作用的时滞，政策执行过程中可能会遇到意想不到的事，从而使政策的作用与原计划相反。如本想用扩张货币供给的方法来刺激经济增长，使其走出谷底，但当政策发生作用时，经济已经走出了谷底，达到了潜在总供给水平，于是这项政策就实际起到了刺激供给超越潜在总供给的作用，从而引致通货膨胀。因此，依据政策规则办事，也不要急于一步到位，而应逐步到位，以减少不确定性的干扰。

§10.5 总需求管理政策

依据我们的理论分析，因价格粘性及预期粘性，货币超经济增长在初期会影响到总供给的增长，当实际总供给超过潜在总供给水平后，这种影响会逐渐减弱，当总供给达到其上界后，货币超经济增长只会带来通货膨账的增长。并且在长期中，公众的货币幻觉会消失，货币超经济增长只会带来通货膨胀，经济增长会回到潜在水平，这是我们的双粘模型关于货币增长与总供给增长关系的一个主要结论，也是我们总需求管理政策的理论基础。

由于某种原因发生总需求上升时（如预期突变，典型的例子是1988年的情况；又如货币供给增加，如1984年的情况），政府便制定政策来稳定总需求，从而控制住通货膨胀。保持总需求稳定的必要性，现已为大多数经济学家所接受。现在的问题是，政府应该采取什么样的政策来稳定总需求呢?

有一种可称之为反周期的方法，当总需求大于总供给，拉下总需求；而当总需求小于总供给时，便刺激总需求。这可称之为削高填低。拉下总需求的方法有三，一是控制货币供给；二是提高利率；三是增加配给。配给是计划手段，控制货币及提高利率是金融手段。刺激总供给的手段则是放松配给，降低利率，增加货币供给。通常刺激总需求能起到间接刺激总供给的作用。但是，在预期粘在较低水平时，直接采用财政政策更为有效。这就是增加政府投资和政府消费，依靠这两者的乘数作用直接刺激总供给增加。1990 年政府启动经济时，前两次都是采取投放货币的方式，收效不明显。其关键在于公众预期粘在较低水平上，或者说陷入了预期陷阱。第三次启动采用财政政策，增加政府投资和政府消费，作用就明显一些。因此，金融、财政政策的配合使用是重要的。但是反周期的金融政策和财政政策也存在问题。货币供给对经济的影响需经过一段时间，这种滞后的时间长度受到预期影响，预期粘性的改变又是不确定的，这就可能发生时间错位反应。这可表示为，货币的滞后可能导致货币的刺激或抑制作用姗姗来迟，试图拉上总需求的货币扩张政策可能在总需求萎缩已经过去继而总需求扩张已经来临时才起到作用，这就起到刺激经济活动扩张的作用，加剧了经济的波动。这说明，本来是试图稳定经济的政策，可能适得其反，变成了加剧经济波动的政策。1990 年我们曾三次启动经济，投放了大量的货币。这些货币是否会带来 1991 年的新一轮通货膨胀，成为许多经济界人士关心的问题。不管理论上分歧如何，这说明在感性上大家对此都是有同感的。经济系统的不确定性，预期作用的增大，给反周期的货币供给规则带来了技术上的困难。一个降低问题难度的处理办法是，采取试错法，让货币供给逐步到位，这样一旦发现问题，便可以立即刹车，不致造成大的波动。这也就是说，不论是拉下总需求还是刺激总需求，都不要急于求成，要有一个过渡时期，让政策逐步到位。这样时间虽长一点，但步子稳一些，不至于酿成相反的结果。在一个不确定性还在起重要作用的系统中，试错法是较为令人满意的基本调整方法，或基本调节规则。

反周期方法的另一个问题是，当刺激经济增长时，由于预

期粘性及价格粘性的作用，政府易刺激总供给使之达到潜在总供给水平以上，此时供给明显增加而价格并未明显提高，若政府乐此不疲，接踵而来的就是新一轮通货膨胀。如果我国 1991 年通货膨胀还维持在可接受的水平上，那么 1992 年要求刺激总需求以增加总供给的呼声就会高涨，政府的压力将日益增大。那时政府就会面临这个问题的考验。当经济、政治问题搅在一起时，政府就有可能再一次被牵着鼻子走，重新滑入通货膨胀的轨道。我国曾出现过多次通货膨胀，然而我们吸取的教训并不足以抵抗下一轮通货膨胀的来临。

由于反周期政策的上述潜在危险，我国经济学家们现在又转向实行一种消极的方法，以不变应万变。这就是前面所说的，从不变的稳定的经济速度出发来调节货币供给及配给限制。这种稳定的经济增长速度又称之为中速增长，指国民收入增长速度为 6%。这就是所谓的固定增长率规则。这一规则的优点是它向公众明确公布了政府政策的目标，这就有助于消除公众预期中的不确定性因素，引导大家配合这一目标安排自己的经济活动，从而减少经济波动。由于政府目标不变，政府与公众就能减轻这类问题的消极影响，大家都按这一目标来预期经济活动，协调经济活动。政府遵循这样的规则，首要条件是政府要有可信度，要说话算数，不要途中变卦。

我们认为，稳定经济增长速度，需首先稳定货币供给的增长率。这也就是说，通过稳定货币供给增长率来起到稳定经济增长率的作用。依据我们的理论，长期内，公众不存在货币幻觉，货币的作用是中性的，稳定的货币增长率能够带来稳定的经济增长。由于经济系统的不确定性及经济系统内在的扩张机制的作用，我们也可采用反周期的计划政策和财政政策与稳定货币供给的金融政策配套，尽量消除经济系统的波动。这是一种以金融政策为主，计划、财政政策为辅的管理宏观经济的方法。

§10.6　总供给管理政策

总供给管理政策的基本理论依据是，我国经济结构不合理，加工工业比例过大，基础工业比例过小。因此，有效供给受到结构因素的制约而削弱，出现一方面某些产品严重短缺，而另一方面某些产品又严重过剩的情况。

总供给管理政策就是要调整经济结构，具体说就是要加强基础工业的投资，要关、停、并、转加工工业部门中的一些技术落后、管理落后、产品积压的企业。然而，调整结构不是一朝一夕的事，需要相当长的时间。并且调整结构本身也需新的投资，这与总需求管理政策又相矛盾。因此，可行的做法是先压缩总需求，待经济进入谷底后，再用调整结构的方法来启动经济，让结构调整来带动经济走出谷底。根据马克思的资本主义经济危机理论，资本主义每经历一次经济危机，都普遍出现一次技术的更新改造，由固定资产更新带动经济走出谷底。资本主义经济中存在技术更新改造的内在机制。在社会主义国家，技术更新改造的内在机制的能力较弱，我们应该重视国家调节经济能力强于资本主义国家的这一特点，采用国家干预手段，从宏观上调整经济结构，从而既起到带动经济走出谷底，又起到技术更新、结构调整的作用。

11 章　通货膨胀的效应与治理代价

通货膨胀对经济产生正负效应，在治理通货膨胀时，又需付出一定的代价，这导致政府在治理通货膨胀时需权衡得失。尤其在通货膨胀的温和阶段，企业和居民普遍存在货币幻觉时，政府难以下决心抑制通货膨胀。不论西方还是东方，理性的政府都不喜欢通货膨胀，都希望能有一个稳定的经济环境。困扰它们的共同问题是，需要付出多大的代价才能拉下通货膨胀。测定通货膨胀的正负效应及治理的代价，将成为政府制定反通货膨胀政策的重要参考指标。

§ 11.1　通货膨胀负效应分析

有些经济学家认为，通货膨胀只不过扭曲了合理的经济核算，但对经济没有什么实质的危害。通货膨胀最大的负效应是通货膨胀税收（视物价上涨为政府的变相征税）所造成的额外负担，它将导致公众普遍不满。

笔者认为通货膨胀带来的负效应远比以上估计严重。

1. 通货膨胀加重了经济环境的不确定性。在通货膨胀持续一段时期后，公众的通货膨胀预期将从粘在较低水平上摆脱出来。公众通货膨胀预期的变化，是难于估计的。这导致政府操作经济更为困难。在同样的货币供给增长率下，公众不同的通货膨胀预期，会导致完全不同的结果。1988 年和 1990 年我国货币供给增长率并没有明显的上升或下降，而经济在 1988 年表现为过热，在 1990 年又表现为过冷。这一情况与这两年公众通货膨胀预期的差异是分不开的。由于经济环境的不确定性，政府操作无所适从，这易导致政府操作失误，从而造成危害。在我国经济中，政府操作失误所造成的危害比西方国家更为严重。

要消除和削弱经济环境的不确定性，首先就要稳住物价，这样才能稳住公众的通货膨胀预期。前面分析已经指出，稳住物价的主要手段，一是稳住货币供给增长率，二是稳住经济增长速率。不宜过分地使用反周期的所谓积极干预政策。

2. 通货膨胀既不利于提高经济效益，也不利于改善经济结构。通货膨胀造成了需求大于供给的环境，同时又造成了储物比储钱成本损失要小的环境。在这样的环境下，购买者更多考虑的是购买的数量而不是购买的质量，不论质优质劣，先买了再说。这样，企业就失去了提高产品质量的外在压力。

消费者和生产者在通货膨胀环境下的购买行为导致大量的囤积，于是原可用于再生产的物质闲置起来，造成资源配置的浪费。

产品质量低下和资源配置的浪费，造成经济效益低下。

消费者和生产者的囤积，也掩盖了长线产品供过于求的矛盾。在通货膨胀环境下，不论长线产品还是短线产品，均供不应求，经济结构调整便缺乏内在动力。

3. 通货膨胀刺激居民消费，会导致储蓄减少，不利于扩大再生产。由于储钱不如储物，居民不愿意存钱。若居民存钱入银行，这笔钱并未闲置起来，它将被银行贷出去，于是居民的收入的“余额”将会以物质形式投入再生产。若居民储物，则这些物质便不再进入再生产过程，两相比较，通货膨胀不利于再生产的扩大。

如果提高存款利率，虽有助于提高居民的储蓄，但贷款利率也相应提高，于是企业只好提高产品价格，这易导致通货膨胀螺旋上升。

4. 通货膨胀扭曲了分配结构，相当于进行一次再分配。在这一分配中，事业部门的职工将处于不利地位，他们的收入相对固定，通货膨胀使他们的收入相应减少。或者说使他们的实际收入降低，从而导致他们的不满。那些实际收入并没有减少的居民，也会因他们的已有货币收入的购买力下降而不满。

5. 通货膨胀导致进口增加，同时导致出口产品成本增加。通货膨胀导致的供给不足，有利于进口更多的物质，以弥补国内的供需缺口。同时，通货膨胀导致出口产品的成本上升，当汇率没有相应调整时，生产出口产品的企业就处于不利境地，这导致出口减少，进出口的差额只能以借外债来弥补，因此，通货膨胀有可能导致债务负担加重。

6. 通货膨胀使会计核算变得更为困难。在通货膨胀的情况下，不仅固定资产现价与原价差别大，就是流动资产的现价与原价也有差别，这导致了成本核算困难。会计账本上各种收入与支出将与实际情况有出入。西方国家面临长期通货膨胀局面后，试图搞通货膨胀会计，但尚未进入实用阶段。

在宏观层次上，通货膨胀也不利于国民经济核算，每年统计的投资额、积累额都会与现实情况有差距，实际 GDP 计算也遇到困难。这些困难与会计核算所遇到困难的原因是一致的。

§ 11.2　通货膨胀正效应分析

通货膨胀除负效应外，也有正效应的一面。

1. 在实际总供给处于潜在总供给以下时，通货膨胀有利于拉上总供给，刺激经济增长。对于这一点，前面已经分析，这里不再重复。

2. 通货膨胀也有利于减轻政府的国内债务负担。当通货膨胀率高于债务利率时，国家欠公众的债务就相对减少。国家欠公众的债务主要分为两类：一类是财政向公众的借款，借款收入用来弥补财政收支的缺口；另一类是公众在银行的存款[1]，这笔钱将被银行作为贷款投放出去，形成投资。现阶段，银行实际上还是国家机构的一个组成部分，银行收支不平衡不会导致银行破产，而是多发货币弥补缺口。因此，银行的存款是一种变相的国债。这一点与西方国家是不一样的。增加国库券之类的方法实际上是拆东墙补西墙，从银行存款中挖一部分弥补财政收支缺口。存款形成的债务，有可能构成国家经济的一个沉重负担。如果这笔债务形成的投资能带来更多收入，那么借款就有利于经济发展；如果这笔债务形成的投资不能带来更多收入（如经济长期衰退，新投资没有形成新生产能力），偿还债务就成为一个严重问题，最终只能依靠通货膨胀手段，变相取消（或者说偿还）这笔债务。利用通货膨胀变相从公众中征税，与利用通货膨胀变相取消或减轻国家所欠公众的债务，实际上是一个问题两个方面。

3. 通货膨胀还能把一批“死账”变为“活账”。根据我国的核算方式，企业的产品只要生产出来，其产值就计入国民收入，其应上缴的利润和税收都计入财政收入。若这批产品不能推销出去，积压在仓库中，这批产品对应的资金在银行账面上就成为“死账”，国家是虚收实支。在通货膨胀下，公众的

[1] 这种情况只适用于中国这样的社会主义国家。

抢购行为将把这些产品也抢购一空，从而使“死账”变为“活账”。这对银行虽然有利，但从经济效益来看，对国家长远利益是不利的。

§11.3　通货膨胀正负效应的权衡

通货膨胀正负效应的权衡集中体现在需不需要温和的通货膨胀上。

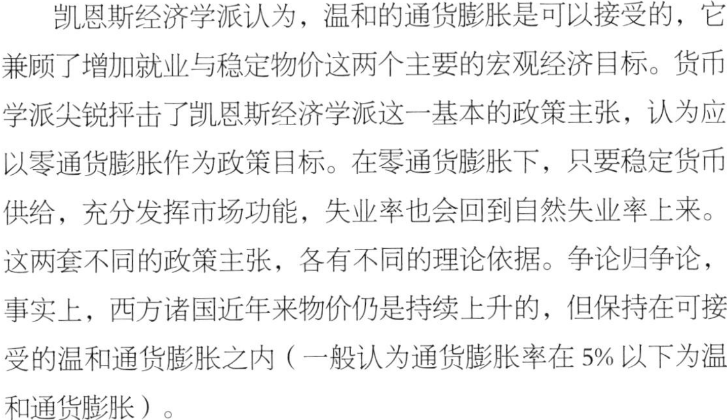

凯恩斯经济学派认为，温和的通货膨胀是可以接受的，它兼顾了增加就业与稳定物价这两个主要的宏观经济目标。货币学派尖锐抨击了凯恩斯经济学派这一基本的政策主张，认为应以零通货膨胀作为政策目标。在零通货膨胀下，只要稳定货币供给，充分发挥市场功能，失业率也会回到自然失业率上来。这两套不同的政策主张，各有不同的理论依据。争论归争论，事实上，西方诸国近年来物价仍是持续上升的，但保持在可接受的温和通货膨胀之内（一般认为通货膨胀率在5%以下为温和通货膨胀）。

在我国，主张搞恶性通货膨胀的人是极少数，理论界争论的焦点在于要不要搞温和的通货膨胀。在政府部门，对是否制定温和的通货膨胀政策也是犹豫不定的。

根据本书的理论，我们看到，在我国经济系统内部，经济体制因素和经济结构因素内在地推动着通货膨胀。与西方国家恰恰相反，我国经济不是什么需求不足，而是需求过旺。只是在政府部门开动政策调控的急刹车装置后，才会出现政策收紧后的需求不足情况。而这种需求不足不是来自经济系统的内部，而是外部政策强制的结果。因此，在我国，用不着去人为刺激总需求，只要放松宏观经济政策的控制，总需求就会自然趋于过旺。控制总需求趋于过旺，应是我国宏观经济政策的基本立足点。

问题是，我国存在通货膨胀的内在推动力，强制压低总需求，使总需求等于总供给，是否会导致经济增长速度过慢（如低于 5%）呢？反过来说，如果我们要保持增长速度在 5%~7% 之间，那么是否一定会伴随通货膨胀呢？并且这种通货膨胀会有多大呢？这是目前仍在困扰经济理论界和政府部门的一个问题。

本书前面已分别涉及了这一问题。我们的基本立足点是，短期内经济增长速度与通货膨胀之间并不存在固定的关系。由于不确定性因素与预期的作用，经济增长速度较低时，也可能存在较高的通货膨胀；而经济增长速度较高时，也可能存在较低的通货膨胀。从国际上看，也存在类似情况。双高、双低、一高一低的情况均可以找到现实的例子。我们试图透过不确定性和预期的现象，揭示出经济增长与通货膨胀之间存在一种此消彼长的但又远非固定的关系。依据我们的理论分析，当经济增长高于、等于、低于潜在增长水平时，货币增长对经济增长所起的作用是不同的。经济增长高于潜在增长水平的不同阶段（是靠近潜在增长水平还是靠近增长水平的上界），通货膨胀的作用也是有所不同的。

作为一个发展中国家，保持一定的经济增长速度是必要的。而经济增长速度以多少为宜，又受到多种因素的制约。兼顾我国历史经验及其他发展中国家的经验。我国经济增长速度保持在 5%~7% 这样一个水平上是可能的。我国的货币供给增长可以以这样的增长水平为依据，并逐步稳定下来。经过一段时间后，我们可看到在这种经济增长速度下，通货膨胀具体为多少，如果通货膨胀在 5% 左右徘徊，那么我们可认定温和的通货膨胀是可以接受的，此时经济增长稍高于潜在增长水平；如果通货膨胀长期高于 10%，那么就有必要降低经济增长速度；如果通货膨胀长期低于 5%，那么这种经济增长速度是理想的，甚至还可以适当提高。归根结底，速度多高为宜与其伴随的通货膨胀高低相关。而在短期内，这种关系并不稳定，只有在长期中，这种关系才会呈现一定的稳定性。因此，上章中我们强调稳定货币供给率，试图通过货币供给率的长期稳定，来导致经济增长的长期稳定，并同时将通货膨胀保持在一个较低（5%）的水平之内。

§ 11.4　治理通货膨胀的代价

在通货膨胀已经发生的情况之下，治理通货膨胀要以牺牲经济增长速度为代价。我们前面的理论已说明了这一点。按照我们的理论，当通货膨胀已经发生后，实际总供给会超过潜在总供给。要拉下通货膨胀，就需把实际总供给降低到潜在总供给水平之下。而实际总供给与潜在总供给水平之间的差额，就是我们治理通货膨胀所需付出的代价，可用图 11.1 表示。

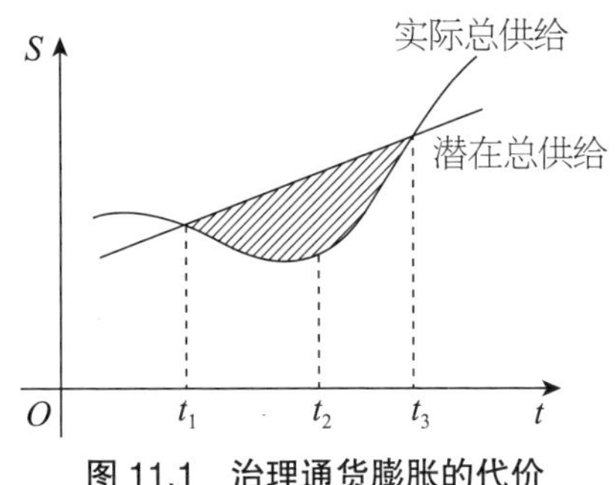

图 11.1　治理通货膨胀的代价

图 11.1 中阴影部分，便是我们治理通货膨胀所付出的代价。在 t_1 年以前，实际总供给高于潜在总供给，出现了通货膨

胀。为拉下通货膨胀，实际总供给降到潜在总供给水平之下。到了 t_2 年后，通货膨胀已被拉了下来，实际总供给逐步回到潜在总供给。到了 t_3 年后，实际总供给超过了潜在总供给，这时又将发生新一轮通货膨胀。

通货膨胀下降速度，本质上取决于实际总供给下降速度（指由收紧货币带来的实际总供给下降），于是，治理通货膨胀可选择降下实际总供给的路径，可用图 11.2 表示。

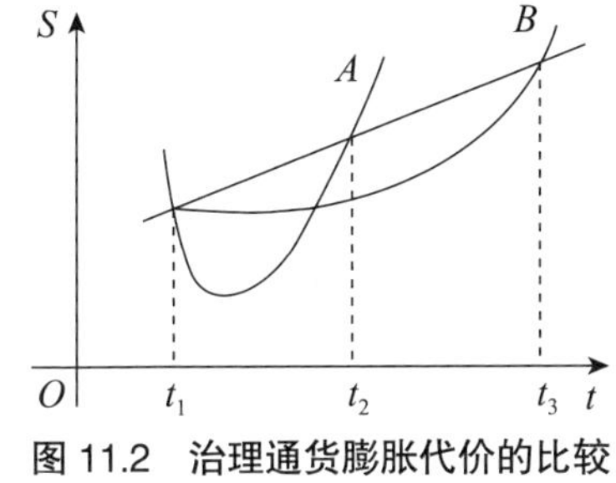

图 11.2　治理通货膨胀代价的比较

图 11.2 中，实际总供给变动有两条途径，一条称之为 *A*，另一条称之为 *B*。*A* 途径比 *B* 途径下降快，但恢复也快。*B* 途径下降较慢，但恢复也较慢。这两条路径都能降下通货膨胀，但 *A* 途径是一剂烈药，公众需容忍经济增长下降所带来的苦果；*B* 途径是一剂温药，但所需时间较长，需要公众有较好的忍耐力。

由于预期粘性的存在，我们有必要在一个短时间内，采取更强的方法拉下通货膨胀，以拉下公众的通货膨胀预期。当公众的通货膨胀预期拉下后，我们便可以采用较为温和的手段治理通货膨胀，以求达到代价较小、通货膨胀又能被拉下的效果，可用图 11.3 表示。

图 11.3 中，在 t_1 年采取较强的降下实际总供给的方式，到了 t_2 年公众的通货膨胀预期已经拉下来后，再用温和的治理方式，使实际总供给逐渐回到潜在总供给水平。

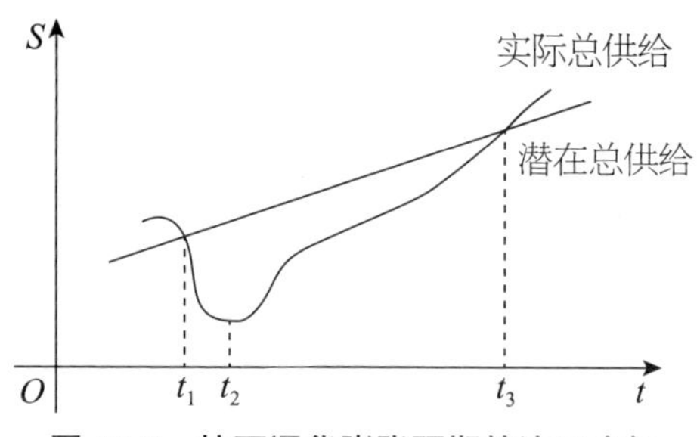

图 11.3　拉下通货膨胀预期的治理途径

在治理通货膨胀的初期阶段，政府应向公众明确无误地表示自己的决心，并采用急刹车措施，这对拉下公众的通货膨胀预期是有必要的。问题是，这种急刹车不能持久，不然搞不好就会翻车。只要公众的通货膨胀预期已经被拉下来，采取温和的治理手段更为可取一些。

什么样的政策，才能既拉下通货膨胀，又能使代价最小，尚为需要研究的课题。西方经济理论中已研究这样的问题，其研究成果可供我们借鉴。

§11.5　最小代价的静态与动态讨论

治理通货膨胀的最佳政策主要考虑两个因素，一是代价因素，治理通货膨胀的代价要尽可能减小；二是时间因素，治理通货膨胀的时间不要拖得太长。此外，还可加进经济结构是否调整、经济效益是否提高等因素，但这会大大增加问题的复杂性，因此，这里对这些因素存而不论，仅考虑最小代价与时间因素问题。

前面我们把实际总供给小于潜在总供给部分称之为治理通货膨胀的代价。代价最小，可以认为是潜在总供给与实际总供给所围的面积最小，这给出了最佳治理政策的第一条依据。

在等面积的情况下，面积的形状是不一样的，它反映在时间长短上。我们可认为等面积下时间最短的方案为最佳政策方案，这是我们给出的最佳治理政策的第二条依据。

由这两条依据，我们便可对不同政策方案做出比较，寻找最佳治理方案。如图 11.4 的 *A*、*B* 方案中，*A* 为较佳方案。

图 11.4 中，虽然 *A* 方案与 *B* 方案所付出的代价相等，即 *A* 面积与 *B* 面积相等，但 *A* 的时间较短，而 *B* 的时间较长，故认为 *A* 较好。

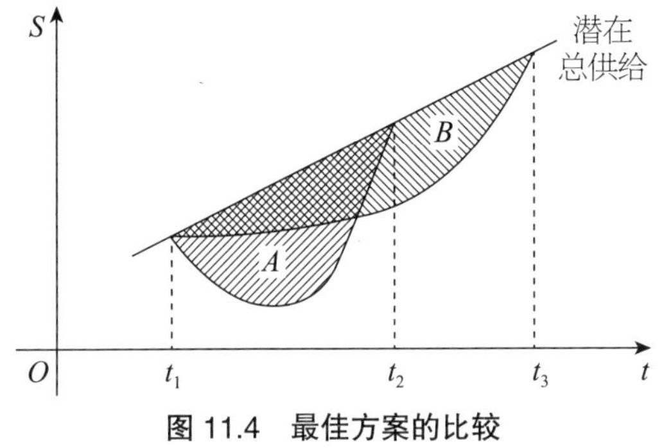

图 11.4　最佳方案的比较

若 *B* 面积比 *A* 面积小，那么我们认为 *B* 虽比 *A* 所需时间长，但 *B* 仍比 *A* 强。这也就是说，我们判断最佳治理方案时，所依据的两个判断标准中，代价小比时间短的优先级要高。我们是在代价最小中比较时间长短的。

当然，考虑时间长短时，还需考虑公众承受能力。一个好方案，还需公众配合才能实行。

上面是从静态角度考虑最佳政策问题，下面我们进一步从动态角度考虑最佳政策问题。要指出的是，下述方法中所用到的数学工具较深，并且与现实应用还有一段距离，它仅仅只是一种试探性的理论分析，或者说还仅仅是理论研究的初始阶段。

从动态角度考虑最佳政策问题，是从研究价格下降的途径开始的。前面的理论分析指出，价格下降的途径可由货币供给量决定，因此，动态的最佳政策问题就转化为对货币供给的最佳控制问题。

我们假设治理期初期为 t_0，市场货币量为 T_1，即 $X(t_0)=T_1$。治理期末期为 t_1，并依据理论分析，认为若在治理期末期市场货币持有量为 T_2 时，即 $X(t_1)=T_2$ 时，通货膨胀将降到计划要求水平之内。我们要求的是在市场货币量从 T_1 上升到 T_2 的过程中，所累积新增投入的货币量最少，从而使通货膨胀下降尽量多。

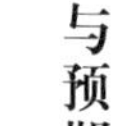

$X(t)$（t 时期市场上的货币量）的变化规律可用如下微分方程表示

$$\dot{X}=-kX+U$$

式中，$X(t)$ 简记为 X；$\dot{X}$ 是 X 的导数；k 为常数系数；U 为新增货币投入量。

上述方程的经济背景是，在经济系统内货币量的变化情况是，一方面有货币退出（即货币回行），另一方面又有货币增加进来（新增货币投入），系统的货币退出率与当时系统内货币量成正比。因此，货币变化速度应是这两部分速度的代数和。

我们要求的问题可转化为如下数学语言：

在约束条件

$$\dot{X}=-kX+U$$

$$X(t_0)=T_1$$

$$X(t_1)=T_2$$

下，要求选择一个 U^*，使

$$J=\int_{t_0}^{t_1}U^2\mathrm{d}t$$

为最小。

式中，U 为货币投入量，是时刻 t 的函数，即是 $U(t)$，简记为 U。

U 最小，则 U^2 也相应最小；反之，U^2 最小，则 U 也相应最小。这里取累积的 U^2 最小，是为了便于计算。能使 U^2 的累积最小的 U^*，自然也是使 U 的累积最小的 U^*。

下面来解上式：

哈密顿函数为

$$H=-U^2+P\left(-kX+U\right)$$

正则方程为

$$\dot{X}=-kX+U$$

$$\dot{P}=-\frac{\partial H}{\partial X}=-\left(-Pk\right)=Pk$$

又 $$\frac{\partial H}{\partial U}=-2U+P=0$$

所以 $$U=\frac{P}{2}$$

所以 $$\begin{cases}\dot{x}=-kX+\dfrac{P}{2}\\ \dot{P}=kP\end{cases}$$

所以 $$\ddot{X}=-k\dot{X}+\frac{\dot{P}}{2}$$

$$\ddot{X}=-k\left(-kX+\frac{P}{2}\right)+\frac{1}{2}kP$$

$$=k^2X-\frac{1}{2}kP+\frac{1}{2}kP$$

所以　　$\ddot{X}=k^2X$

所以　　$X=C_1\cdot e^{kt}+C_2\cdot e^{-kt}$

代入边界条件

$$\begin{cases}C_1+C_2=T_1\text{（这里假设 }t_0\text{=0)}\\ C_1\cdot e^{kt_1}+C_2\cdot e^{-kt_1}=T_2\end{cases}$$

解出

$$C_1=\frac{T_2-T_1e^{-kt_1}}{e^{kt_1}-e^{-kt_1}}$$

$$C_2=\frac{T_1e^{kt_1}-T_2}{e^{kt_1}-e^{-kt_1}}$$

又因为　$P=2\left(\dot{X}+kX\right)$

$$P=2\left(C_1\cdot ke^{kt}-C_2ke^{-kt}+kC_2e^{kt}+kC_2e^{-kt}\right)$$
$$=2\left(2C_1ke^{kt}\right)=4C_1ke^{kt}$$

得

$$P=\frac{4k\left(T_2-T_1e^{-kt_1}\right)}{e^{kt_1}-e^{-kt_1}}\cdot e^{kt}$$

所以　　$U=\dfrac{P}{2}=\dfrac{2k\left(T_2-T_1e^{-kt_1}\right)}{e^{kt_1}-e^{-kt_1}}\cdot e^{kt}$

此式中的 U 就是在初始条件为 $X\left(t_0\right)=T_1$， $X\left(t_1\right)=T_2$ 的条件下，所要求的最佳控制 U^* 。

显然，最佳的货币投放量 U^* 是一个复杂的函数，银行不可能按照这样一个复杂函数来投放货币。但是银行可以根据 U^* 这一理论曲线来作为自己投放货币的参照，使实际投放曲线围绕理论曲线波动，或者相差不至于太远。

要指出的是，上述介绍的动态最优方法，也是经济理论中常用到的动态优化思想。如在研究积累率时，我们知道，近期积累率高，近期消费额就低，但过一段时期后，它将带来更多的消费；近期积累率低，近期消费额则高，但过一段时期后，它带来的消费就相应前一积累率要少一些。可见，积累与消费的比例就是一个动态最优问题。如果我们要求在计划期内各年消费额之和为最大，那么计划期内各年积累率该怎样选择，就是一个最优控制问题。一般结果是，积累率会前高后低（即计划期前期积累率较高，计划后期积累率较低）。解决这一最优控制的方法与我们上述的数学方法是完全相同的，可称之为庞特雅里金极大化方法。

这种动态优化的思想，可视为是静态一般均衡理论所描述的静态最优推广到动态一般均衡理论所描述的动态最优的自然结果。这是西方经济理论界仍在深入研究的一个课题。在国内早在 1983 年就开始了这一课题的研究。但是，在经济理论上吸收动态优化的思想做得不够。我们在这里提出这个问题，以期能引起大家对这一类问题的重视，使它能从理论分析走向实际应用。

参考文献一

1. 英文著作

[1]Charles H Whiteman. Problems in Macroeconmic Theory[M]. Academic press，1987.

[2]Eduard J Bomhoff. Manetary uncertainty–Elsevier[M]. science Publishing Company，1983.

[3]David H Papell. Hall and Taylor's Macroeconomics Study Guids[M]. Second Edition，W. W. Norton and Company，1988.

[4]Geoffrey Whittington. Inflation Accounting[M]. Cambridge University Press.

[5]G S Maddala. Limited–dependent and Qualitative variables in Econometrics[M]. Cambridge University Press，1983.

[6]Jan C Siebrand. Towards Operational Disequilibrium Macro Economics[M]. Martinus：Martinus Nijhoff，1979.

[7]Jean–Pascal Benassy. The Economics of Market Disequilibrium[M]. Academic Press，1982.

[8]Jean– Paul Lambert. Disequilibrium Macroeconomic Models[M]. Combridge University Press，1988.

[9]K Holden，D A Peel and J L Thompson. Expectations：Theory and Evidence[M]. Macmillan Publishers LTD，1985.

[10]Laurence R Klein. The Economics of Supply and

Demand[M]. Basil Blackwell, 1983.

[11]Oliuter Jean Blanchard and Stanley Fischer. Lectures on Macroeconomics[M]. The MIT Press Cambridge, Massachusetts, 1989.

[12]Otto Ectstein. Core Inflation[M]. Prentice-Hall, 1981.

[13]Richard E Quandt. The Econometrics of Disequilibrium[M]. Basil Blackwell, 1988.

[14]Robert E Hall, John B Tarlor. Macroeconomics[M]. W. W. Norton & Company, 1988.

[15]Robert E Hall. Inflation, Causes and Effects[M]. The University of Chicago Press, 1982.

[16]Roger J Bowden. The Econometrics of Disequilibrium [M]. North- Holland publishing Company, 1978.

[17]Stanley Fischer. Indexing, Inflation and Economic policy[M]. The MIT Press, 1986.

[18]Takeshi Amemiya. Advanced Econometrics[M]. Harvard University Press Cambridge, Massachusetts, 1985.

[19]Thomas J Sargent. Macroeconomic Theory[M]. Second Edition, Acadimic press, 1987.

[20]Volker Bohm. Disequilibrium and Macroeconomics[M]. Basil Blackwell, 1989.

2. 英文论文

[21]G S Maddala and Forrest D Nelson. Maximum Likelihood Methods for Model of Markets in Disequilibrium[J]. Econometrica, 1974, 42 (6).

[22]John P Burkett. Slack, shortage and Disconraged Consumers in Eastern Europe: Estimates Based on Smoothing by Aggregation[J].

Review of Economic Studies，1988（LV）：193-506.

[23]Portes R and Winter D. Disequilibrium Estimates for Consumption Goods Markets in Centrally Planned Economies[J]. Review of Economic Studies，1980，47：137-159.

3. 中文和中译文著作

[24] 马克思恩格斯全集 [M]. 第 23、第 24、第 25、第 26 卷 .

[25][美] 布坎南 · 瓦格纳 . 赤字中的民主 [M]. 北京：北京经济学院出版社，1988.

[26][英] 布赖恩 · 摩根 . 货币学派与凯恩斯学派——它们对货币理论的贡献 [M]. 北京：商务印书馆，1984.

[27][加] 戴维 · 威廉 · 莱德勒 . 货币需求：理论、证据和问题 [M]. 上海：上海三联书店，1989.

[28] 戴园晨 . 社会主义宏观经济学 [M]. 北京：中国财政经济出版社，1986.

[29] 邓乐平 . 中国的货币需求——理论与实证的考察 [M]. 北京：中国人民大学出版社，1990.

[30] 樊纲 . 现代三大经济理论体系的比较与综合 [M]. 上海：上海三联书店，1990.

[31] 樊纲，张曙光，等 . 公有制宏观经济理论大纲 [M]. 上海：上海三联书店，1990.

[32][美]Fraklin M Fisher. 微观经济学 [M]. 武汉：武汉大学出版社，1988.

[33] 符钢战，等 . 社会主义宏观经济分析 [M]. 上海：学林出版社，1986.

[34] 郭树清 . 模式的变革与变革的模式 [M]. 上海：上海三联书店，1989.

[35] 黄达 . 财政信贷综合平衡导论 [M]. 北京：中国金融出版社，1984.

[36] [美] 霍华德 · J. 谢尔曼 . 停滞膨胀——激进派的失业和通货膨胀理论 [M]. 北京：商务印书馆，1984.

[37] [英] 凯恩斯 . 就业利息和货币通论 [M]. 北京：商务印书馆，1983.

[38] 厉以宁 . 非均衡的中国经济 [M]. 北京：经济日报出版社，1991.

[39] 李扬 . 财政补贴经济分析 [M]. 上海：上海三联书店，1990.

[40] 刘国光 . 体制变革中的经济稳定增长 [M]. 北京：中国计划出版社，1990.

[41] [澳] 迈克尔 · 卡特，罗德尼 · 麦道克 . 理性预期：八十年代的宏观经济学 [M]. 上海：上海译文出版社，1988.

[42] [美] 米尔顿 · 弗里德曼 . 论通货膨胀 [M]. 北京：中国社会科学出版社，1982.

[43] [美] 米尔顿 · 弗里德曼 . 失业还是通货膨胀——对菲利普斯曲线的评价 [M]. 北京：商务印书馆，1982.

[44] [美]M. 克莱因 . 古今数学思想 [M].（第 1—4 册）. 上海：上海科学技术出版社，1979.

[45] 钱伯海 . 国民经济综合平衡统计学 [M]. 北京：中国财政经济出版社，1982.

[46] 饶余庆 . 现代货币银行学 [M]. 北京：中国社会科学出版社，1983.

[47] 汤学义 . 利息率研究 [M]. 上海：上海三联书店，1988.

[48] 田源，王育琨 . 治理通货膨胀的思路和政策 [M]. 哈

尔滨：哈尔滨出版社，1990.

[49] 外国经济学说研究会．现代外国经济学论文选 [M].（第七辑）. 北京：商务印书馆，1983.

[50] 吴敬琏．经济改革问题探索 [M]. 北京：中国展望出版社，1987.

[51] 吴敬琏，胡季．中国经济的动态分析和对策研究 [M]. 北京：中国人民大学出版社，1988.

[52] 薛暮桥．中国社会主义经济问题研究 [M]. 北京：人民出版社，1979.

[53] [匈] 亚诺什・科尔内．短缺经济学 [M]. 北京：经济科学出版社，1986.

[54] 杨坚白．国民经济综合平衡的理论和方法论问题 [M]. 北京：人民出版社，1984.

[55] 杨坚白．社会主义宏观经济论 [M]. 大连：东北财经大学出版社，1990.

[56] 杨坚白．社会主义社会国民收入的若干理论问题 [M]. 北京：中国社会科学出版社，1983.

[57] 钟朋荣，吴同虎．宏观经济论 [M]. 北京：经济科学出版社，1990.

4. 中文论文

[58] 戴睿．合理预期与宏观管理 [J]. 中国经济体制改革，1989（2）.

[59] 董辅礽．关于我国社会主义所有制形式问题 [J]. 经济研究，1979（1）.

[60] 樊纲．论公开宣布的通货膨胀计划 [N]. 理论信息报，1988-09-19.

[61] 国家信息中心、中国社会科学院经济研究所“通货膨

胀问题”课题组 . 我国通货膨胀的综合治理问题 [J]. 经济研究，1989（3）.

[62] 李剑阁 . 也谈当前宏观经济政策问题 [J]. 经济研究，1987（5）.

[63] 李拉亚 . 货币对经济的三大影响途径 [J]. 中国社会科学院研究生院学报，1985（4）.

[64] 李拉亚 . 货币动力学研究 [J]. 中国社会科学院研究生院学报，1987（3）.

[65] 李拉亚 . 使经济增长从非均衡向均衡转轨 [N]. 经济参考，1990-10-22.

[66] 李拉亚 . 投入产出表的拓展及其在国民经济核算体系中的应用 [J]. 数量经济技术经济研究，1987（10）.

[67] 李拉亚 . 通货加剧是预期影响，物价上涨有心理因素 [N]. 经济参考，1989-03-28.

[68] 李拉亚 . 我国通货膨胀的几个问题 [J]. 中国社会科学院研究生院学报，1989（2）.

[69] 李拉亚 . 我国通货膨胀治理的战略思考 [J]. 江西大学学报（经济学版），1989（2）.

[70] 李拉亚 . 预期理论对我国经济学未来发展的影响 [J]. 经济研究，1989（5）.

[71] 李拉亚，张曙光，杨仲伟，樊纲，左大培，刘永强 . 我国通货膨胀预期研究 [N]. 经济日报，1989-03-10.

[72] 李晓西 . 预期与通货膨胀 [J]. 数量经济技术经济研究，1990（2）.

[73] 马建堂 . 通货膨胀和通货膨胀预期 [N]. 经济参考报，1989-05-09.

[74] 田江海，李拉亚 . 医治需求膨胀的政策处方 [J]. 三不

月刊，1988（11）.

[75] 乌家培，李拉亚 . 当今中国通货膨胀的特征分析 [J]. 财经问题研究，1989（11）.

[76] 吴敬琏 . 把国民经济的增长速度控制在适度的范围内 [N]. 人民日报，1985-05-17.

[77] 杨仲伟，等 . 我国通货膨胀的诊断 [J]. 经济研究，1988（4）.

[78] 杨仲伟，等 . 我国通货膨胀的治理 [J]. 经济研究，1988（6）.

[79] 张宝群 . 论通货膨胀预期 [J]. 金融研究，1989（2）.

[80] 张其佑，贾渠平 . 通货膨胀预期是加剧通货膨胀的重要诱因 [J]. 国内外经济管理，1989（2）.

[81] 张曙光 . 我国的通货膨胀预期 [J]. 财政经济，1989（3）.

[82] 张曙光，李拉亚 . 我国预期理论研究评述 [J]. 经济学动态，1989（12）.

参考文献二

[1] 李拉亚 . 通货膨胀与不确定性 [M]. 北京：中国人民大学出版社，1995.

[2] 李拉亚 . 宏观审慎管理的理论基础研究 [M]. 北京：经济科学出版社，2016.

[3]Bank of England. Monetary Policy Trade-off and Forward Guidance[R/OL]. http：//www. bankofengland. co. uk/monetarypolicy/Pages/forwardguidance. aspx. 2013.

[4]Barro R J. Interest-Rate Smoothing[R]. NBER Working Papers, No. 2581，National Bureau of Economic Research，1988.

[5]Blinder A S，Ehrmann M，Fratzscher M，De Haan J & Jansen D J. Central bank communication and monetary policy：a survey of theory and evidence[R]. ECB Working Paper, No. 898，2008.

[6]Cœuré Benoît. Inflation expectations and the conduct of monetary policy[C]. Speech given at an event organised by the SAFE Policy Center，Frankfurt am Main，2019-07-11.

[7]Carroll C. Macroeconomic expectations of households and professional forecasters[J]. Quarterly Journal of Economics，2003，118（1）：269-298.

[8]Carroll C. The epidemiology of macroeconomic expectations [M]//Blume & Durlauf. The Economy as an Evolving Complex

System, Ⅲ . Oxford University Press, 2005.

[9]Clarida R, J Galí & M Gertler. The science of monetary policy: A New Keynesian perspective[J]. Journal of Economic Literature, 1999, 37: 1661–1707.

[10]Coibion O, Gorodnichenko Y, Kumar S. How Do Firms Form their Expectations? New Survey Evidence[J]. American Economic Review, 2018a, 108: 2671–2713.

[11]Coibion O, Gorodnichenko Y, Kumar S, Pedemonte M. Inflation Expectations as a Policy Tool? [R]. NBER Working Paper, No. 24788, 2018b–06.

[12]Coibion O, Gorodnichenko Y, Weber M. Monetary Policy Communications and their Effects on Household Inflation Expectations[R]. NBER Working Paper, No. 25482, 2019.

[13]Cruijsen Carin A B Vander and Sylvester C W Eijffinger. The Economic Impact of Central Bank Transparency: A Survey[R]. CEPR Discussion Paper, No. 6070, 2007.

[14]Cukierman Alex and Allan Meltzer. A Theory of Ambiguity, Credibility and Inflation under Discretion and Asymmetric Information[J]. Econometrica, 1986, 54(4): 1099–1128.

[15]Evans G, S Honkapohja. Learning and Expectations in Macroeconomics[M]. NJ: Princeton University Press, 2001.

[16]Francesco D'Acunto, Ulrike M Malmendier, Juan Ospina, Michael Weber. Exposure to Daily Price Changes and Inflation Expectations[R]. NBER Working Paper, No. 26237, 2019–09.

[17]Fuster A, Perez–Truglia R, Wiederholt M, Zafar B. Expectations with endogenous information acquisition: an experimental investigation[M/OL]. (2019) Social Science

Electronic Publishing. http: //www. nber. org/papers/w24767.

[18]Gali J, M Gertler. Inflation dynamics: A structural econometric analysis[J]. Journal of Monetary Economics, 1999, 44: 195–222.

[19]Hagedorn M, Luo J, Manovskii I and Mitman K. Forward Guidance[J]. NBER Working Paper, No. 24521, 2018.

[20]Krugman P R. It's baaack: Japan's slump and the return of the liquidity trap[M]. Brookings Panel on Economic Activity, 1998.

[21]Levy D et al. Asymmetric price adjustment in the small: An implication of rational inattention[D]. Discussion Paper Series No. 04–23, Tjalling C. Koopmans Research Institute, Utrecht School of Economics, the Netherlands, 2005.

[22]Mankiw G N, R Reis. Sticky information versus sticky prices: A proposal to replace the new Keynesian Phillips curve[J]. Quarterly Journal of Economics, 2002, 117: 1295–1328.

[23]Morris S, H S Shin. Coordinating expectations in monetary policy[R]// J–P, Touffut. Central Banks as Economic Institutions, Edward Elgar, 2008.

[24]Nakata T, S Schmidt. Gradualism and liquidity traps[J]. Review of Economic Dynamics, 2019, 31: 182–199.

[25]Reis R. Inattentive consumers[J]. Journal of Monetary Economics, 2006, 53 (8).

[26]Roberts J M. Inflation expectations and the transmission of monetary policy[R]. Federal Reserve Board FEDS Working Paper, No. 1998–43.

[27]Sheedy, Kevin D. Structural Inflation Persistence[R]. working paper, Cambridge University, 2005.

[28]Sims C A. Stickiness[C]. Carnegie–Rochester Conference Series on Public Policy, 1998, 49 (1): 317–56.

[29]Sims C A. Implications of rational inattention[J]. Journal of Monetary Economics, 2003, 50 (3): 665–690.

[30]Svensson, Lars E O. Inflation Forecast Targeting: Implementing and Monitoring Inflation Targets[J]. European Economic Review, 1997, 41: 1111–1146.

[31]Svensson, Lars E O. Inflation Targeting[R]. NBER Working Paper, No. 16654, 2010–12.

[32]Woodford M. Optimal Interest–Rate Smoothing[J]. Review of Economic Studies, 2003a (70): 861 - 886.

[33]Woodford M. Interest and Prices: Foundations of a Theory of Monetary Policy[M]. Princeton Univ. Press, 2003b.

[34]Woodford M. Bank communication and policy effectiveness[R]. Paper presented at Federal Reserve Bank of Kansas City Economic Symposium at Jackson Hole, 2005–08.

[35]Woodford M. Methods of Policy Accommodation at the Interest Rate Lower Bound[R]. Symposium, Jackson Hole, Wyoming, 2012–08.

[36]Yellen J. Macroeconomic Research After the Crisis[G]// Speech given at "The Elusive 'Great' Recovery: Causes and Implications for Future Business Cycle Dynamics" 60th annual economic conference 42 sponsored by the Federal Reserve Bank of Boston, Boston, Massachusetts, 2016.